全身の靭帯を
発動させる！

ZIN 靭トレ

筋肉を使わずに
強さ・速さ・精確さを
実現するトレーニング

靭トレ協会 師範
加藤久弦

BAB JAPAN

はじめに

強靭な肉体という言葉があります。強靭の靭は靭帯の靭です。靭《しな》やかとも読みます。日本人の所作の中には強さと共に靭やかさがありました。何かのきっかけで失われてきた日本人の動き。何処かの時代から奪われた日本人の動き。現代は筋肉主体の運動となっています。

昭和36年生まれのわたしの子供時代、五輪で聞かされ続けた言葉がありました。日本選手は海外選手に「体力に劣っていた。体力で負けた。」と五輪の度に聞かされ続けた選手が指導者になって1番最初に指導する事が、適性を見極めず、決まって筋力アップです。

筋トレ以外の選択肢として、靭トレを2014年商標登録し世に出しました。

体力が無いからと筋肉を付けます。柔軟性が無いからとストレッチします。すると、コンプレックスを満たそうと卑屈になるやもしれません。何故ならわたしたち人間は全てを備えて生まれて来たからです。最新トレーニングなどやらなくても、靭帯を発動させれば良いのです。

靭帯は栄養も休息もいらず、最大520キロに耐える事が出来、筋収縮とは比較出来ません。

靭帯を発動させるのは能力開発でもあります。他に能力開発は「自転車に乗れること」「泳げるようになること」「コマを廻せるようになること」「竹馬に乗れるようになること」です。これらは10年20年やらなくても出来なくはなりません。何故ならば能力開発だからです。

では、筋トレはどうでしょう？　10年筋トレをしなかったら？

強靭の靭は靭帯の靭であり、強靭な肉体を作るためには靭帯を誘発させるべき。

筋トレ以外の選択肢として靭帯の可能性を提唱するものであります。

この書籍を書くことで、様々なジャンルの事をやってきた中で、当時自分の理解が及ばず、その中では挫折をしたり離れることになったり、すべての同じものがあることに共通点が気付けた。

執筆することで理解することが多く、これを書かなかったら、まとまってはいなかった。それは言ってしまえばこの書籍のご提案を頂いたＢＡＢジャパン原田さんへの感謝です。

身体の中に靭帯があるのでわかっていたけれど、書籍を書き進めることで色々な記憶を辿ることになり、原稿ぎりぎりの今になって思いや思考が繋がり靭帯はこうであったと、今気付いた。

ご挨拶なく道場を去ることになった各先生方や先輩方への思いを回想してなりません。

私を活躍の場に出して下さった保江邦夫先生、靭トレのトレーニングを実践して下さり、尚かつ本文にも出て下さった矢作直樹先生、この場をお借りしてお二人の先生方に感謝申し上げます。

２０２４年９月

靭トレ協会　師範　　加藤久弦

目次

第3章 達人の動き……47

第4章　靭トレとは何か？　59

第5章　靭トレ基礎編 ～基本的な動き　83

第6章 靭トレ応用編 ~全身運動を作る……105

第7章 靭トレは日本人本来の動きを取り戻す！　矢作直樹氏インタビュー……163

第1章

靭帯発動で運動が変わる！

1 不思議なパワー

「筋力ではないのだ。」

　私はこれまで、キック・ボクシング、テコンドー、大東流合気柔術、などなど、さまざまな格闘技、武術をやってきましたが、そんな中で時々耳に入ってくるフレーズでした。確かに、そんなに力がありそうでないのに物凄い威力を発揮する達人は何人も目の当たりにしてきたし、そんなに力んでいる風でもないのに大きな力を発揮される場面も何度も直面しました。

　でも、筋力でなければ何なのか？という所まで教えてくれる人はいませんでした。

　私がプロキック・ボクシングの世界にいた時に、こんな事がありました。

　私は後輩選手のセコンドについていました。その選手は試合中、対戦相手に首相撲をしつこくされていたので、膝蹴りが危ないから「首相撲に付き合うな！」と指示を出していました。その矢先に膝蹴りをもらって悶絶して、10カウントを聞かずにそのままノックアウト。担架で運べって事になりました。

　セコンド2人で後輩選手を持ち上げて乗せようとしたのですが、悶絶しすぎて担架から転げ落ちてしまったんです。

キックボクサー時代の著者（19歳）（写真左）。キックの名門、目黒ジムにて。右端は伝説的な名選手、ミドル級チャンピオンの向山鉄也選手。

加勢してもらって、3人がかりで押さえつけて持ち上げようとしたんですが、その3人も振り払われてしまいました。

試合中は一人の首相撲を振りほどく事ができなかったのに、今になってどうしてこんなパワーが出るんでしょう。「お前そんなら試合中に首相撲ほどけよ」って思いますよね。

もう一つ。これはテコンドーをやっていた時の事です。

ある試合で、両者ヘトヘトになるまで、最終ラウンドまで戦いきりました。

五輪スタイルのテコンドーはヘッド・ギアを着けて行いますが、着けた時と外した時とでは距離感がおかしくなります。ヘッドギアを取って互いに歩み寄って握手しながら礼をした時に、互いの頭が勢い良くぶつ

山梨県テコンドー協会師範時代（30代）の著者。2000年のシドニー五輪出場の選抜組に選ばれた（日本テコンドー連盟発行『JTFニュース』より）。

かってしまったんです。
二人は限界まで戦い切った後とは思えないスピードで弾け飛び合って痛がりました。試合中には見たこともないくらいの速さのスウェイバックです。確かにヘトヘトのはずなのに。

何か、自分が今まで思っていたのとは全然別のしくみの運動システムが働いているようにしか思えませんでした。でも、それが何かはわかりません。
モヤモヤした気持ちを抱えて、それからまた何年も、いろいろな運動をやる事になりま

す。

2 筋力は要らなかった？

昔の写真で、女性が米俵を5俵も担いでいるものがあります。山形県庄内地方の「五俵かつぎ」というもので、ネットでもすぐ見つけられると思います。

米俵は1俵60キロです。写真はデモンストレーション用に撮ったものらしいですが、合計300キロなんてあり得ない！かというと、実はそんな事もないんです。別に300キロ一気に重量挙げのように挙げる訳ではない〝耐える〟使い方ならば、そんなに特殊な筋力の持ち主でなくとも十分可能ではあります。

デモンストレーション用と申し上げたように、現実的には蔵の入り口もそんなに高くなかろうし、こういうやり方が効率的だったとは思えませんから、実際には別のやり方をしていたんだろうと思われるんですが、それがどうも、もっと凄いんです。

一日に一人1000俵も運んでいたんです。

トラックやらリフトやらがない時代と考えて下さい。となると、全部人力で運ばなければなりません。庄屋さんに運ぶにも米屋さんに運ぶにも人力。大八車は使ったでしょうが、そこに積み込むのは人力。一日1000俵もの米俵を人力で動かしていたんです。

山寺のような、大八車で持っていけないところは、かついで2俵くらい持って行くんですよ。それを毎日やっているような人は、実は白米なんて食べてません。粟《あわ》や稗《ひえ》ばかりです。もちろん肉なんて食べません。魚すらめったに食べられなかったでしょう。

今の感覚からすると「そんなんじゃあ力が出せない」と思うでしょう。でも、これは現実です。

飛脚が1日に200キロも走っていたという話は聞いたことがあると思います。東京から西に向かうなら静岡県です。粟や稗ばかり食べていて、どうしてこんな事ができたのでしょうか?

まず目星をつけたのは「筋力運動ではない」かという事でした。

筋肉を使う運動は、どうやっても疲れが溜まり、もう動けなくなる限界がきます。どんなに鍛

江戸時代の日本人は、身体を使う仕事をしていた人でも決して筋骨隆々といった体型はしていなかった。これは、筋肉が発達していなくとも優れたパフォーマンスを発揮できていた事を意味している。
（幕末・明治・大正回顧八十年史 第2輯）

えているマラソンランナーをみても、また、ボルダリングなどのクライミング・スポーツでどんなに一流の上手い身体の動きを極め尽くした選手でも、長く続けていると必ず訪れる〝疲れ〟には抗えません。

だから、筋肉ではないものを使っているのではないか、と思ったのです。

実際、絵などを見る限り、江戸時代以前に筋肉隆々な人など、力士をのぞいては存在しません。江戸時代以前に「筋トレ」は存在しませんでした。それでも、毎日力仕事をしている人ならそれだけで筋肉隆々になりそうなものです。でも、そういった人も、外見的には決して〝マッチョ〟ではありません。幕末になると写真も残っていますから間違いないと言えるでしょう。江戸時代以前に〝マッチョ〃はいません。

荷物を運ぶ仕事の人も、人を運ぶ仕事の人も、ごくごく普通の体型というか、現在よりも貧弱な体型と言っていいでしょう。俵1000俵も運んでいた人も、1日200キロも移動していた人も、です。

江戸時代の飛脚や籠担ぎの人たちは荷物を持っている状態の走り方であるので、走るためだけのランナーはスポーツカーのようなもので燃費も悪い、という事が言えそうです。

江戸時代以前には、現代の武道や格闘技に相当する武術が数多く存在し、それぞれの流派独自の技術、鍛錬を行っていました。けれども、筋力アップをはかる鍛錬を行っている流派は皆無なのです。

現代で筋トレせずに柔道に臨むなどあり得ない事から考えると、とてつもなく大きな違いです。


私自身、ウェイト・トレーニングをガンガンにやっていた時代がありました。パワーには自信がありました。

ある時、自分の家で家庭菜園をやろうと思って、腐葉土やら土やらをホームセンターで買いました。1袋20キロです。

ボディビルダーとしてウェイト・トレーニングに励んでいた頃の著者。パワーには自信があった。しかし……！

それを車から100メートルくらい運んで、という事を繰り返したところ、4往復くらいでヘトヘトになりました。

当時、スクワットなら200キロをガンガン上げてました。その自分が20キロの荷物でヘトヘトになっている。これはダメだと思いました。

筋トレと有酸素運動の違い？

いや、そういう事ではありません。絶対、そもその使い方が違うと思ったんです。

3 靭帯で運動!?

運動体としての身体を考えた場合、その構成要素は骨、筋肉の他に、腱、靭帯があります。

腱は筋肉の端部で、骨とつながる役目を果たし、靭帯は関節部をまたぐ骨と骨をつなぐ役目を果た

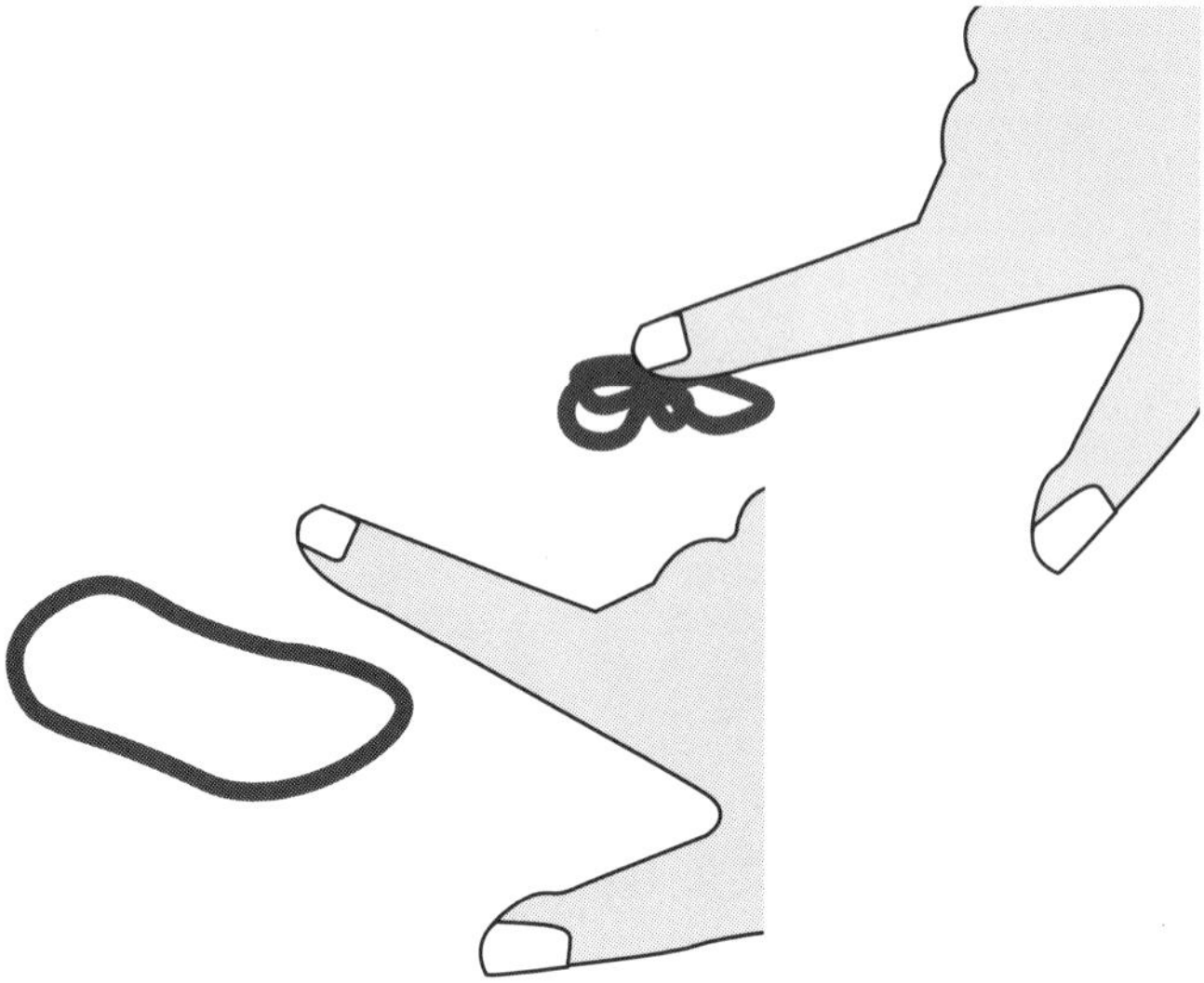

します。あらゆる関節に存在し、すべての骨を連結させています。

靭帯、腱は筋肉と違ってそれ自体意図的に収縮するなどの動きができません。だから、酸素やカロリーも消費しないし、疲労もしません。

それ自体縮めないものが果たして運動を作り出せるのか、というところなんですが、私は靭帯を〝全身をつなぐゴム〟のようなものと連想しました。

靭帯の「靭」という字は、しなやかで強い、という意味です。

実は靭帯はゴムのようにビヨーンとは伸びません。腱も伸びません。全然伸びない組織なんです。よく「アキレス腱を伸ばす」なんていう運動をやりますが、アキレス腱自体は全然伸びていません。伸びているのは筋肉の方です。

だからこそ私は靭帯に、それこそ強靭過ぎるくらい強靭なゴムを連想したのです。ゴムは、大きく伸ばす事によって縮む力が発生する、ばかりではありません。どんな方向のバイアスでも、復元しようとします。それも、全体が一様に、つまり同時に働こうとします。

例えば輪ゴムをぐしゃぐしゃっとまとめておいてからそれを放すと、一瞬にして何の負荷もかかっていない状態に復元します。

理想の運動として〝全身を使う〟とか〝全身を連動させる〟とかよく言われます。これはもう、武術であろうがスポーツであろうが、共通の理想型として求められています。大きな力を生み出すにも、速いスピードを生むにも、疲れにくい合理運動のためにも、部分運動より全身運動が勝ります。しかし、これは言うほど簡単ではありません。意識してやろうとしても上手くいかないのです。それは、〝全身〟が部位の集合体としてあまりにも膨大で、システムとして複雑過ぎるからです。

意識すればするほどむしろ上手くいかなくなる〝全身運動〟が、意識せずとも自然に復元するゴムのようなシステムによって可能になるかもしれない。

それをやってくれるのが靭帯なのではないか？　そう考えたのが靭帯に着目した第一歩でした。

自然で、あたかも勝手になってしまうかのような運動でなければ、〃全身運動〃も〃いつまでも疲れずやり続けられる運動〃も、不可能なように思えます。

それを実現してくれるのは筋肉運動ではない。

靭帯は確かに運動に関与するのです。

4 自分の中の確信

自分の中で最終的な「これだ」という感覚があったのが、インドでの事でした。

以前、1年3ヶ月ほどインドに滞在した事があり、その中で、インド最南端のカーニャクマリという所を訪れたんです。

ここはインド洋、アラビア海、ベンガル湾という3つの海が重なるところで、3つの海流があるから、それぞれに波の形が違うというすごい所なんです。

その2つの波の違いは確認できました。けれどもあと1つがどうしても確認できない。もうちょっと。もうちょっと行きたい。最南端の岸壁なんで、もうそれより先へ行けないんですけど、もうちょっと行きたいっていう気持ちが抑えられなかった。

もっともっと行きたいって思った時に、傍から見たら海に落ちるんじゃないかっていうくらい

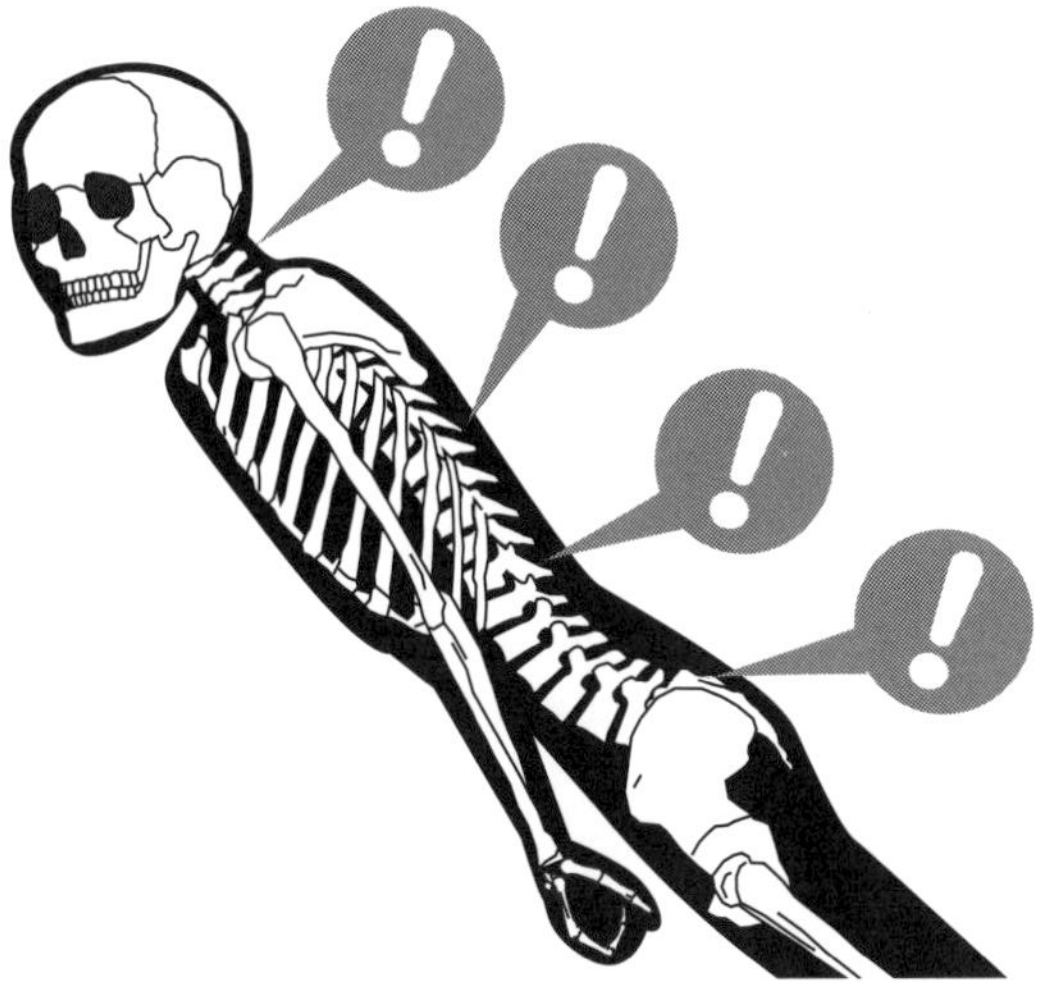

身を乗り出していたらしいんですけど、落ちなかった。身体の中で、骨格がずーっと動いているのを感じました。これは、身体の中から起こった自然な反応だったんです。背筋とか腹筋とか、脚の筋肉とかの頑張りを足して持ちこたえようっていうのではなく、もう、無意識に身体の中から反応が起きてバランスを崩さなかった。それは確かに、筋肉運動とは違う、靭帯運動だったんです。

この東西4000キロ、南北4000キロに及ぶ旅の中で、「自分の身体の中の旅をしていなかったな」と感じました。まだまだ先が行けるんだなって感じた瞬間だったんです。

5 達人がやっている事

それは長き旅でした。筋肉以外の何かがあるはずだと確信はあったんですが、どうしても筋肉運動になってしまいます。もう、それは、学校教育から何から、ここまで自分の中に培われてきた〝常識〟としてもそうですし、現代を生きるほとんどの人が、運動は筋肉で行うもの、という頭と身体になっているから仕方ないのです。

でも、「力じゃないんだ」というのも武術の世界ではある意味常識です。宮本武蔵からして、『五輪書』で「力じゃない」という事を説いています。剣術であろうが、柔術であろうが、空手であろうが、「力むな」と言われます。「力むな」はスポーツの世界でも常識です。

では、力む代わりに何をどう使うのか、という事については、なかなか誰も明言してくれていなかったのです。

いろいろ考えて、いろいろ試しても、自分の脳から指令を出して動くのですから、全部筋肉が作用してしまいます。ここの戦いでした。

何度も何度もいろいろな事を試している中で、身体からその反応がある事に気付きました。それからシフトチェンジできるようになりました。

スポーツや格闘技で、もう〝天才〟と呼ばれるような、物凄く長けた方がいます。達人とかスーパースターとか、そういった方たちがなぜそうなのか？ それが、自分が靭帯を使えるようになってきて、わかるようになってきました。センスがいいとか才能とか、持って生まれた特別な資質のように言われがちなんですけど、そうじゃないんです。そこには努力とか頑張るとか集中力とか、そういうものも介入しません。心の自由度の問題でもありそうです。頑張らなきゃとか筋肉運動という先入観から逃れられない人ほど袋小路に陥ります。

本人が理解できていないかもしれませんが先天的にできてしまう人もいた。それが才能と言えば才能なのかもしれないけど、もう、持って生まれない限りはどうしようもない、そのようなものではないんです。

私は理解した上でできるようになった今、知識として、練習法としてそれが誰でもできるようになるというその道筋を、この本でお伝えしようという事なんです。

江戸以前の優れた身体操法について、先にお話しましたが、明治、大正、昭和のはじめくらいまでは日本人も靭帯を使えていたと思います。

靭帯が使えていたのは昔の日本人だけではないですよ。

マサイ族は一日100キロくらい歩きますけど、歩いて歩いて、その後に垂直跳び1メートルくらいピョンピョン、ピョンピョンと1時間くらい続けています。彼らは足の筋力で跳んではいません。足のアーチだとか、そういう、もう、身体に備わっているバネ的なもので跳んでいます。

大東流合気柔術の佐川幸義先生は、達人中の達人と言われる一人ですけど、腕立てや四股を一日1000回もやっていたという有名な話があります。95歳で亡くなる晩年に至るまでです。もちろん、それほどすごい筋力だったという事ではありません。大東流はそもそも、筋力を排除せ

疲れなど永遠にこないかのように、いつまでもいつまでも跳び続けられるマサイ族のジャンプ。

よという方針を追究する代表格みたいな武術です。

これは、〝いつまでもやり続けられる〟すなわち筋力でない運動システムの発動を図っていた証拠なのです。

第2章

靭帯とは？

1 すべての関節は靭帯が繋ぐ

激しいスポーツをしていると「靭帯を切った」などという事を聞きます。「靭帯」という言葉が登場するのは、この切れたり伸びたりといった損傷が生じた時くらいなのかもしれません。それだけに、この「靭帯」という器官を、実体的にイメージできる人は少ないのではないでしょうか？

まず押さえておきたいのが、靭帯は骨格のあらゆる関節に付随しており、骨と骨とをつなぎとめつつ、関節を保護してもいる器官だという事です。膝や肘にしかないように思っている方も少なくないかもしれませんが、脊柱にもあります。

全身の骨を繋げているのは靭帯です。同時に、全身運動の前提ともなっている組織です。骨が靭帯で繋がっていなかったら、高度な筋肉のオペレーションを改めて身につけないと、全身運動などは実現しません。自然界の多くの動物が、練習などせずとも全身運動ができるようになっているのは、靭帯が正しく発動しているからです。

靭帯はコラーゲンと弾性繊維を主成分とした非常に強い結合組織の束で、生理的断面積1平方センチにつき520キロの力まで耐える事ができます。強い組織ですが、前章でも触れたように、伸び縮みはほとんどしません。

ほとんど伸び縮みはしませんが、しなやかです。ちょうど、なめし革のようなものを想像する

脊柱の靭帯

脊柱の周りは、後縦靭帯、前縦靭帯、黄色靭帯、項靭帯〜棘上靭帯、横突間靭帯、棘間靭帯という６種類が取り囲んでつながりを形成する。

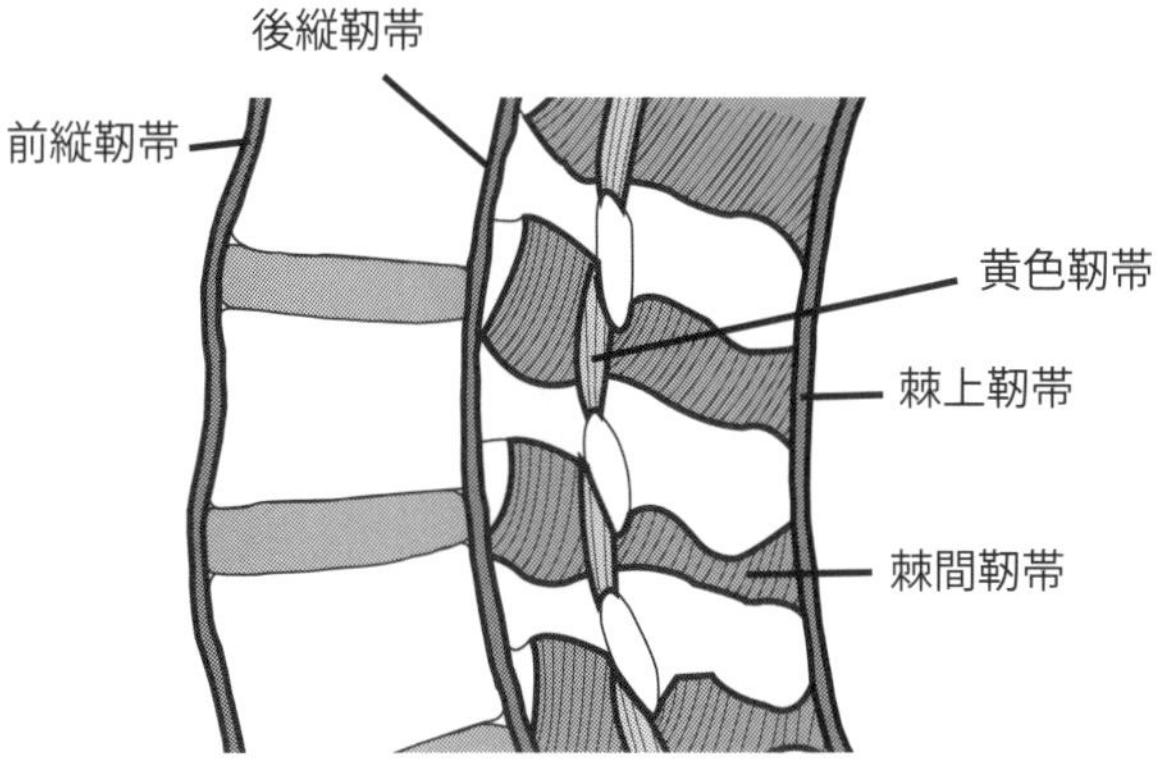

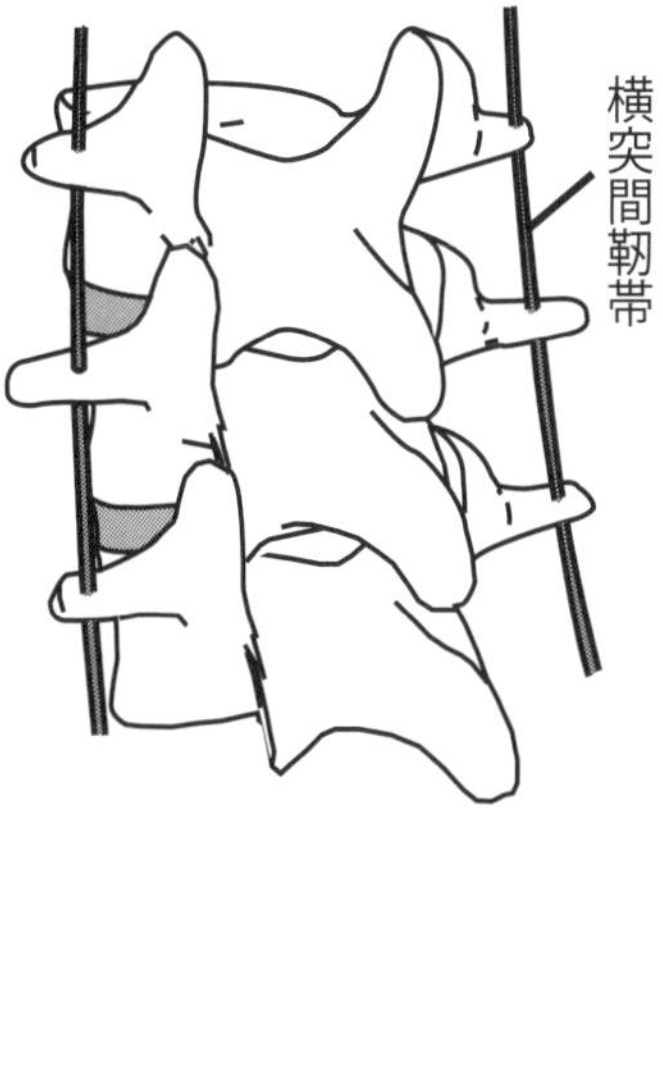

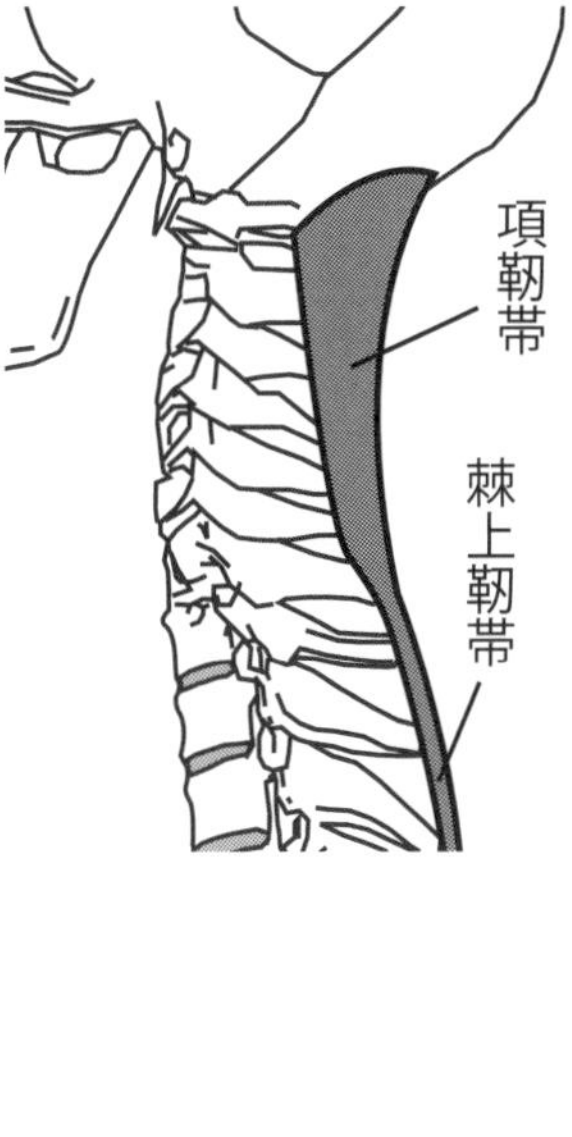

膝関節の靭帯

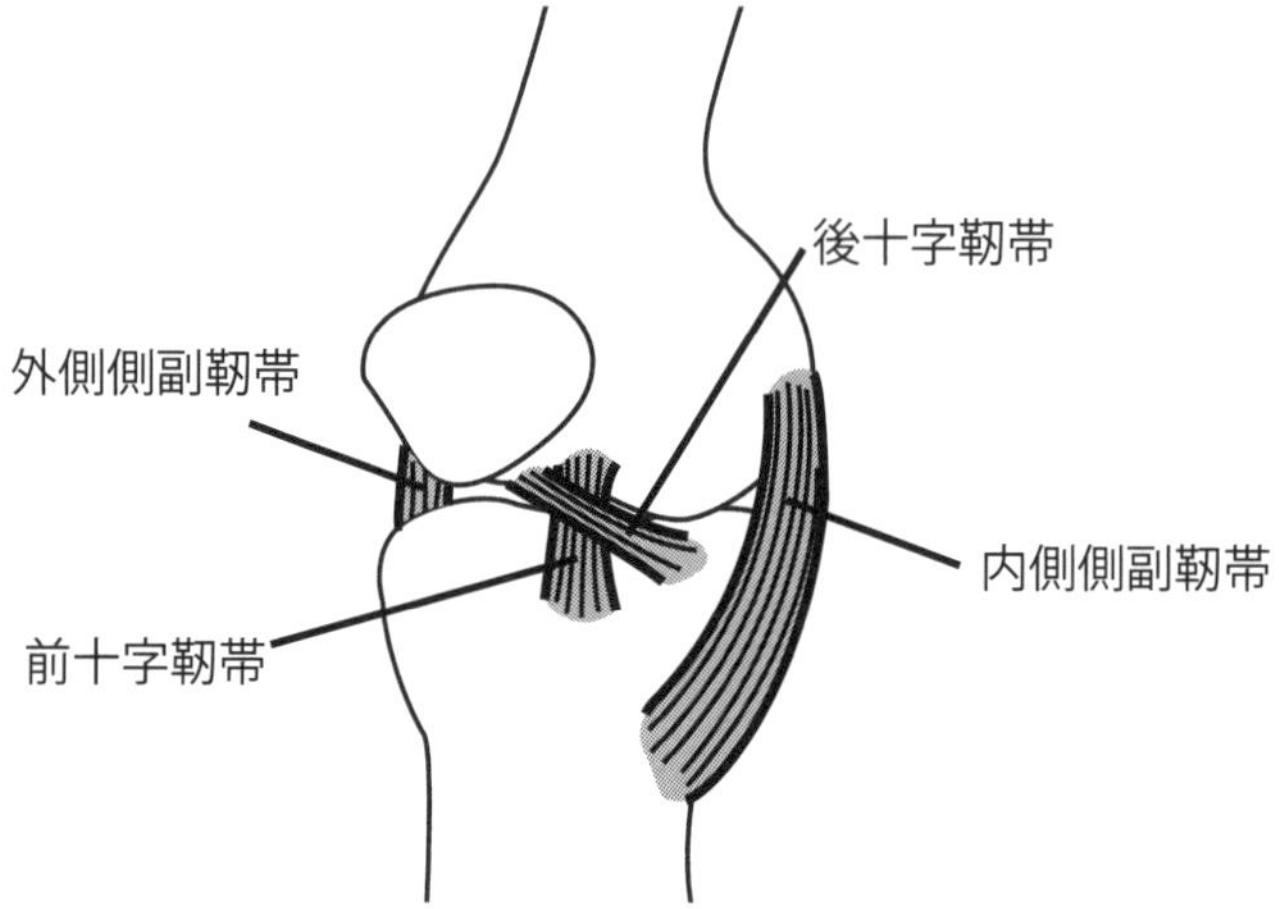

といいかもしれません。

靭帯の「靭」は強靭の「靭」であり、〝しなやかで強い〟という意味です。しなやかでなければ、520キロの力に耐え、関節を守る強度は存し得ません。靭帯は張り続けている組織なので、硬かったらすぐに損傷してしまいます。

ただし、いくら靭帯がしなやかで強くとも、関節を固くしてしまうと力が集中してかかり、損傷してしまいます。つまり、筋肉で対応しようとしてしまった時です。

例えば、筋肉に、動きに直接的な関与をしない不必要な力みを入れると、それによって関節は固まります。可動性は低下し、ある意味、靭帯の代わりに筋収縮で関節を保護しようとしているような状態になります。

靭帯の活性と発動は、筋肉の稼動と相反する関全身の骨格は、あらゆる関節が靭帯で繋げられている事によって、筋収縮が邪魔しない限りは連動状態にある。

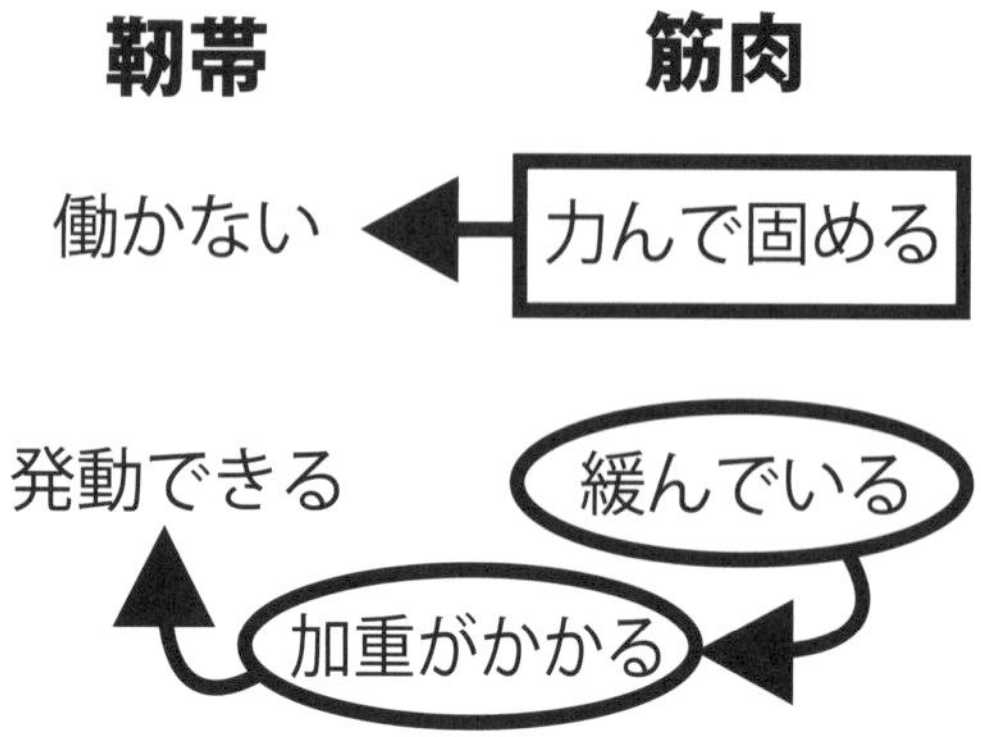

係にあります。あらゆる関節をつなぎ、保護しているのは靭帯、と申し上げましたが、筋肉も腱を介して関節をまたいで骨と骨とをつないでいるので、同種の働きをしているとも言え、筋肉で力めば、関節は固くなり、靭帯は上手く働きません。力みがなく関節が緩み加重がかかると、靭帯は本来の働きを発動できる状態になります。

近代になって「動きは筋肉が作るもの」「動きを強くしたり速くしたりするためには筋肉を鍛えるもの」というセオリーが頭に植え付けられるようになり、その結果筋肉が太く発達した人が増えることになりました。同時に靭帯の発動はどんどん抑えられるようになってきているわけです。

関節を扉に例えると、靭帯は蝶番。靭帯損傷はこの蝶番が外れてしまっている状態。
何が起こるとこんな状態になってしまうのか？

図1

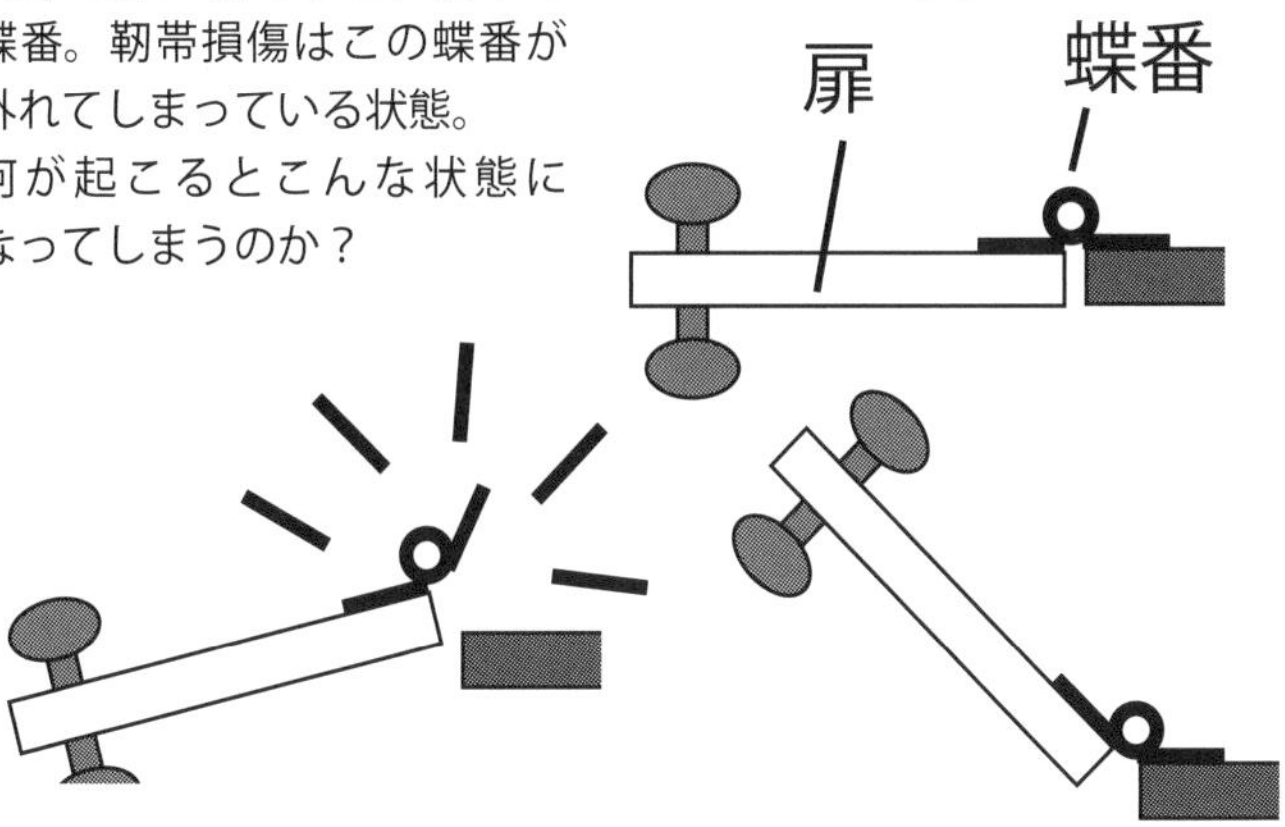

2 靭帯への認識が大事！

靭帯は常に張った状態にあります。靭帯損傷は伸びようのない靭帯に加重がかかる事でパーンと切り口が走った状態です。パーンとなる手前では、関節部や筋肉の接続部は若干伸び縮みします。接続されている大きな筋肉は、大きく伸び縮みするので影響は生じません。

靭帯が損傷する場合は、靭帯に瞬間的に大きな力がドーンと掛かった状態を耐えたり、筋肉を固めようとした時です。大きな力がかかった際に緩めることができたら、怪我をする事はありません。

もう一つ、冒頭で述べましたように、損傷した時くらいにしか登場してこない「靭帯」なのですが、普段からきちんとその存在を意識し、正しい動き方を認識

図2

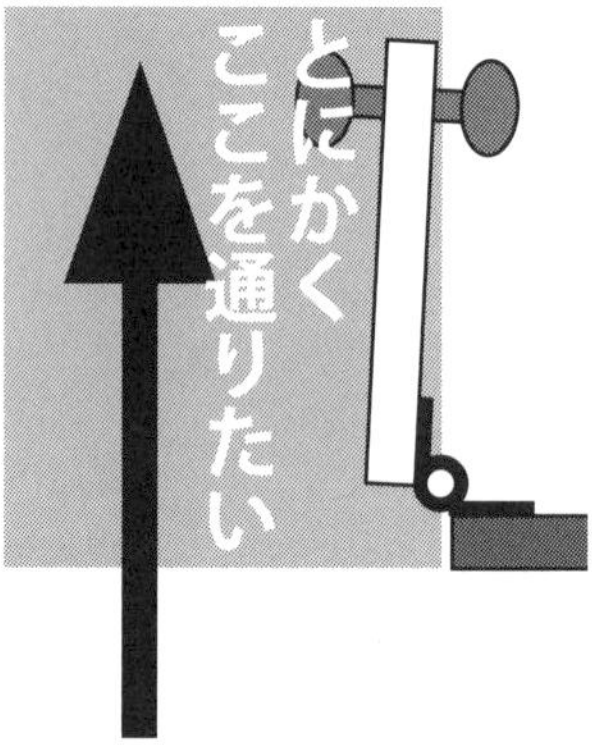

図3

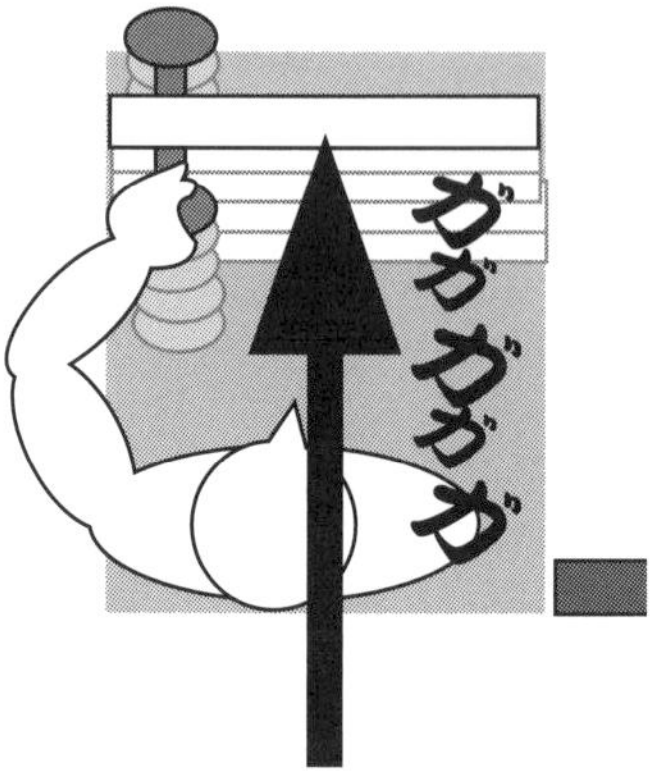

図4

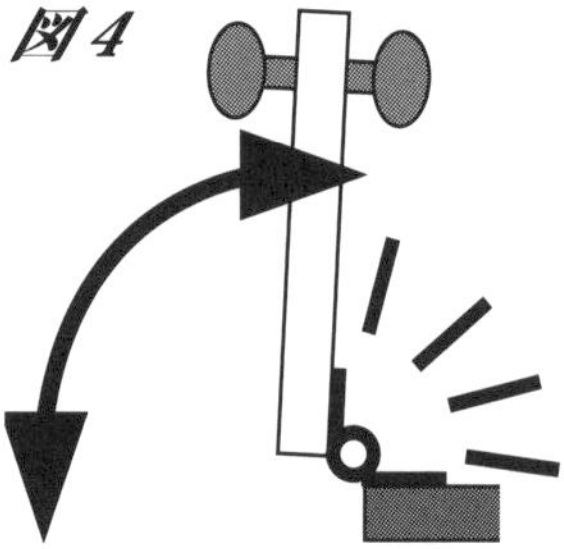

図5

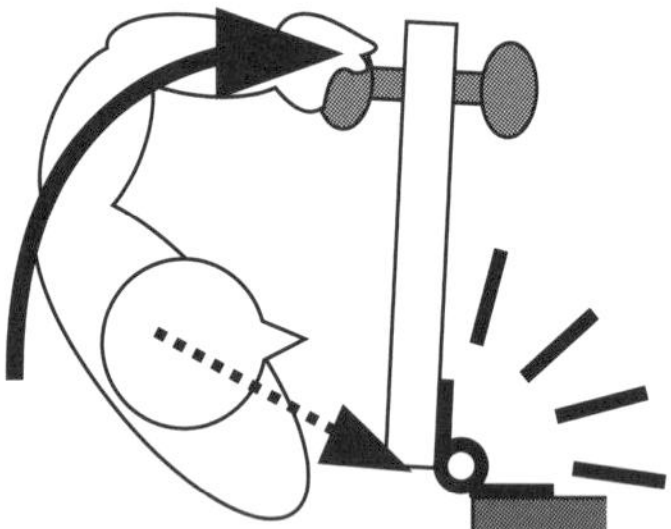

している事も大事です。

例えば、関節というものを扉に例えると、靭帯はいわば蝶番に相当します（図1）。靭帯損傷はこの蝶番に負荷がかかってはずれてしまったような状態です。なぜこんな風になってしまったのでしょう？

普段、多くの人は扉を開閉する時に、蝶番の存在を意識する事は少ないと思います。ドアノブを持って押し、扉を動かして、扉の向こう側に通り抜けて行きたい……これくらいではないかと思います（図2）。

さて、そのくらいの意識でドアノブを持って押した時、もし蝶番がなかったら、図3のように、床をこすらせながら扉を押し込んでいく羽目になります。ただドアノブを押し込むだけだところなってしまうのです。

蝶番があるから扉の開閉の動き（円弧運動）になっているのです。言い換えれば、蝶番が扉の開閉に不要な動きを受け止めて耐えてくれているのです（図4）。

常に意識しないで動き続けていれば、常にこの蝶番、すなわち靭帯に負担をかけ続ける事になります。

蝶番を意識すれば、蝶番が耐える不要な動きがなくなり、蝶番に負担はかからないのです（図5）。

負担をかけないだけではありません。靭帯を運動向上に参加させようというのが、本書でご紹介する「靭トレ」です。

運動においては、完全に筋肉主体に考えられている時代です。筋電計をつけて、この運動はどの筋肉がどう動いているかを測定します。そうなると、筋電図からより動いている筋肉はここであると決定付けられ、その筋肉を鍛えれば、この運動によって良い結果が出るとされてしまいます。これはいわば、主役がすでに決まってしまっているオーディションのようなものです。

筋肉以外にも骨の角度など、様々な組織がオーディションを通過する事はできず、ましてやレントゲンにも写らない靭帯は、オーディションに参加する事もできないのです。

生来東洋人、日本人は身体が平均的に小さいため、身体の大きい欧米人に憧れる傾向があります。すると、身長を伸ばす事が不可能ならば、胸や肩幅の厚みを付けて大きくなれる「筋トレ」に向かう方向に行きがちです。

人は、これまでやってきた事が無駄になる事を嫌います。学校や社会、日常生活の中で凄いスピードで流れている時間の中で、やってきた事が評価されなかったり、流されて忘れ去られたりするのはよく起こっている事です。そんな中で、筋トレはやればやった分、筋肉量という形で自分の身体に残るので、すがる方が多くなっているのかもしれません。

ですから、靭帯について、まずは意識を向けるところから始めましょう。筋肉と違い、靭帯は太くしようというものではありません。しかし、おそらくほとんどの方が意識を向けていなかった靭帯、そこに意識を向けるようになるという事は、むしろ筋肉増強より、大きな成長なのかもしれませんよ。

3 不安定の中の〝倒れまい〟とする反応

筋肉のように自ら収縮したりしない組織である靭帯が運動に寄与する、というしくみのベースにあるのは〝良い状態になろう〟とする働きです。

例えば、身体が後ろに反ったような、脊柱に撓《たわ》みのある状態にあるとします。すると、脊柱の前側の靭帯は伸ばされる方向、後ろ側の靭帯は縮められた方向への負荷がかかっています。これによって、脊柱自身はすでに後ろに倒れそうな状態である事を知っています。

靭帯は、その状態から、負荷のないニュートラルな状態の方向を目指し〝倒れまい〟とします。筋肉を力ませ固めていない状態に加重がかかると、靭帯が一気に発動し、反りを戻す動きが生まれます。

自ら縮めない靭帯と、自ら縮める筋肉による力を比べれば大差ないのではと思われるかもしれませんが、靭帯の連なりがすべて一斉に発動する力はとても大きなものとなります。

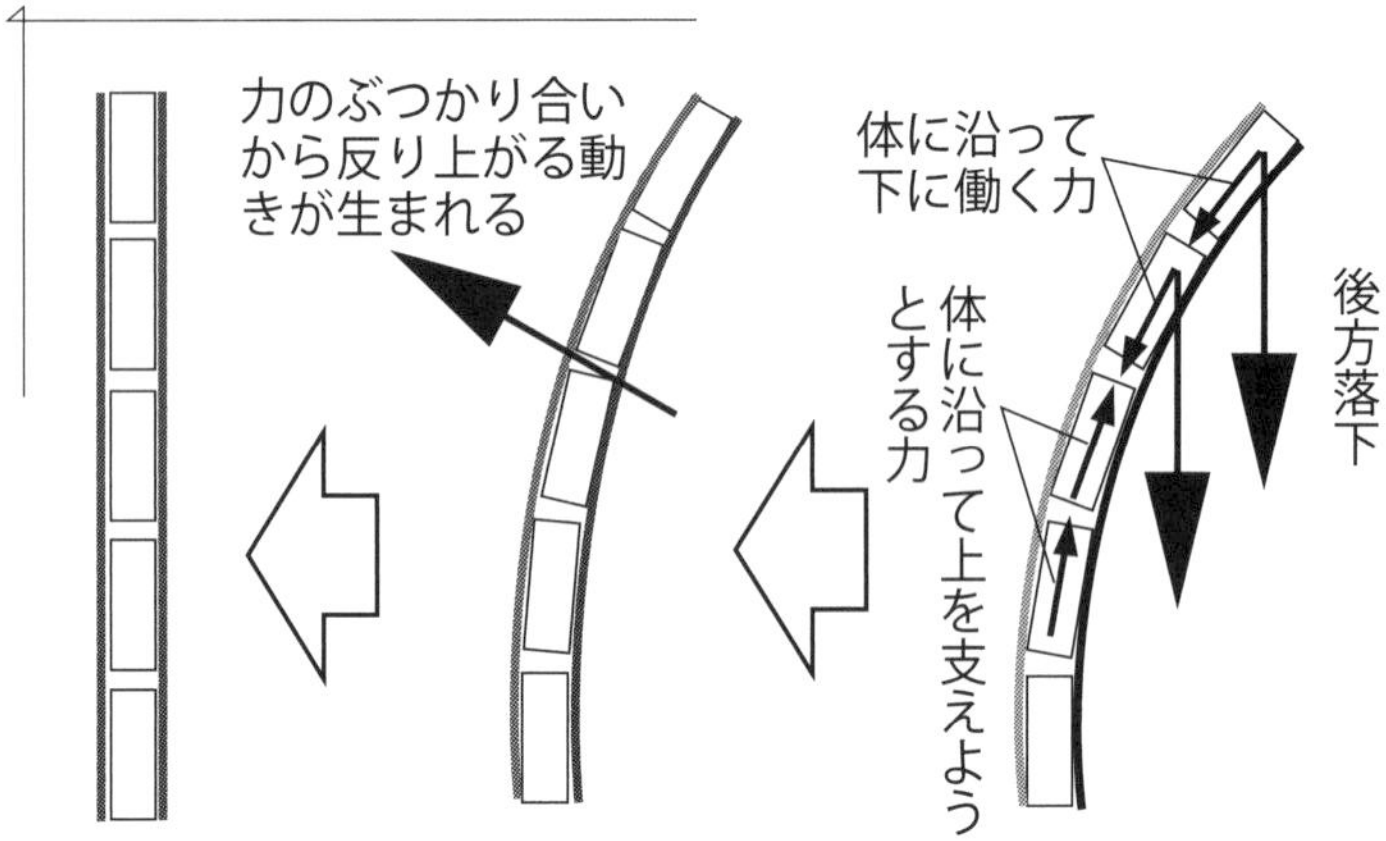

ポイントは、筋肉を力ませていない事です。そしてそれによって関節が自由な状態になっている事です。

関節が自由な状態にあると、こんな事も起こります。〝脊椎の後方が落下していく〟状態を作ります。こう聞くと難しく感じられるかもしれませんが、とにかく筋緊張をなくす事、くらいに今は受け取っておいて下さい。気を付けなければならないのは、〝身体を反らそう〟としてしまわない事です。これをすると大抵筋収縮をさせてしまう事になります。筋収縮をさせてしまうと、靭帯は発動しません。

筋収縮のない、自由な状態の脊椎関節ができれば、その脊椎一つひとつが後方落下する事によって、それに拮抗するように前方が反り上がる動きが生まれます(上図、次ページ図参照)。これは脊椎が連動的に連なっているからで、一つの脊椎に動きや力が生じれば、そのすぐ下の脊椎は即座に影響を受け、それが瞬時に連鎖して、大きな動きが生

“落下”を活かすと動きが生まれる

脊椎一つひとつにはそれぞれに重力がかかっており、その力はすぐ下の椎骨に連動的に作用する。脊椎上部に後方落下の重力がかかっているような状態（少し反った状態）から、その力を筋収縮によって阻まれないように維持していると、自然と脊椎中部から反り上がるような動きが生まれる（下図上列）。

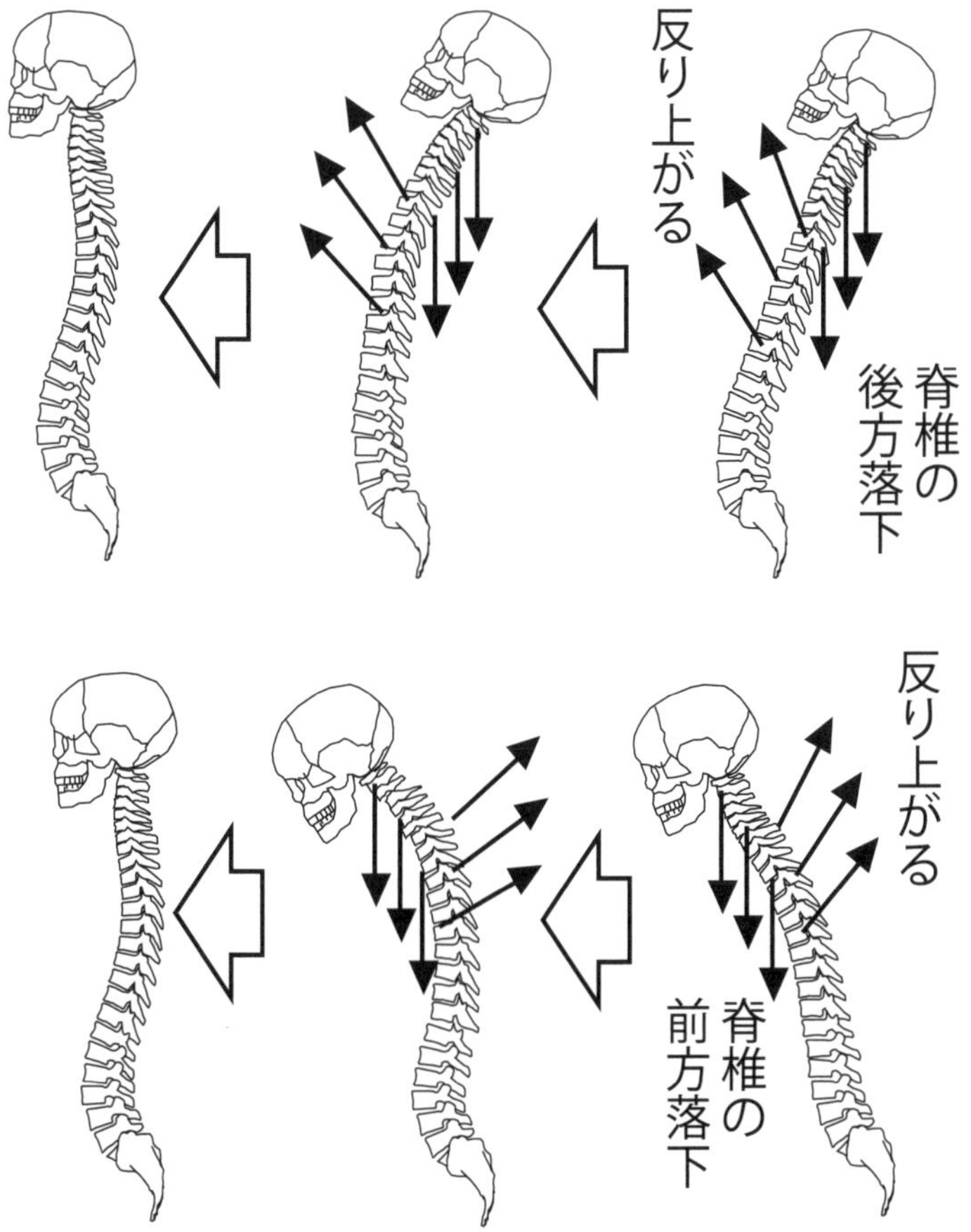

“靭帯発動”を体感する

まずは靭帯発動によって動きが起こる事を体感するところから。

頭を後ろにもっていって脊椎上部が後方に落下していく状態を作る（写真上列1）。この状態を筋肉の力みなしに作るのは難しいが、とにかくこの体勢を作ってから、胸、腹、背中などの力みをできる限り抜いていく。すると、少しずつ脊椎中部から逆側へ反り上がっていく動きが生まれる。

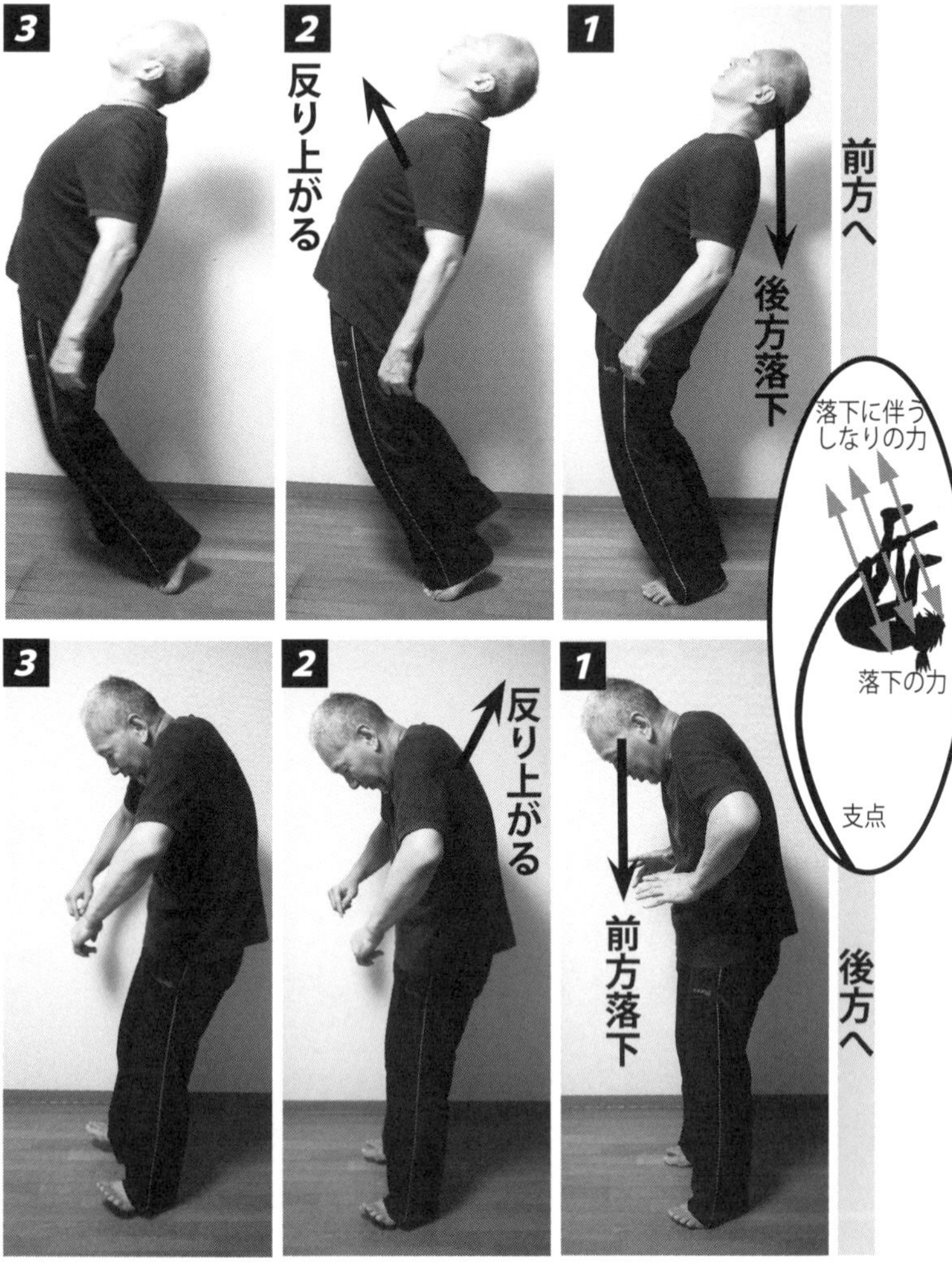

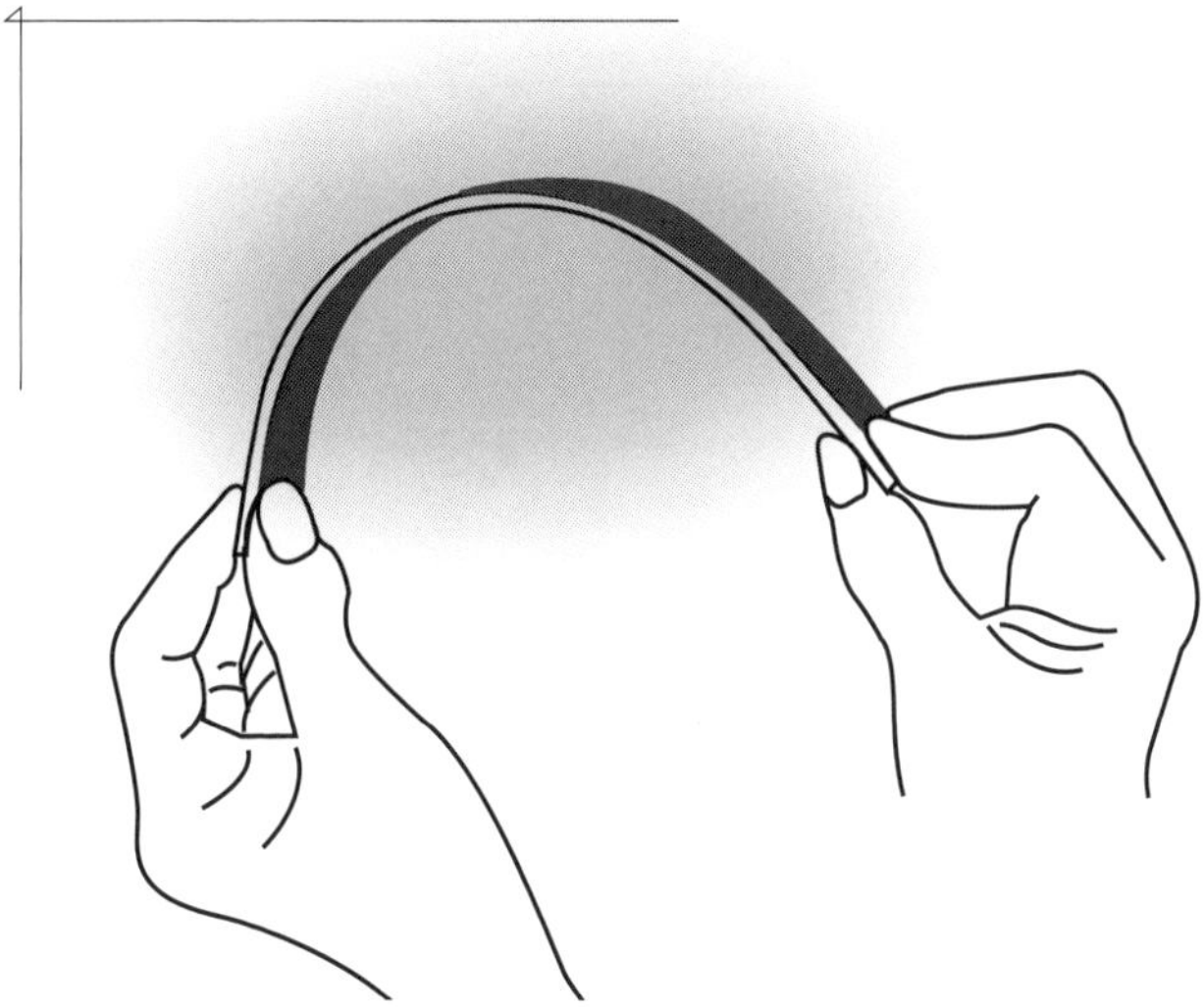

まれるのです。
逆に、脊椎の前方が落下する（丸まる）状態を作ると、背中側に反り上がる動きが生まれます。
靭帯の運動は筋肉のように「自らの意図による脳指令によって部分的に筋収縮させる」のではなく、「無意識に身体が全体的に瞬時に発動させる」ものです。
そもそも靭帯は全身の骨格を繋ぐように存在しており、その全部が瞬時に発動すれば、結果として生まれる動きは必ず全身運動になります。

4 靭帯を運動に活かす原理

〝靭帯を運動に活かす〟というと、プラスチッ

筋肉と靭帯の状態

上写真のようにタオルの両端を固定して引っ張った状態が筋肉。両端は起始と停止に相当し、その方向にのみ力を発生させる事ができる。下写真のようにタオルをねじった状態が靭帯。それ自体に力が蓄えられた状態にある。

筋肉

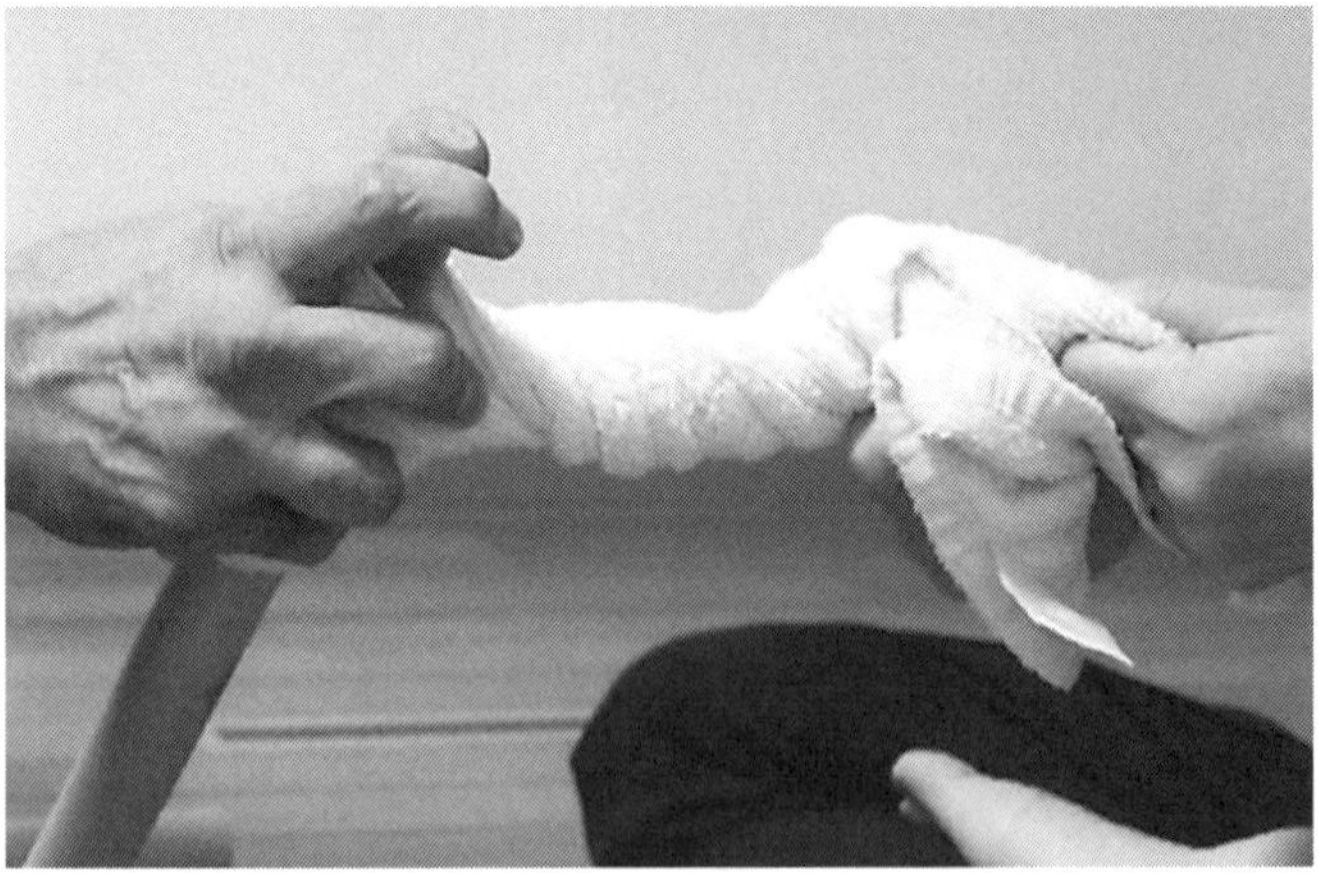
靭帯

ク製の定規を一方にたわめておき、反対側への力を発生させる、というような形を思い浮かべる方が多いかもしれません。これも一つではありますが、こればかりではありません。

例えば、タオルの端を持って引っ張ってみます。一方向に突っ張ります。身体でいうと、筋収縮の状態です。

次はタオルを持って捻ってみます。棒にタオルをかけてねじります。するとタオルに力が蓄えられた状態になります。これが靭帯の状態です。タオルには復元力がありませんが、靭帯には復元力があります。復元力によって動き、力が発生します。それぞれに蓄えられた力が瞬時に発動すると、大変大きな力になります。

一般的な筋肉を対象としたトレーニングでは引っ張ったり縮めたりという事を行なっています。筋肉が伸縮をするための組織なのですから当然です。

靭帯はこの〝ねじれ〟のような、力が蓄えられた状態を作ります。引っ張ったり縮めたりする事によってそれを行う事はむしろ行いません。

筋肉は最大限に縮めるには、伸ばす必要があります。これも、力が蓄えられた状態と言えるかもしれません。

靭帯は、「びっくり箱」のようなものです。蓋を開けるだけですぐさま勢い良く人形が飛び出すような状態です。飛び出す人形に圧をかけ続け力を誘発させ、解放する事で動きます。強い圧

を逃がさない事で成り立ちます。
背骨に圧がかかり、順番にしならせる事で力が蓄えられた状態から、解放するだけで一気に力が発生するのです。
中国武術には、蓄勁→発勁、という考え方があります。多くの筋肉運動のように「テイクバック」するのでなく、いきなり動いていきなり大きな力を発するのです。そのために「蓄勁」を行っておくのですが、もしかしたらそれも靭帯によるものかもしれません。

5 頭でなく身体から動く

現代人はとくに、頭で考え過ぎる傾向があると思います。頭から筋肉に指令を出して、動く。けれども、気持ちが動くと、そんな指令がなくとも動いている事がありますよね。すごくうれしい瞬間に、「ジャンプしよう」なんて考える前に跳び上がっている。そんな時、人間は自然に全身運動になっているのではないかと思うんです。そしてそんな時、〝靭帯を発動させた運動〟になっていると思うんです。物を取る時、どの指から触っているかなんて考えていません。赤ちゃんの頃から取りたいという気持ち、本能で取る行為を完成させています。

ある時、カメラマンの方がいて、私がタオルを置いて「これをカメラだと思って持ってもらえますか？」と伝えたんです。そうしたら、片手でパッと持ったんです。

次に、「このカメラが20キロだと思って下さい」と伝えると、ちょっと近づいて腰をかがめて持つんです。

今度は、あの戦場カメラマンとして有名なロバート・キャパ、その方が最後に使っていたカメラです、と。すると、もう心からですよ。身体全体で、包み込むように両手で持ったんです。もう、「20キロ」どころじゃないです。心が先に行ってるんですよ。全身でウキウキしてしまっているんです。重ければこういう扱いとか、そういう事でもありません、心から行ったら、重さは関係なく、全身でやるという事です。心から行うと、靭帯を使う事ができるんです。

6 靭帯は運動向上の大きなカギを握っている

「靭トレ」は、さまざまな運動をより優れたものに進化させるために、筋肉でなく靭帯に着目するものです。そこにはこんな利点があります。

◉誰もがすでに持っているものの活用。（筋力増強、技術修得などではなく）
◉人体中この上なく〝強靭〟な組織の活用。
◉靭帯は栄養も休養も酸素も必要としない。（ずっと続けられる）
◉靭帯発動の動きは疲労が蓄積しない。（動きが劣化していかない）
◉精確な動きができる。（筋収縮は起始停止位置の移動が必ず伴うためブレる）

自分には才能がないと感じたり、いくら筋トレしてもパワーアップしない、スピードアップしないとか、求める運動に壁や限界を感じてしまう理由にはいろいろなものがあると思います。でもそこで諦めたり、結果が出なく無意味ではないかと思いながらの努力を繰り返す前に、試みるべき事があるのではないでしょうか。「靭トレ」は筋トレ以外の選択肢としての提案です。

第3章

達人の動き

1 武術のスゴさ、達人のトンでもなさ

肉体を使うという事において、武術というものは〝最高傑作〟だと私は思っています。スポーツも確かに優れていますが、それぞれにルールがあって、そのルールに一番いい身体の使い方、というものを求めてきた結果です。

でも、古来から伝承されている武術というものは、基本的には命を護る、護るために相手を倒す、のような、命が掛かっている前提で存在している。だから、最初から、総合的に身体の能力を最大限に働かすものでなければならなかったんです。

こういうメソッドが開発され、それによって記録が伸びた、みたいな事はスポーツでは起こりますが、武術は違います。現代で目にする格闘技とも違うと考えた方がいいです。

古流剣術は「型」という形で今日は目にする事ができますが、それが現代の感覚からすると、「これで本当に戦えるの？」「これで本当に強いの？」と思えるようなものも少なくないと思います。

それは、現代剣道やフェンシング、そういう試合のあるものを見る感覚で、いかに速く相手に剣を到達させるか、という観点からの差異なんですね。古流剣術の「型」は、そういうメソッドを伝えているものではなく、身体を最大限に活用する方法なんです。敵と自分が対等条件で構え合って、そこからどうするか、という「試合」では当たり前の事が武術では当たり前ではない。

刀を力一杯握り込むのは動きの自由度が失われるため、どんな剣術流派でもご法度。できる限り力を抜いて持つのが極意とされる。

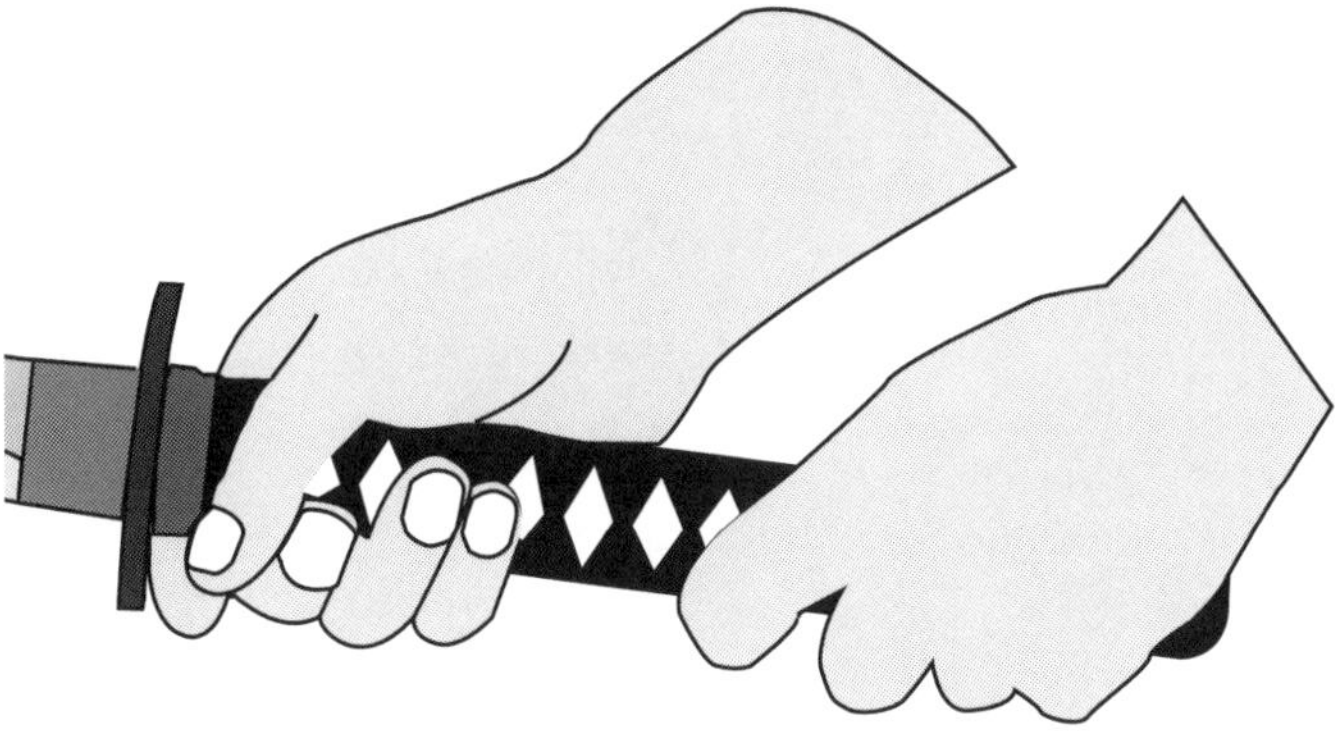

だからそういうものを追究しても仕方ないんです。

そういう観点から見ると、武術というものはもう、例外なく「力を抜け」と言われます。なぜそう言われるのかという、その一つが〝重力に沿う〟という事です。筋肉を鍛えたら筋力は強くなるかもしれないけれど、その筋力頼みの戦いをして、相手の筋力の方が自分より強かったらどうなるか？　命を落とす事になるんです。

お酒が入っているとっくりを手で持つとします。手の筋肉で持ってしまったら、とっくりにしてみると居心地が悪い。とっくりに縄を付けてぶら下げると、重力に引っ張られているだけ、必ずこうなる、という形になります。余計な力が何も加えられていない。それがとっくりにとって居心地のいい状態なんです。

人間に筋肉や力みがあることで本来の形状ではない状態にされてしまっている。力を抜く事によって重力を感じて形状を感じる、という所をスタートラインに、その〝居心地いい〟状態に、刀を持つんです。それが一番動かしやすい。すぐにでも発動できる持ち方です。

「筋肉はできるだけ使うな」、それが多くの武術の追究する方針です。筋肉でなく何で動くのか？

それは靭帯発動だと、私は思います。だから、年齢を重ねて、筋力的には衰えているであろう高齢の方にとてつもなく強い達人が武術の世界にはいるのです。

2 達人になるまでの年数

現在の武道界では、技が使えるようになるまで10年20年の修練が必要と言われます。人によっては40年50年歳月をかけ、運が良ければそこに達する。みたいな事も言われます。

しかし、戦国時代を考えてみて下さい。15歳くらいから戦いに参加している訳ですから、そんな年数をかけねばならないとしたら、とても間に合いません。2、3年で戦力にならなければダメなんです。

本来武術に伝わっているメソッドは、2、3年で習得できるものだと思います。

年数をかけなければならない、というと、それだけ高度な技術を修練し身につけなければならない、と想像してしまいますが、武術に伝わっているのはそれではありません。

簡単な技から習い始め、稽古を積み重ねた結果、ついに高度な最終奥義に至る～という図式なのかというと、「初手こそ奥儀」と言われる事が少なくありません。つまり、入門したての初心者が最初に習うようなものこそが「奥儀」でもあるのです。ボクシングでも「ジャブを制する者が世界を制す」などと言いますね。スポーツでもそれが真理なのかもしれません。

付け足していくようなものではないのです。外見的には、シンプルな技に見えても、その中の身体の使い方が最高なものにできるのなら、おそらく、どんな技をやっても〝最高〟ができあがります。

「10年20年の修練が必要」と冒頭に申し上げたのは、おそらく現代の、〝技術観点〟からの感覚です。そのようなものではなく、昔はきっと2、3年で習得していた事でしょう。きっと、気付いてしまえば、〝発動〟してしまえば、いきなり至れる境地なのです。

宮本武蔵が、最初の戦いで新当流の達人、有馬喜兵衛に打ち勝ったのは、13歳の時だったそうです。

3 最速は筋力からは生まれない

相手よりも速く動き出せるかは、武術においても、スポーツにおいても大事なテーマでしょう。相手が素早く間合いを詰めてきたのに、固まって遅れをとっては勝ち目はありません。カウンターという方法ももちろん有力ですが、いずれにせよ、相手より素早く移動できるかどうかは重要課題です。

「ロケットスタート」のごとく、強く地を蹴って飛び出すような動きを想像される方は多いでしょう。しかし、この〝移動〟においても、武術は筋力稼動を禁忌しました。

まず、そもそも筋力頼みの動きは予兆が現れやすいのです。すなわち、右足の筋肉でドンと蹴るために、一瞬グッと右足に体重をかける。この変化が現れてしまう。逆の場合もあります。筋力を最大限発動しようとすると、どうしてもその準備は外に現れやすいのです。

察知されてしまったら、いくらその先の移動速度が速かろうが、遅いのと一緒。相手に待ち受けられてしまいます。

結果、到達した移動法の一つは〝大腿骨頭の足首の操作により膝が抜ける〟という事でした。

筋力は使いません。既に足に体重がかかっている、その足の膝が抜けることによってつっかえ棒をいきなりはずすような、〝倒れる〟ような状態になります。その〝倒れ〟が動き出しです。つっ地面を蹴ったり、足を筋力で持ち上げ前に運ぶのでなく、体重がかかっている足の“膝が抜ける”ことにより、倒れるような動きを生むことで移動する。

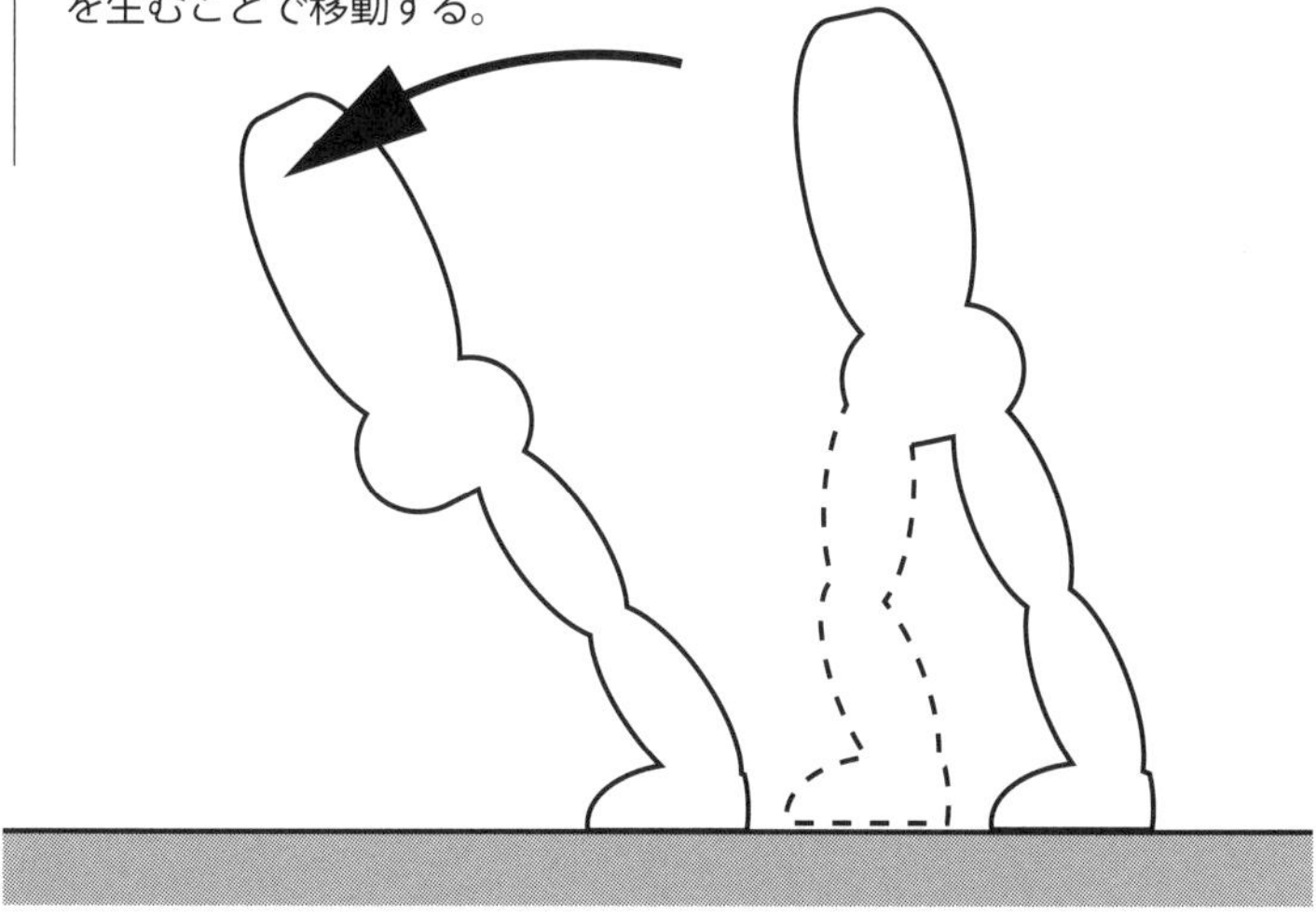

かえ棒をはずすだけですから、予兆は現れません。

この動きの原動力は落下です。

現代の感覚からすると、移動するには足で地を蹴らないと、あるいは、足を大きく進行方向に出さないと移動できないと思われるかもしれませんが、地球上のあらゆる物体に備わっている重力だけで動けるのです。

これが、古流武術の勝ち得た、最速の移動法でした。

筋力を使わないという方法論は、余分なブレーキがかからないというのも大きな利点です。筋力発動をしようとしてしまうと、どうしても力まなくていい部分、すなわち、移動力に関係のない部分まで力みが生じます。

例えば、強く地を蹴れば、その分、その強い前進力を受け止める着地の操作が必要になります。この時得てしてやってしまうのが、前腿の筋肉群を使ってしまう事。ここを働かせてしまうと、その次の足が出にくくなります。

いくら一歩一歩の前進速度が速くても、一瞬止まってしまうような、すぐに動き出せないような状態を作ってしまっては武術としては命取りなのです。この状態を「居着く」と言います。

膝を抜く動きは、いわば倒れ続ける、落下し続けるだけの移動法で、あたかも水が流れるがごとく、動き続ける事ができます。これこそが〝最速〟だったのです。

達人の速さは、スポーツカーや新幹線を目の当たりにするような「速い！」と驚いてしまうような動きではありません。いつの間にか目前に間を詰められてしまっている、そんな動きです。

予兆なく、察知することができずにいきなり動く、という事が難しい訳ですが、靭帯発動もおそらくそこに寄与していたのではないかと思います。

落下し続ける、というのも、原理的には可能ながら、現実にやるとなるとどうしても調整システムが必要になってきます。そこで、準備～発動、時々止まる、みたいな筋力稼動を行っていたのでは台無しです。

予兆なく、力が蓄えられた状態を作って、瞬時に発動する靭帯の運動システムは、とても武術的なシステムのように思います。

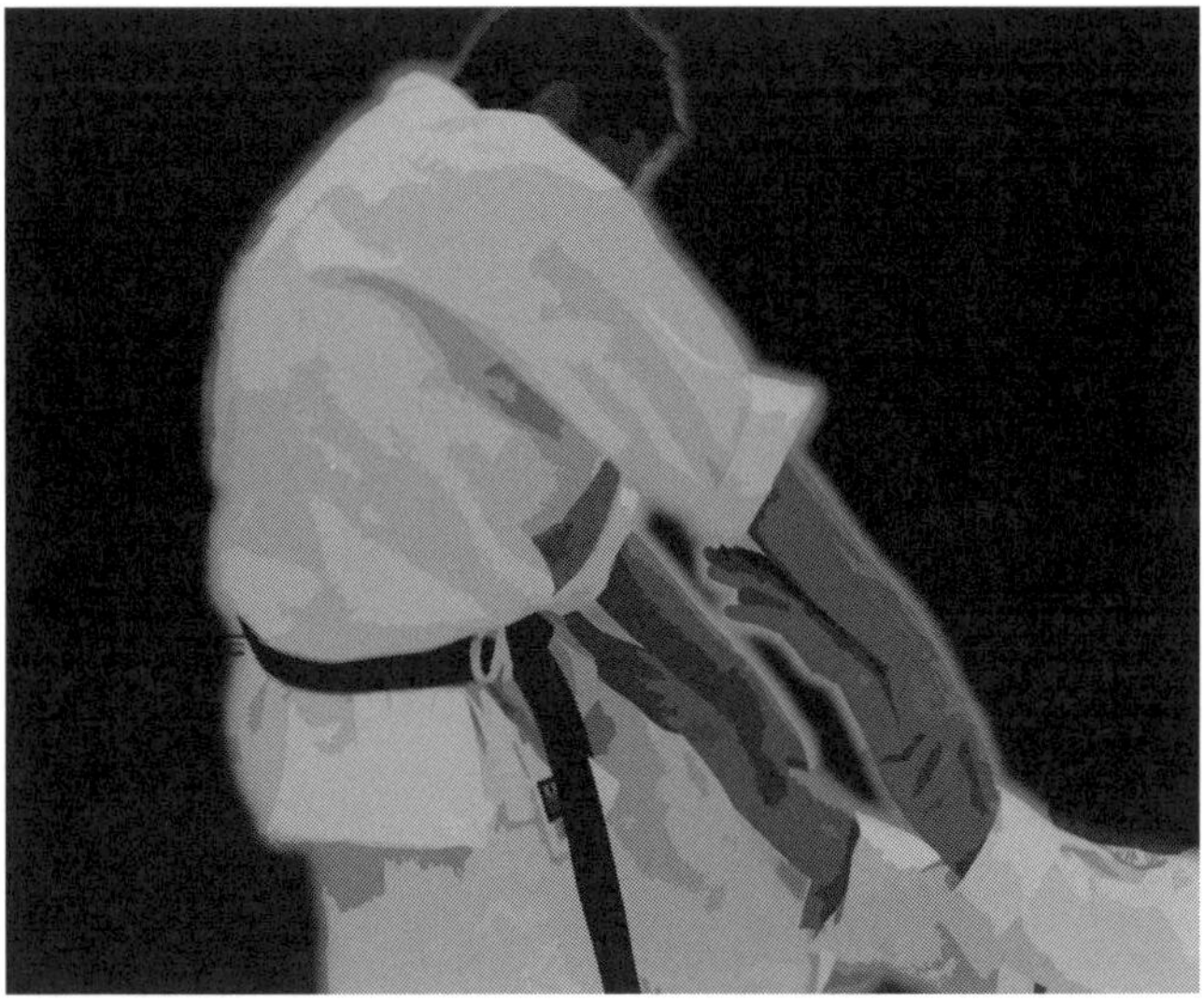

4 筋力を使わず上げる

大東流の佐川幸義先生が重んじていたものに「合気揚げ」があります。これは、正座して膝に手を置いた状態でその手を前から他の人に掴み、抑えつけられる。その状態から掴まれた両手を上げる、というものです。上げられた相手は体を崩しますが、これ自体は「技」ではなく、むしろ鍛錬法に近いものです。

佐川道場の門弟は、どんなに身体の大きい、筋力の強い相手に抑えつけられても上げられるように鍛錬しました。もちろん、それくらい筋力強化を行った、という訳ではありません。武術である大東流は、むしろ筋力を否定します。

どのようにしたら上がるのかはいわば大東流の極意です。いくつもの要素があり、ここで語れるものではないですが、一つには靭帯発動であったろうと思います。

先にも記しましたが、筋力否定の大東流にあって、佐川先生はとてつもない回数の腕立て伏せや四股鍛錬を高齢になってもこなしていた事で有名です。これは、筋力増強でも、筋持久力向上でもなく、そうしないと発動しない身体システムの何かを起動させることが目的だったように思えるのです。

佐川先生が行っていた四股は、軽く足を上げて、自然にストンと落とすような形でした。今日力士が行っているような、足を高々と上げたり、深く腰を落としたりするようなものではなく、明らかに筋力強化を目的としていないように見受けられます。

それはむしろ、力を抜ききる事が目的だったのではないでしょうか。

今日でも度々問題視される事ですが、脱力がいいと言っても、完全に抜ききってしまってはグニャグニャです。どこまで抜いて、どこを抜かないのかは大問題なのです。

筋力は使わず、いくら使っても疲れない靭帯発動ならば、四股も腕立て伏せも、いくらでもできます。

おそらくは、大東流の数々の技においても、このシステムが重要な部分を担っていたのではないでしょうか。大東流の技は時に「魔法のよう」とも形容されます。筋力を使っているようでなく、予兆なくいきなり相手を吹っ飛ばす巨大な力が発動する。これは靭帯発動による力や動きの大きな特長と同じなのです。

第4章

靭トレとは何か？

1 誰でもできる！

本章では「靭トレ」が何を目指していくものなのか、その動きの基本をご紹介していきたいと思います。

「靭トレ」の第1の特長が、誰でもできるものです。誰でもできる動き、すなわち〝本来の動きを取り戻す〟ことが目的だという事です。

筋肉も技術も〝足していく〟ものである印象が強いのではないでしょうか？「靭トレ」が目指す動きはそういう種類のものではありません。誰もが身体の中に備えている「靭帯」を最大限活用する、それによって、自然界の動物などのように〝全身運動〟を実現しようとするものです。それは最大限のパワー、瞬発力、最高のパフォーマンスを意味します。

柔軟性がなくても、バランス力がなくてもできます。

一般的なトレーニングのイメージは、筋肉で頑張って動きますが、「靭トレ」は筋肉も使わず、頑張りもしません。軸、支点、背骨の動き（しなり）に意識を置き、身体の連動を確認していきます。ゆっくり、じっくりと身体を確認していくものです。トレーニングの成果として同時に多くの関節を動かす事ができるようになるため、負担なく、最大限のパフォーマンスが可能となります。

靭トレは何分、何回と決まったルールはありません。どれか1つの運動だけを行っても効果があります。

継続していくと、靭トレを始める前の身体の動かし方との差を理解でき、身体が本来の動きを思い出します。そして理解していくので、同じトレーニングでも毎回効く箇所は違ってきます。

さて、「誰でもできる」とか「本来の動き」であるはずの全身運動が、なぜこれほどに皆できなくなっているのでしょうか？

それは、現代の私達に植え付けられた常識、先入観が「本来の動き」からかけ離れていることがあげられます。そこで、「靭トレ」の目指す動き、身体を実現するための基本、原則のようなものをまずはご紹介していきます。筋肉トレーニングがトレーニングの〝当たり前〟だと思っている方には、驚きのある内容かと思います。

2 負ける動き

フィギュアスケートの選手がスケートリンクの外にいるコーチのもとに近付き、アドバイスを受けた後に競技に向かうシーンを思い出してみて下さい。

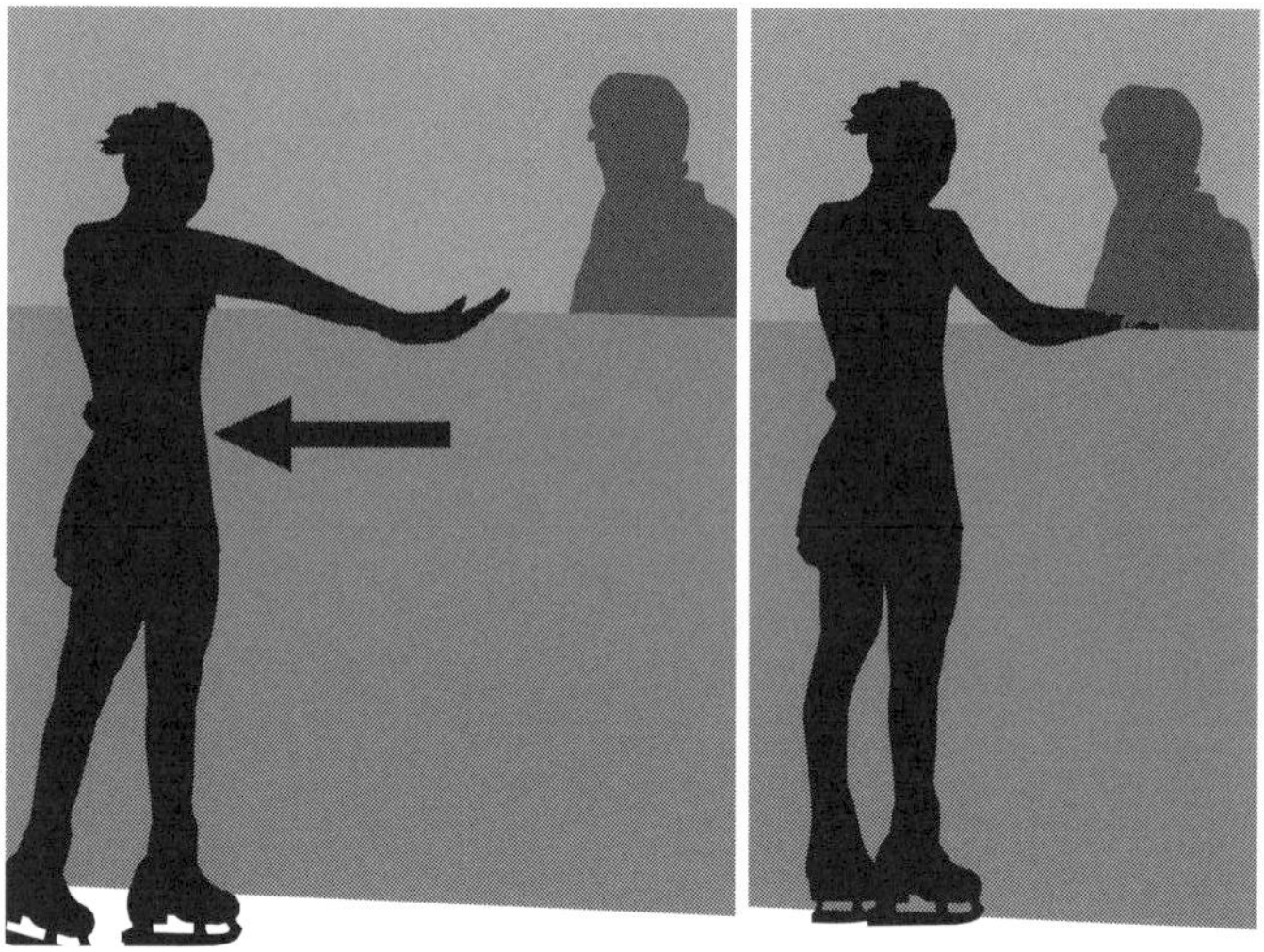

この瞬間の選手がスケートリンクの壁から離れる動きが「負ける動き」です。

選手は壁を押す事によってそこから離れていきます。力一杯押しこんではいません。壁を押す力に自分が負けたから、リンクに戻されています。押し込んで「勝つ」と壁が壊れてしまいます。

水泳のターンも負ける動きです。方向転換のためにプールの壁を蹴りますが、壁を壊すように勝つ動きはしていません。自分が「負けた」ことによって推進力が生まれます。その力が自分に戻ってきた事で方向転換せざるを得ない。これが負けるという事です。

つまり、自分が動くために力をかけるのです。圧をかけすぎてしまうと、相手は壊れます。

ペットボトルに握る圧をかけ過ぎると、中身が飛び出ます。ハンバーガーも強く握り過ぎると、横から具材がはみ出してしまいます。

一点に圧をかけ過ぎると相手が壊れます。圧を移動させ、かかり過ぎないように逃がしていく事で壊れる事が防げます。

靭トレは圧を逃していくトレーニングです。それは、むしろ力を自分に返してもらう事を目的としています

圧をかけて負ける、すると自分に戻る力が発生し身体の中に戻ってきます。それによって、背骨にしなりが生まれ、その結果、身体全体に影響を与えることで動きが出ます。動いていなかった箇所まで均等に動かされ、より良い運動になります。また、押す力に方向性が増すと、相手に掛かる圧も多方向に掛かります。

例えば、トランプのカードで壁を押していきます。

〝勝つ〟押し込み方をすると、壁が破壊されます。（次ページ図参照）

しかし、普通は押し込む力が返ってきて、それを受けたカードにしなりが生じます。すると、動いていなかった箇所まで均等に動かされ、他方向に力が生じます。これが背骨のしなりです。

靭トレの目的は、大きな力を生じさせる事ではなく、その主体である身体を動かす事です。だから〝負ける〟運動をするのです。

“負ける動き”からしなりが生まれる

トランプのカードを壁に押し込む。

壁に対して垂直に押しこめばカードは変形せず“勝つ動き”となって壁を破壊する（右列図）。

普通に押し込めば、“負ける動き”となって返ってきた力を受けてカードがしなる（左列図）。結果として、カードにしなりが生じ、さまざまな方向に力が生まれる（左列図）。

“負ける”トランプ　　“勝つ”トランプ

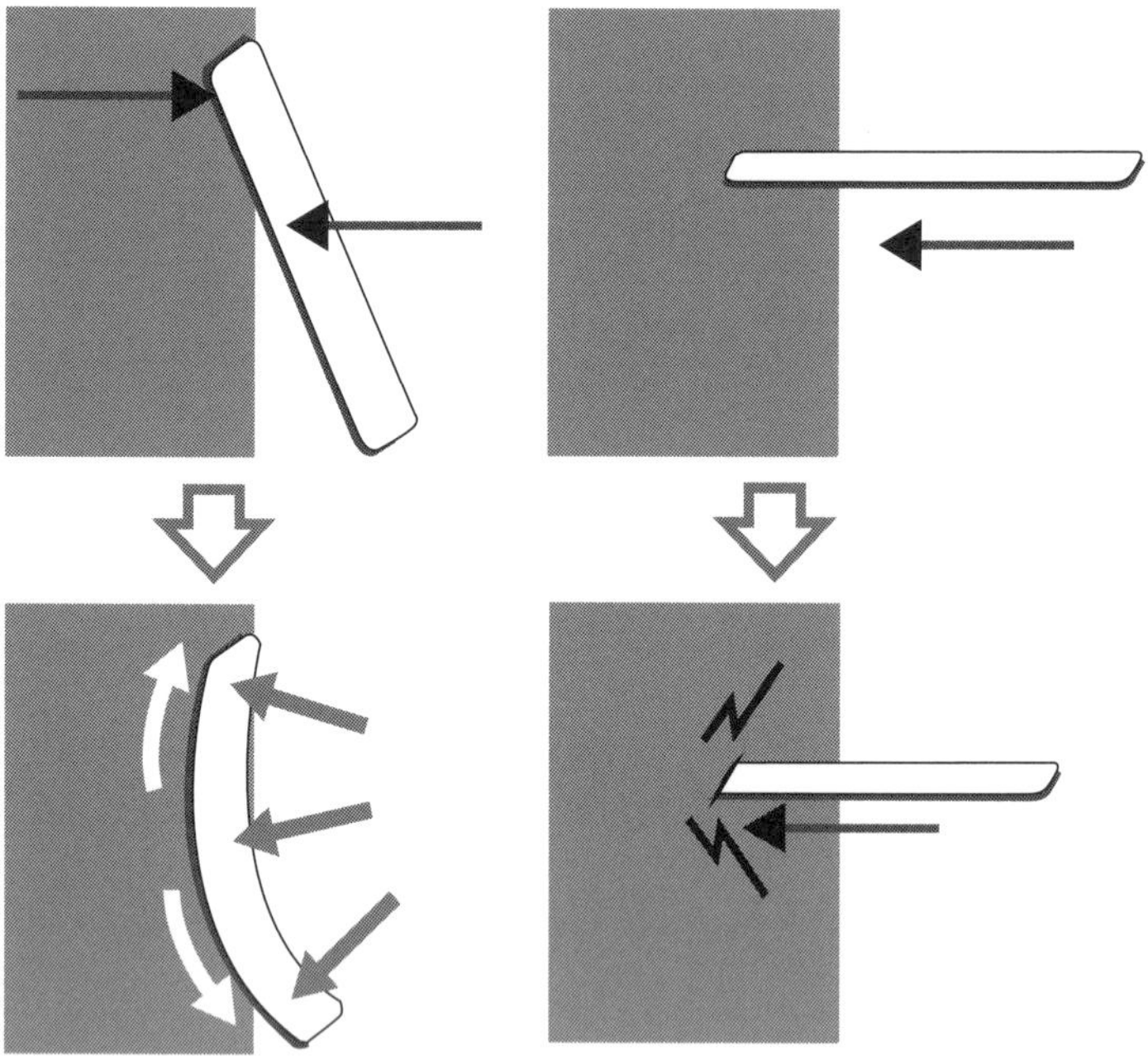

一つ、実際に靭トレをやってみましょう。（次ページ写真参照）

紙コップを持って、壁に付けます。

その紙コップをつぶしてしまわないようにゆっくりと押していきます。形も変化してしまわないように、意識しながら押し続けます。

足の位置を変えずに押し続けていくと、腰が壁から離れるように横にスライドします。

重心が壁から遠い方の足に乗り、軸が生まれます。

背骨にしなりが生まれ、頭や首は傾きます。

これが靭トレの基本的な動きです。最終的に、靭帯が発動しやすい状態になります。どこかに集中的に力をかけたり、身体のどこかが集中的に使われて、力み、固まりが生じてしまったりはしていないと思います。

背骨にしなりが生まれるのを観察して下さい。緊張がなく、それによって窮屈な所が身体のどこにもなく、身体の各部位が一緒に動くのを感じると思います。

圧を身体で伝え移動させていく際、身体の外へ逃がさない、というのもポイントです。靭帯を発動させるために圧を利用するのですが、外に逃してしまうと背骨がしならず、靭帯に影響を与えるきっかけをなくしてしまいます。

負け続けると重心移動が行なわれ、片方に体重が乗ります。

靭トレ 紙コップを使った“負ける動き”

壁に紙コップをつけ、手でつぶさないようにゆっくりと押し込んでいく。形が変わらないように意識しながら押し続け、足の位置を変えずに押し続けていくと腰が壁から離れるように横にスライドする。重心か壁から遠い方の足に乗り、軸が生まれる。

背骨にしなりが生まれ、靭帯が発動しやすい状態になる。

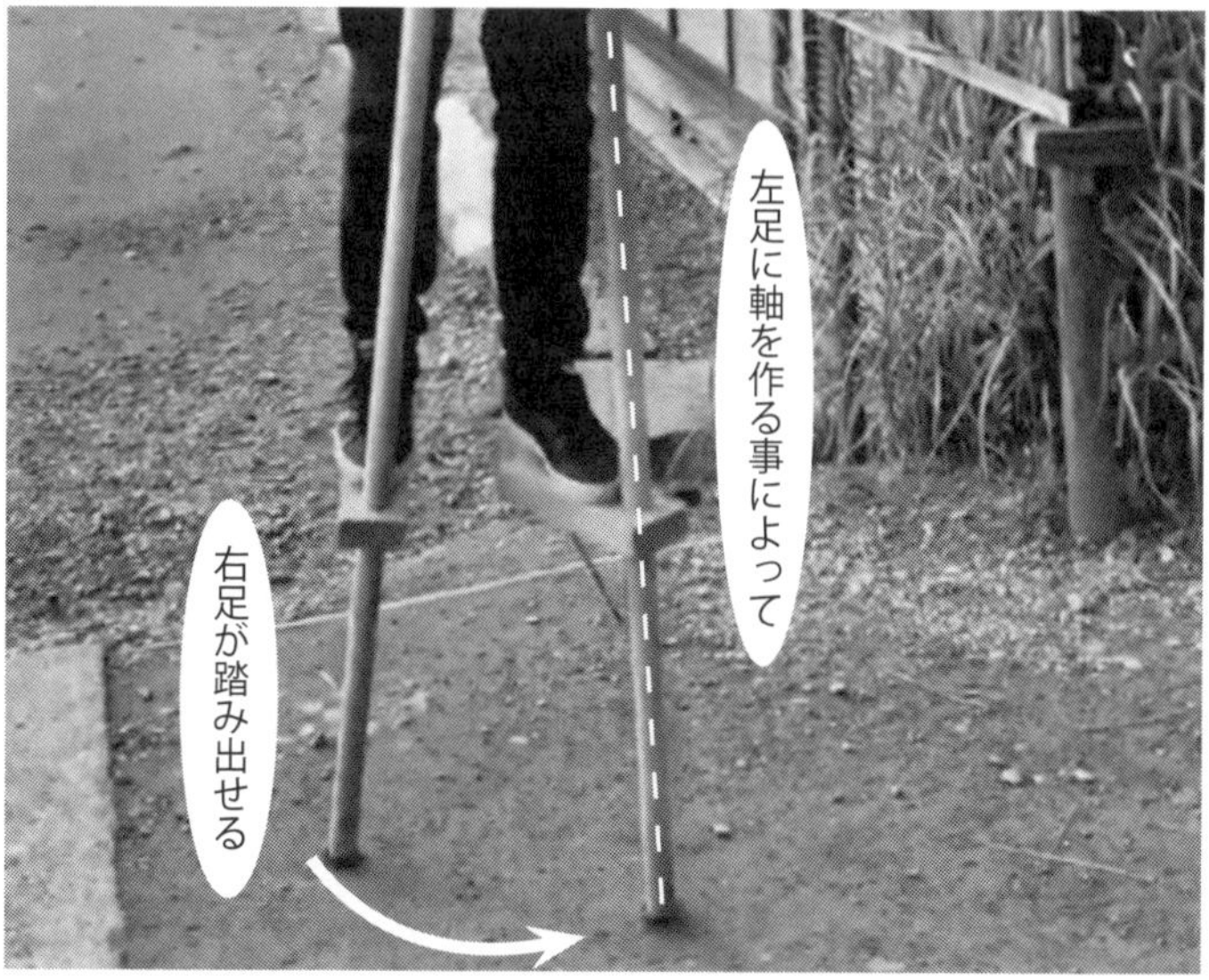
左足に軸を作る事によって
右足が踏み出せる

筋肉の緊張が生まれにくく、動きの中で新たに生まれた緊張も解放できます。

重要な事は軸に重さが乗り切っている事です。軸にストンと重さが乗らないと、靭トレの効果は生まれません。

3 軸が片側にあるのが良い動き

初めて竹馬に乗った時、一歩前に進むのが難しかったのではないでしょうか。普通に歩く時には当たり前にやっている「一歩前に足を出す」という事がなかなかできないのです。

実は、手足の筋肉を使って、片足を持ち上げて前に〜などという事をやらなくても、〝片側に軸〟を作ってやるだけで、自然に一歩は踏み出せます。身体の使い方の上手な方は最初から片側に体重を移動させ、軸を作って動けたと思います。

竹馬で移動する時のように軸を作る事で、緊張を解きながら身体を動かす事ができます。軸を作らないと、筋力で足を前に出すような事をやらなければならなくなるのです。靭トレはできる限り筋肉を使わない運動をするのがテーマです。その意味で、軸を作る事はとても大切です。


靭トレでは、一本の軸が生まれます。真ん中に重さが乗る事はほとんどありません。立つ、椅子に座る、正座、仰向け、うつぶせ、横向き……すべての姿勢で軸が生まれます。動きの表現が自由に行えている時は、普段から片方に軸があります。

例えば、ボールを投げる動作を考えます。

これは、片足に体重が乗り、軸が生まれています。その軸を中心に全身を使います。軸が生まれる事によって余計な力みをなくす事ができるのですが、力んでしまうと、自然な動きを止めてしまい、全身が連動しなくなります。

本来の威力、能力を出すためには、軸の存在が大切です。

日本人は本来、洗濯にしても、飛脚の大移動も、天秤棒を担いだ行商も、片方に軸があり、身体全体を微細に動かす事で営んでいました。疲れにくく、効率のよい動きを自然に身につけてきた文化です。これを呼び戻すのが靭トレの目的の一つでもあるのです。

“軸”を作るから合理的に動ける

片足に体重を乗せ、軸を作る事によって、合理的にボールを投げる事ができる。

正座の状態から、体重を片側に寄せ、軸に重さが乗っていることでスムーズに立ち上がる事ができる。

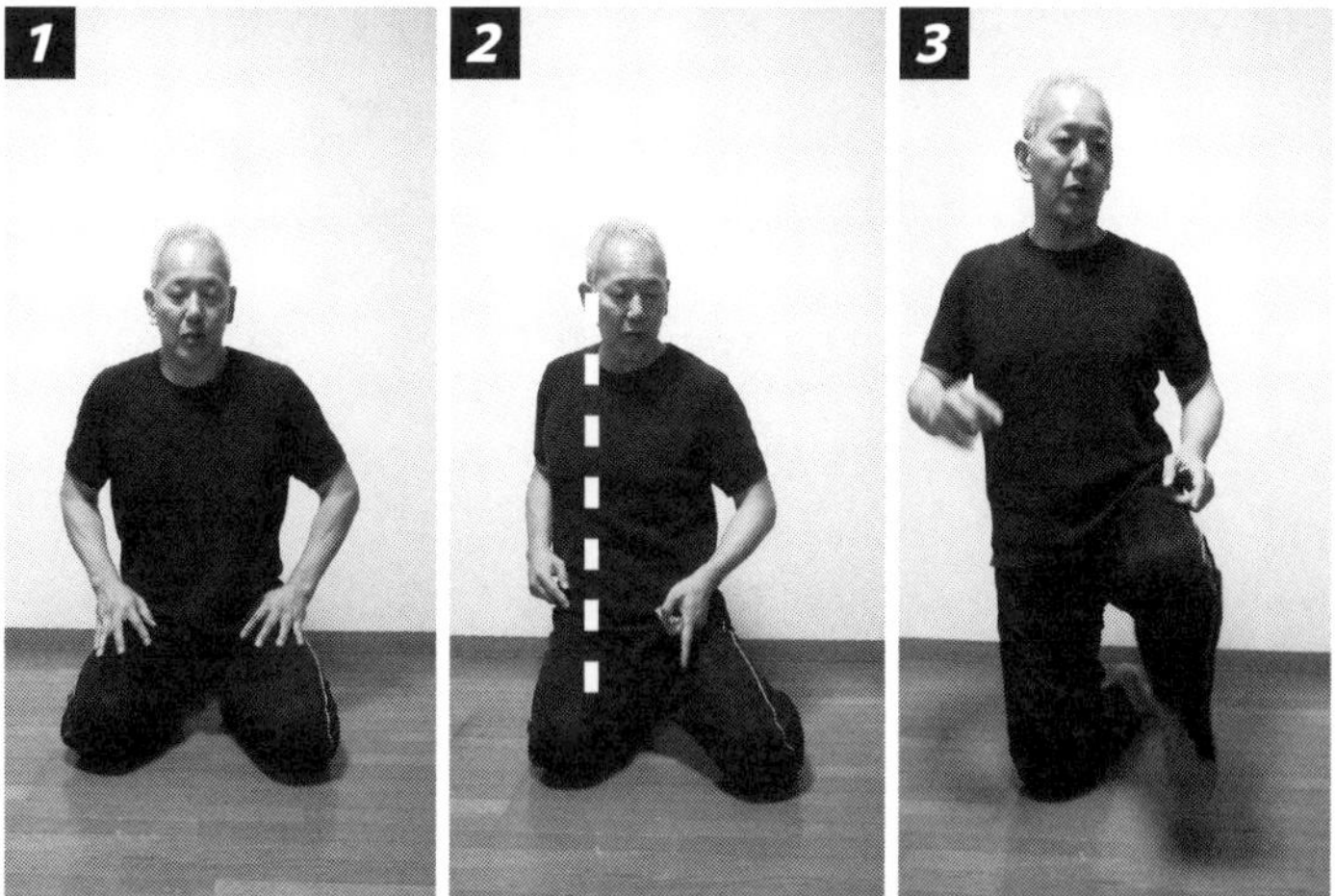

4 支点は一つ！

軸ができる基点ともなる〝支点〟は靭トレにおいて大切な概念です。

支点がないと全体が落下してしまいます。支点がない、というのは、走りながらバットを振るようなもので定まりません。

支点があると、別の方向への動きが生まれます。とどまる事なく動き続けるためには支点が必要となります。

そして、その数が重要です。

椅子は安定させるために4本の脚、すなわち4つの支点があります。

2本の脚（2つの支点）でしたら、腰掛けられません。ただし、〝移動性〟が生まれます。

2つの脚の一つだけを床につけ、その支点を中心にクルッと回すようにすると自然に移動になります。実はこれは2本脚にする事によって得られたものではありません。支点を一つにする事によって得られたものなのです。

支点の数を変えずに引きずってしまうと、床も椅子も傷つけてしまいます。支点を一つにして動かす事が、痛めずに自由に動ける方法です。これは身体も同じです。

支点2つ
支点4つ
支点1つ
運動の自由度が発生する。

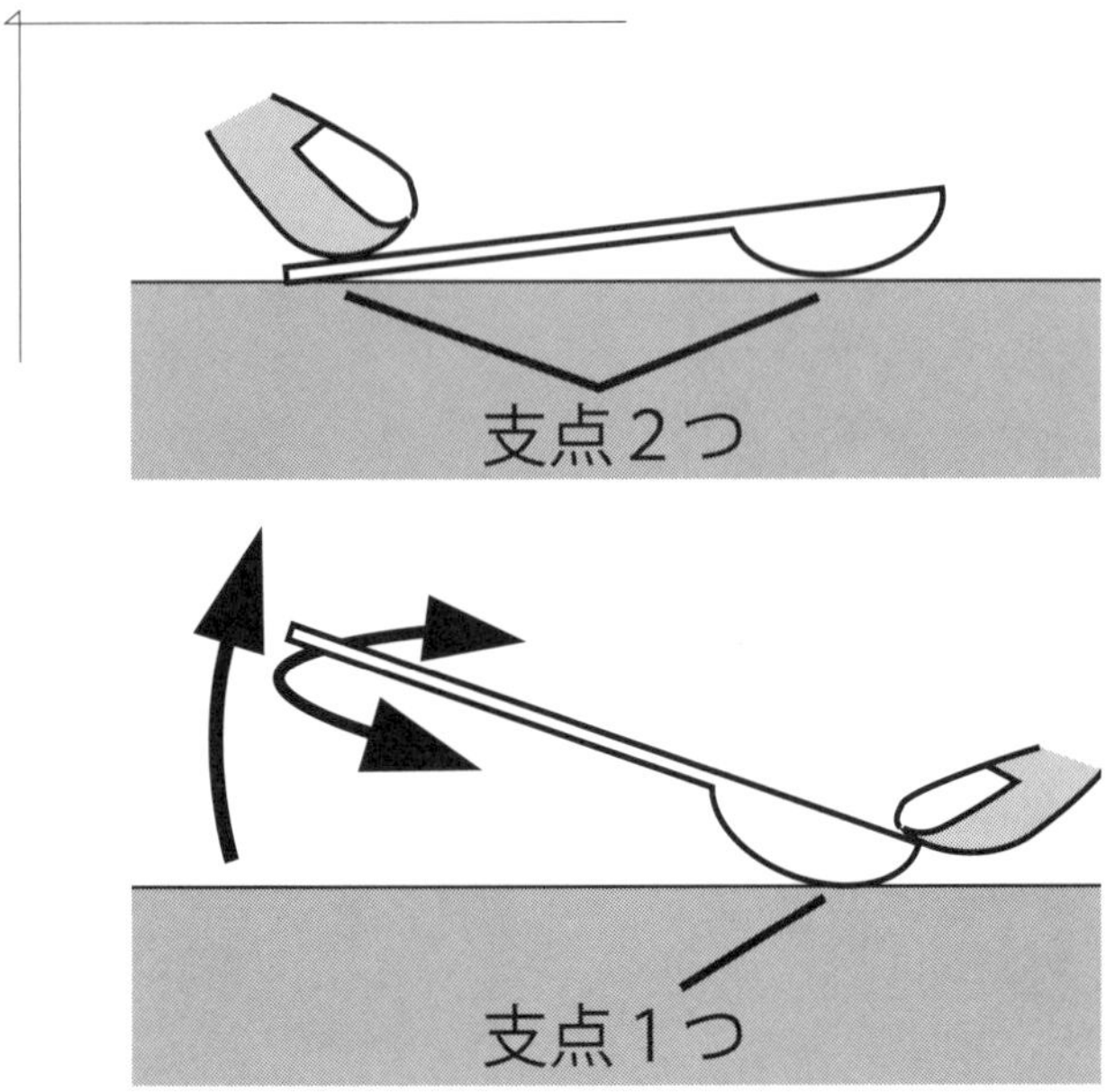

私達は、いつも同じ所を支点にして身体を動かしがちです。しかし、支点は次から次へと変えていく事ができます。支点を変え、新たな動きをつけていく事で可能性が広がります。

支点を一つ作ると、その支点を中心にすべてが動きます。

例えば、スプーンをテーブルに置き、さじ側の端を指で押してみます。スプーンの丸みの底が支点となり、持ち手の部分が上下左右に動きます。押した力の方向によって反作用が働き、いろいろな方向に動きが生じます。

しかし、この動きはさじ側を押す事によって、柄側が持ち上がり、支点が

一つになる事によって生じる動きです。柄側を押してみると、支点が2つなので、動きはほとんど生じなくなります。身体で言うと、耐えているような状態です。身体をより動かすためには、支点を一つ作ること、そして支点を変えて移動していく事です。

5 不安定の利用

綱引きはとても力強く、引っ張り合う競技です。その実、ものすごく不安定な状態なのです。

対戦相手のグループがいなかったら、自分たちは立っていられません。相手も相当の力を出して、拮抗状態でないと、あの姿勢はとれていない訳なのです。いわば、不安定だから出せている力なのです。

腕は伸ばした状態で、上腕二頭筋など腕の筋肉は、むしろ使っていません。全身で後方に倒れこんでいるのです。

この状態は靭帯が発動している状態です。不安定だから発動しています。

第2章でご紹介した、脊椎の落下を利用して反り上がる動きを生み出す例（38ページ参照）も、ある種の不安定を利用している訳です。

また、先に取り上げた「軸」が形成される条件も〝不安定〟です。4本足で安定した椅子には軸は形成されません。

6 筋力は出来る限り使わない

筋肉を使おうとすると、踏ん張って押す、のようになります。これは安定した床があるからできている事です。もし床がグラグラする不安定なものだったら、力を入れた瞬間に崩れてしまうでしょう。

力が入る事とパワーが発揮される事はイコールではありません。筋肉運動は宿命的に固めようとしてしまう性格を持つため、全身運動は実現しにくくなります。

全身を緩ませた不安定な状態は、関節がバランス良く曲がるようになります。全身を連動させるための第一条件です。

よく、さまざまな運動のパフォーマンス・アップのために、関節の可動域拡大が目指されますが、これを左右しているものの正体をご存知でしょうか。

普通の靭帯の構造ではいかないような領域まで動かせるようになる……などという例は、ごく一部の突出した努力、突出したアスリートには起こっている事かもしれませんが、ほとんどないと言っていいでしょう。

関節の可動域拡大とは、可動域を狭くしていた要因を取り除くに他なりません。つまり、筋肉による力みをとる事です。ブレーキをかけていた力みをとる事で、本来動ける箇所の動きを取り戻す事が「関節の可動域拡大」なのです。

筋肉運動は、精確さの実現に不利があります。

筋肉は必ず「起始」「停止」という構造があり、それぞれが関節を挟む別の骨に付着しています。そのため、必ず筋肉運動は片側が片側に引っ張られる動きが生じ、関節の角度が変わります。一つの運動にはいくつもの関節が関与しており、一つの関節のズレをその先の関節で修正する、などという調整はもちろん可能なのですが、このシステムで、「何度行っても精確に同じ結果を出す」ことは至難の業なのです。

靭帯運動は、部位調整しながら行うようなものではなく、全身一挙に発動するものなので、精確さの実現に優位にあります。広背筋はこう、三角筋はこう、上腕三頭筋はこう、……などと膨大なパラメータを調整してピッチャーが精確なコースにボールを投げる、などと想像すると気が遠くなるでしょう。おそらく、針の穴を通すような精確なピッチング、精確なシュート、精確な突き、などを実現している達人たちは、靭帯発動を利用しているのだと思います。

また、力みはスピードにもマイナスに働きます。

力が入っていると、とっさの動きはできるでしょうか？　危ない！と手を差し伸べる時はどうでしょう？　瞬間的に動く時は、筋肉は使っていません。靭帯が誘発されて動いています。

7 無意識領域からの発動

靭帯は、筋肉のように、意図的に収縮させて運動を生み出せるような組織ではありません。無意識領域からいわば勝手に発動するものです。それが実は、多くの武術やスポーツで求めている速度を実現するものでもあるのです。

相手が背負投げにきたら、それを頭の中で「相手が背負投げにきたからこうすれば返せる」などと解析している暇はありません。卓球でセンターに打ち込まれたら、「フォアで返すかバックで返すか」などと頭の中で比較検討している暇はないのです。

体から、が靭トレの旨とする所です。それはある意味、私達が当たり前にやっている事でもあるのです。

「今日は寒いな」などと頭の中のモニターに出てきている訳でなく、何よりも速く肌が寒さを感じているのです。

靭トレは、脳で筋肉をオペレーションするものでなく、体から来て、このように体が動いているな、という認識を行なっていくのです。

8 靭帯発動の利点

靭トレは靭帯発動を促すものです。筋力運動でなく靭帯を発動させて運動する身体システムを作っていくものです。本章でご紹介してきた「負ける動き」も「軸」も「支点」も、みなその前提を作るための要素です。

改めて最後に、靭トレの方向性と、その目指す「靭帯発動の利点」をまとめてみたいと思います。

「靭帯の発動」と「無駄な筋収縮の抑制」は、表裏一体というか、1つのセットであると考えています。ですので、靭トレはまず、極めて不要な筋収縮をなくしていくトレーニングであると思っていただいていいかもしれません。

靭帯を発動させるための特殊な動きとか、特殊な体の使い方を学んでいく、ようなものではないのです。

①全身繋げて使える

靭帯は全身の骨格・関節を繋いでいる組織です。ゆえに、靭帯の発動は全身運動の実現に直結します。

②疲れない

酸素やエネルギーを消費する筋肉運動と違って、靭帯発動はこれらを消費しません。

③ロスなく大きな力、運動力を生める

効率的に大きな力、運動力を発揮する事の妨げになっているのは力みです。無駄な筋収縮がなければそれだけで動きは効率的になります。

④関節可動域が向上する

関節の可動性を制限しているのは、関節近辺の筋肉の収縮です。力みがとれるだけで、関節の可動性は向上します。

⑤瞬間的に大きな力を発せる

靭帯を発動させる運動の利点

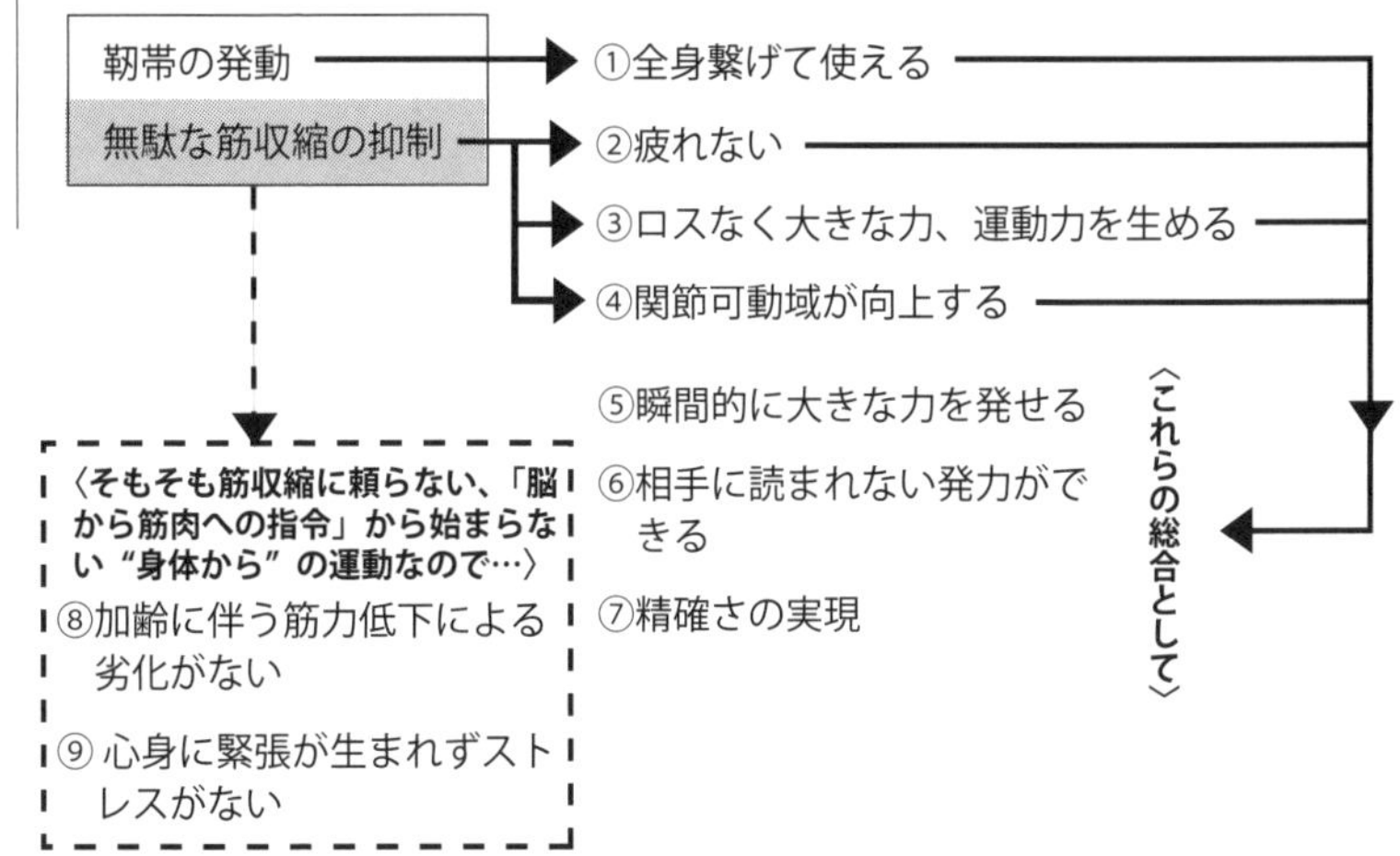

靭帯は動きの一旦を担うものであり、誰でも発動はしている。ただし、筋収縮でも行えるため、そちらに偏っていく傾向にある。すると靭帯は相対的に発動しなくなっている。「筋収縮型」から「靭帯発動型」へ身体、運動システムを作り変えていくのが大きな目的。

靭帯発動は、瞬時に発動する力です。テイクバックも必要ないものです。いつでもフルパワーが発揮できるシステムと言えるでしょう。

⑥ 相手に読まれない発力ができる

筋肉運動は、必ず〝予備動作〟が発生し、相手に察知されてしまう元となります。靭帯発動ではそれがありません。

⑦ 精確さの実現

起始停止の移動に伴う角度変化等が常にある筋肉では難しい「精確な再現」も、靭帯発動では可能です。

⑧ 加齢に伴う筋力低下による劣化がない

どんなに頑張って筋トレしても、年

齢を重ねていけば衰えていくのは避けられないものです。しかし、歳をとってもなお、若者に負けない力を発揮する達人が存在します。それは筋肉に頼らない、靭帯発動を利用していると思われます。

⑨心身に緊張が生まれずストレスがない

靭帯発動は人間が誰も皆もっていた、本来の動きを取り戻すものです。脳からでなく身体から生まれるものです。子供の時のような、豊かな表現になります。

靭帯を発動させるには、どうするのか？
それは決して難しいものではありません。
靭トレの重要なポイントはこの２つです。

●極めて不要な筋収縮をなくす
●不安定な状態を作り、自動発動させる

そして、靭トレの目的は、

◉ 身体を「筋収縮型」から「靭帯発動型」へ変えていく

というところにあります。

身体が「靭帯発動型」になってしまえば、何をするにも全身運動、最大合理で疲れにくい運動体になります。

次章から、トレーニングの実際をご紹介していきます。

第5章

靭トレ基礎編

〜基本的な動き

1 自分が動く

靭トレで目指す動きは、通常の筋肉運動と大きな違いがある。その一つが、対象物を動かすのでなく自分が動く、という事。筋肉運動では、対象物を動かそうとする部分稼動になりがちだが、靭トレでは対象物はむしろ動かさない事によって、自分全体に動きが生じる、つまり全身運動の原型が生まれる。

靭トレ

筋肉運動

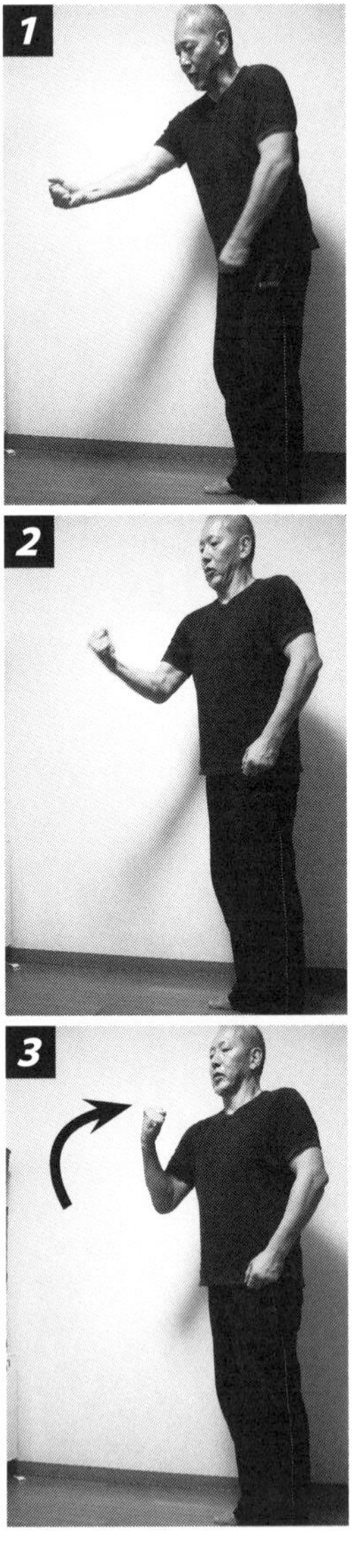

靭トレ

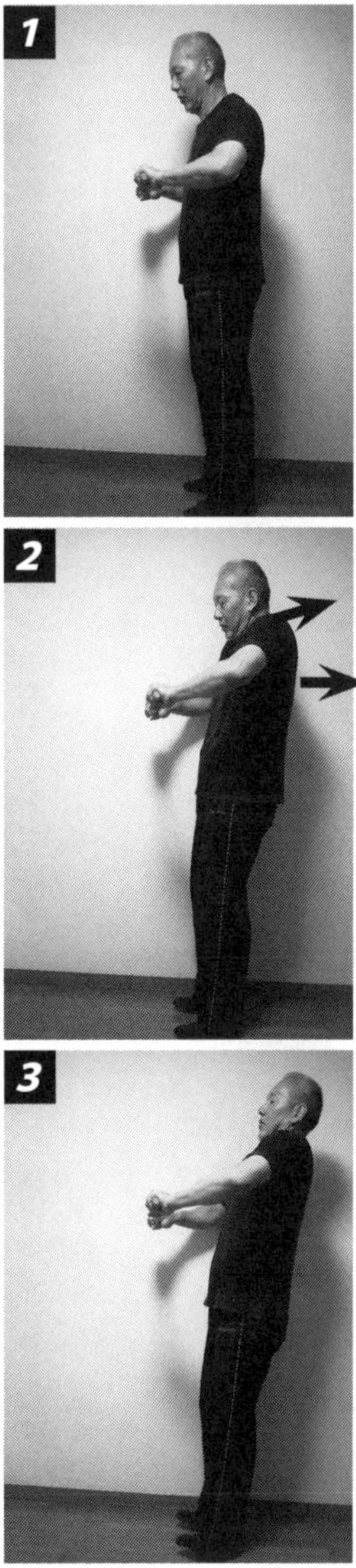

靭トレでは、棒を中心に、自らが動き、腕だけでなく背骨、首などにも動きが生じている。不安定に見えるが。全身の靭帯が発動しているから綱引きや腕相撲で有利。

筋肉運動

両手で棒を持って曲げ伸ばし運動。通常の筋肉運動では、腕だけが使われ、棒だけが近づいたり遠ざかったりする動きとなる。腕だけなので、綱引きや腕相撲では不利。

2 縮めつつ伸ばす

身体を反らせたり丸めたりする動きでは、一方向の筋収縮だけを意識するのでなく、縮める側・伸ばす側の双方を意識する。縮める側（反らす動きでは背中側）↓伸ばす側（お腹側）という順に意識する事によって、無理なく深く動く事ができる。

反る動き

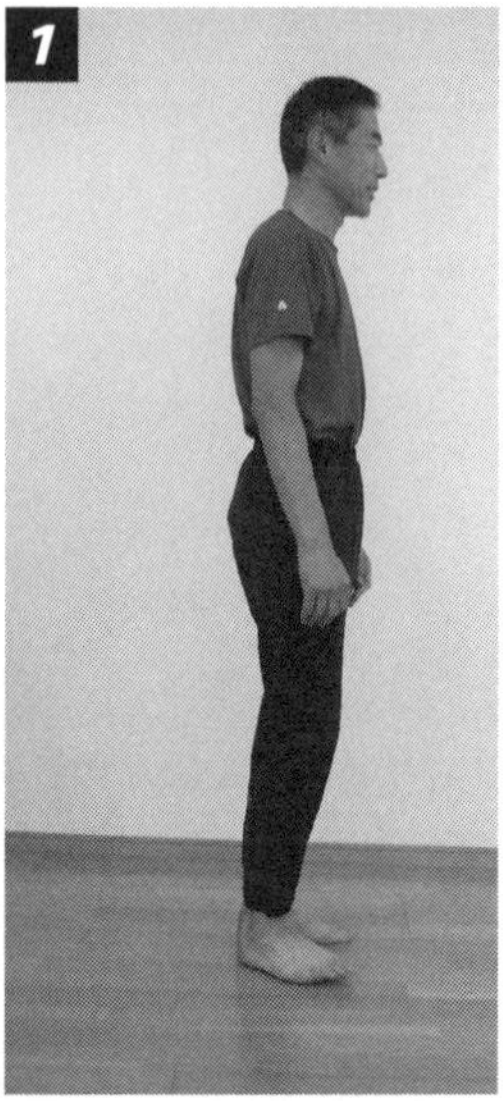

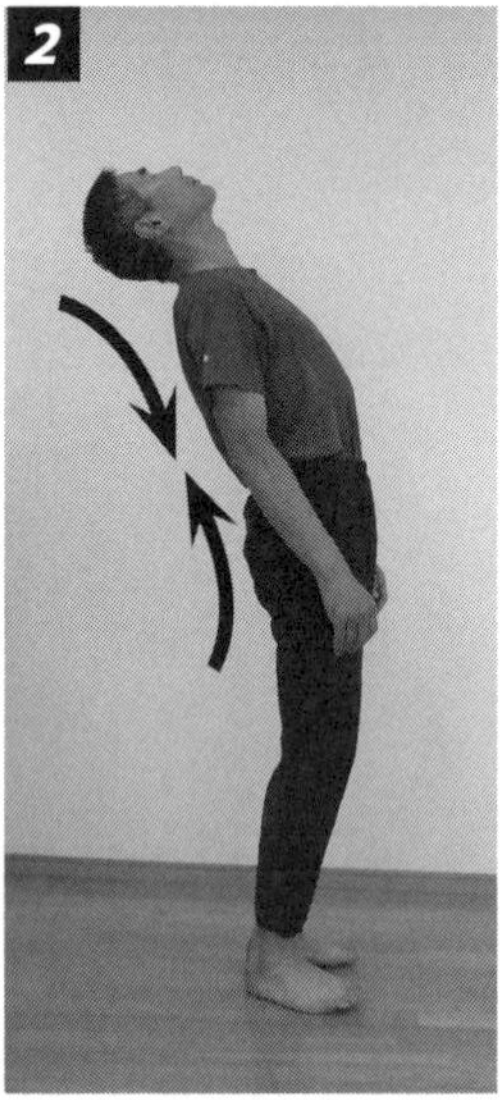

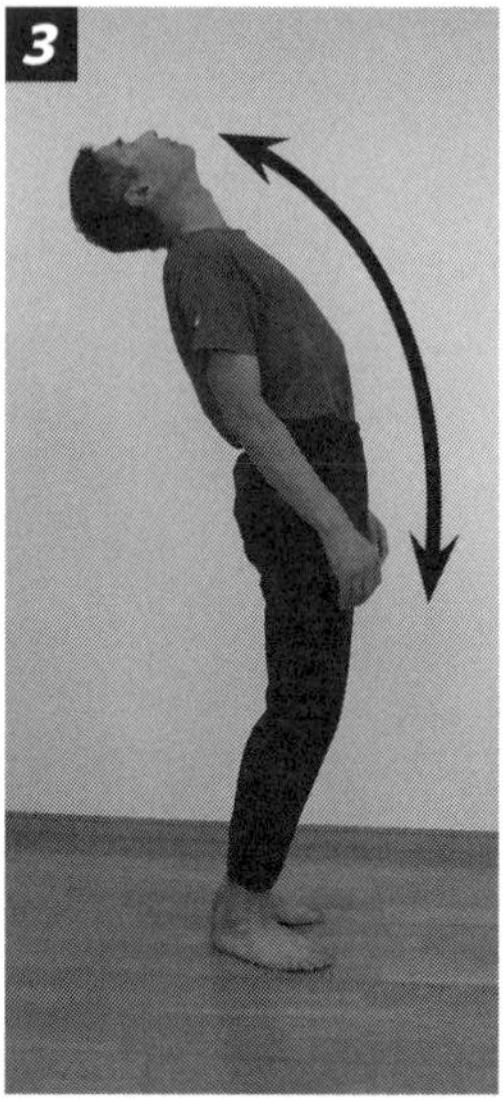

丸める動き

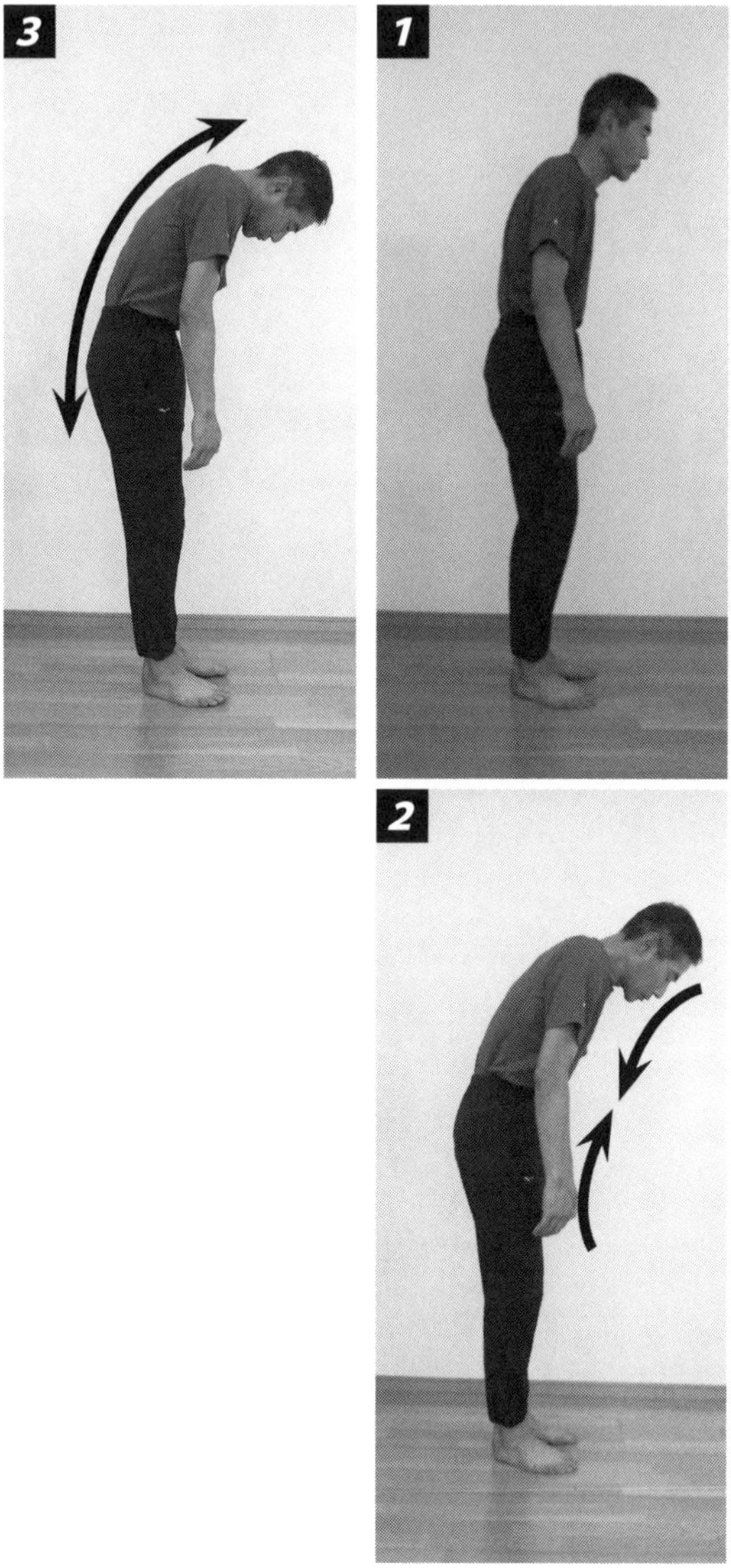

丸める動きでは、縮める側（お腹側）↓伸ばす側（背中側）という順に意識する事によって、無理なく深く動く事ができる。

重心移動と軸形成

靭トレは自然発生的に生まれる動きを狙うトレーニング。安定状態から筋縮により動くのでなく、重心移動によって片足側に軸を形成し、ある種の不安定状態を作る。そこで発動するのが全身の靭帯だ。

1

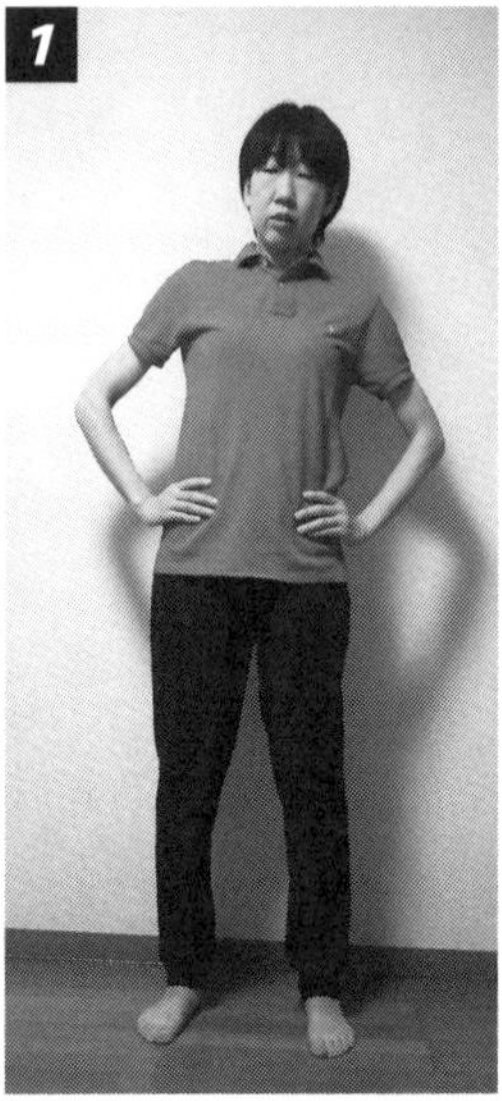

2

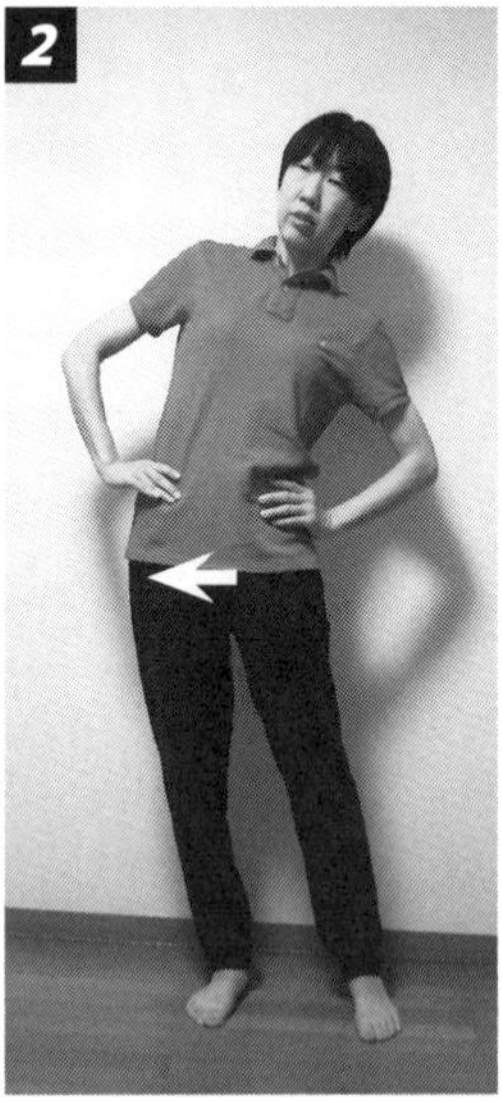

3

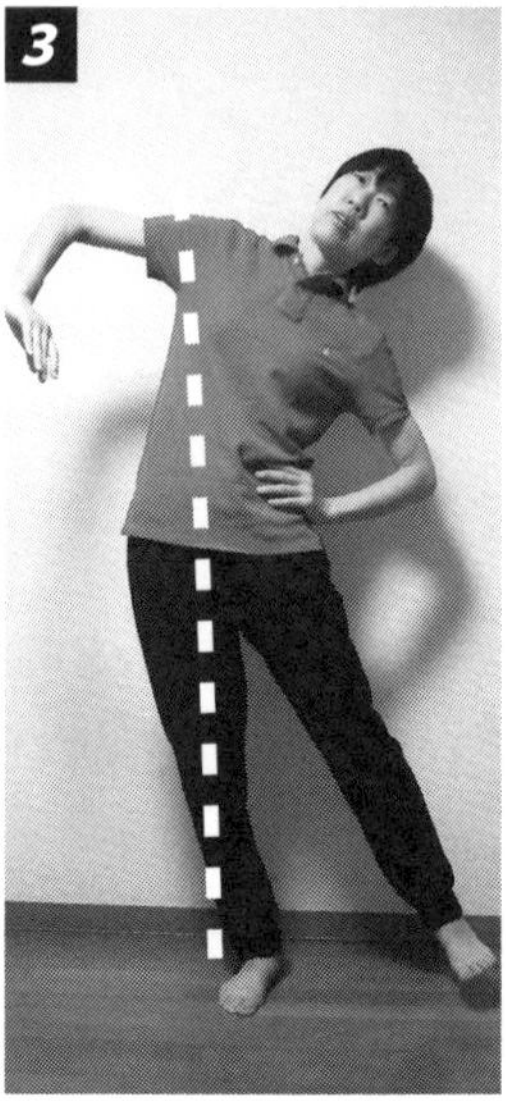

4 動くのではなく〝動くのを許す〟

靭トレでは、直接的筋稼動でなく、「そう動かざるを得ない、それを〝許す〟結果として動きを生み出す。左掲写真では、二人が引っ張り合う結果として立ち上がる動きが生まれる。立ち上がろうとして立ち上がった訳ではない。

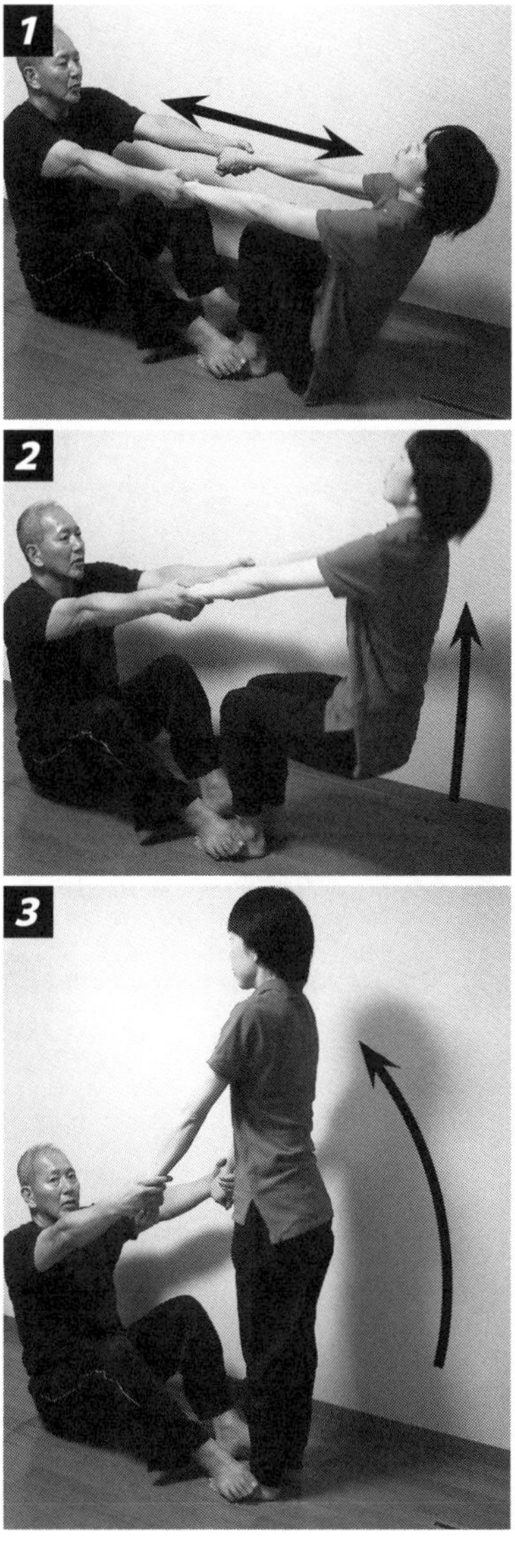

あたかも繋がれた犬が立ち上がってしまうように。

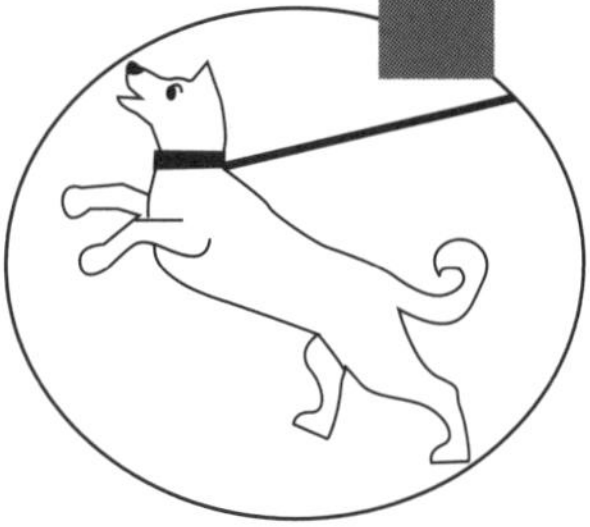

5 筋力を使わない

腕立て伏せは上腕三頭筋（上腕部外側の筋肉）に効かせるための運動だが、このような体勢でも、局所稼動させないための操法がこれ。なめらかな床の上に両手の下にタオルを敷いて肩からまっすぐの位置に着く（写真1　タオルは手をスムースに動かすため使用）。胸を抜きカーブを作る。上腕骨頭が回転する。そこから両手を限界まで内側に回転させる（写真2）。そこから小指側から回す意識でさらに回転させる。この時、自重は上腕三頭筋だけでなく、身体全体で受け止めている（写真3）。

1

2

3

6 筋力を使わない移動

筋肉稼動との戦いである靭トレは、歩くにも筋力に頼らない方法で行う。重心移動から軸を作り（写真1～写真2）、股関節を〝抜く〟事によって自然に振り出される足→そこに乗って行く移動→といった要領で進んでいく。

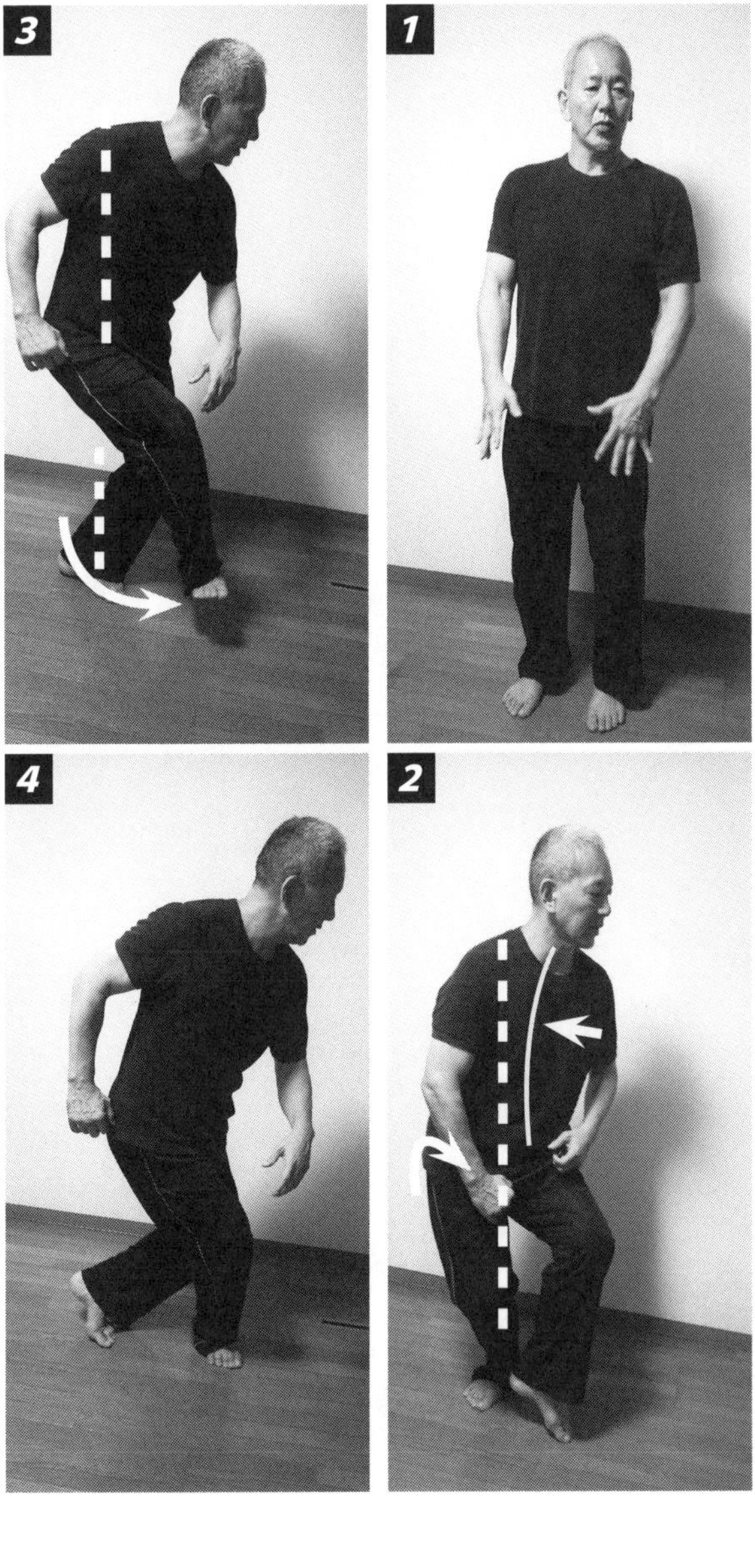

7 股関節を動かす①

前ページの歩法は、股関節が自由に動く状態で初めて成立する。靭トレにおいては、特に重要なのが「股関節を動かす」という事と後述する「胸を抜く」という操作だ。股関節は特に全身の連動性を決定づける要所だ。次掲写真はよく行なわれる「膝回し運動」だが、「膝だけを回す、という行為には実は無理がある。膝を回す意識でなく、股関節を回す意識で行うと、自然に膝～足首も連動して動くようになる。

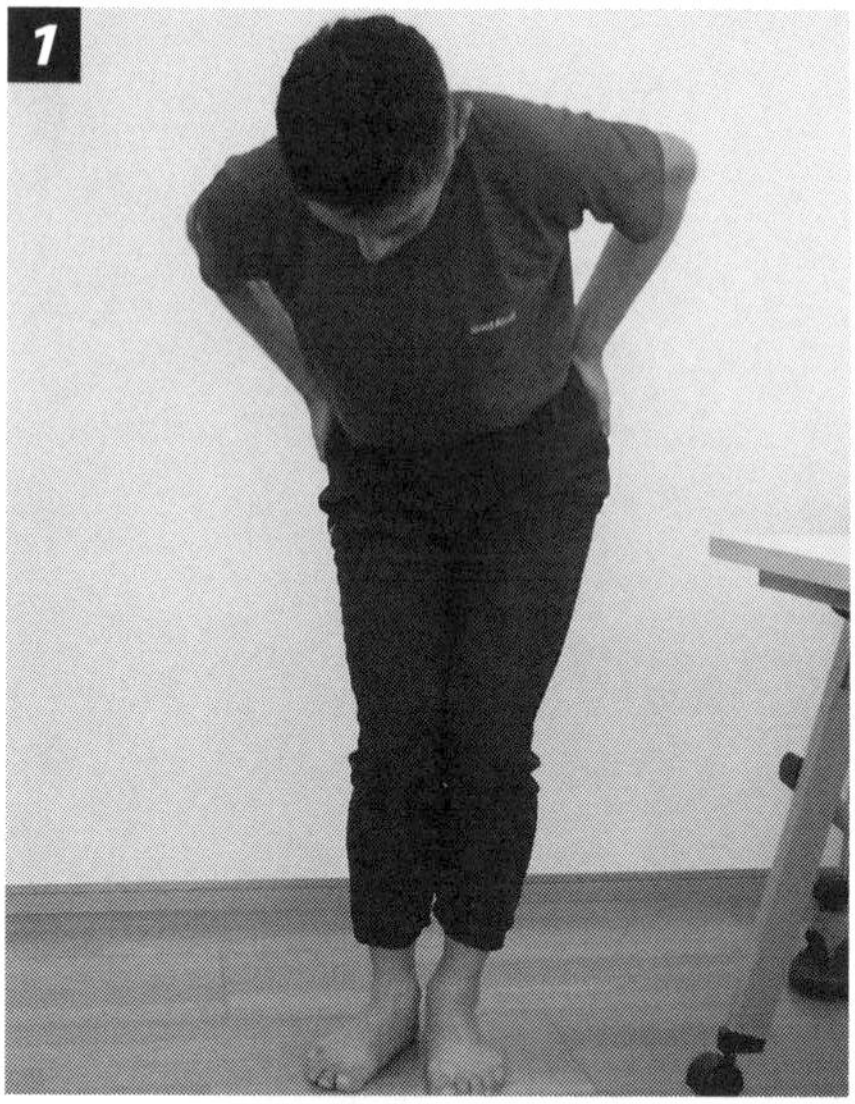

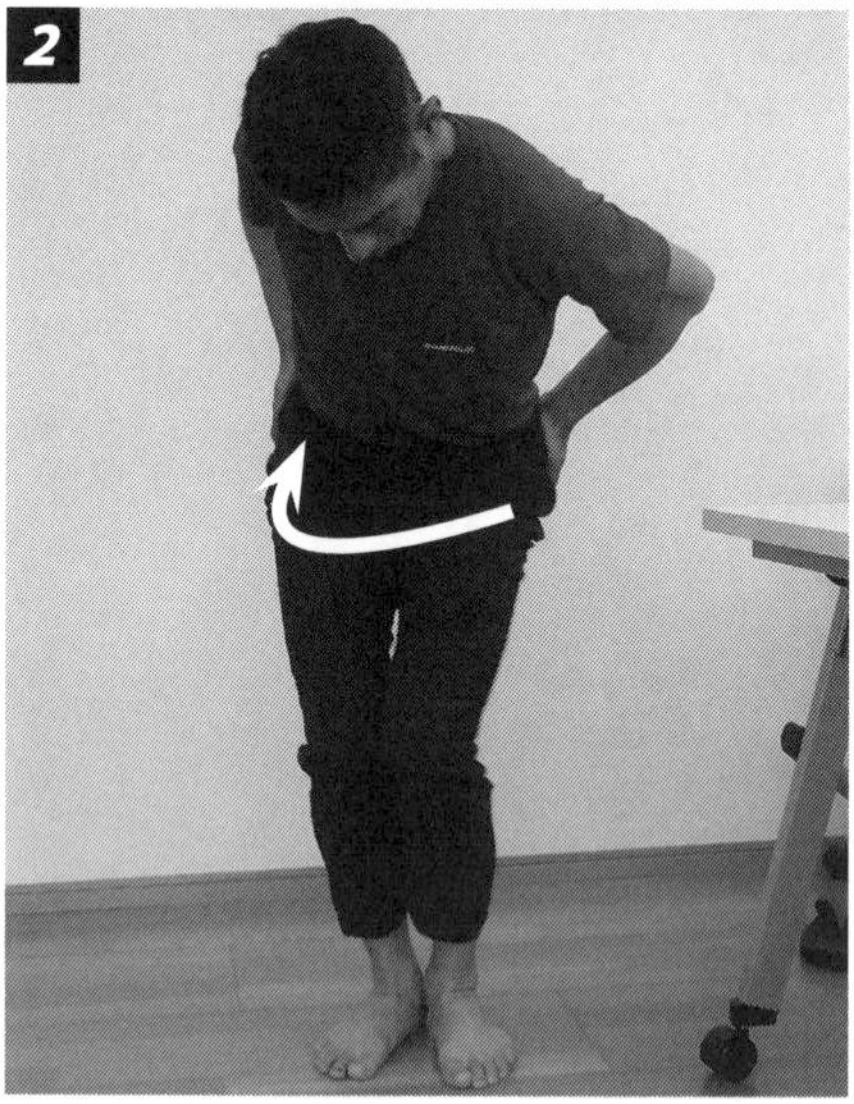

股関節はいくつかの靭帯でいわばがんじがらめ状態になっており、全身を連動させるために股関節を動く状態にするには、〝抜く〟事でなく、しっかりと重みをかける事が有効になる。写真は大腿骨及び大腿骨頭（骨盤にはまっている部分）を代替表現したもの。しっかりと重みがかかるようにするには、（腕の）筋肉を使わず、〝張る〟ようにする。大腿骨頭（ボール）はわずかに揺れている。それが理想的な股関節の状態。

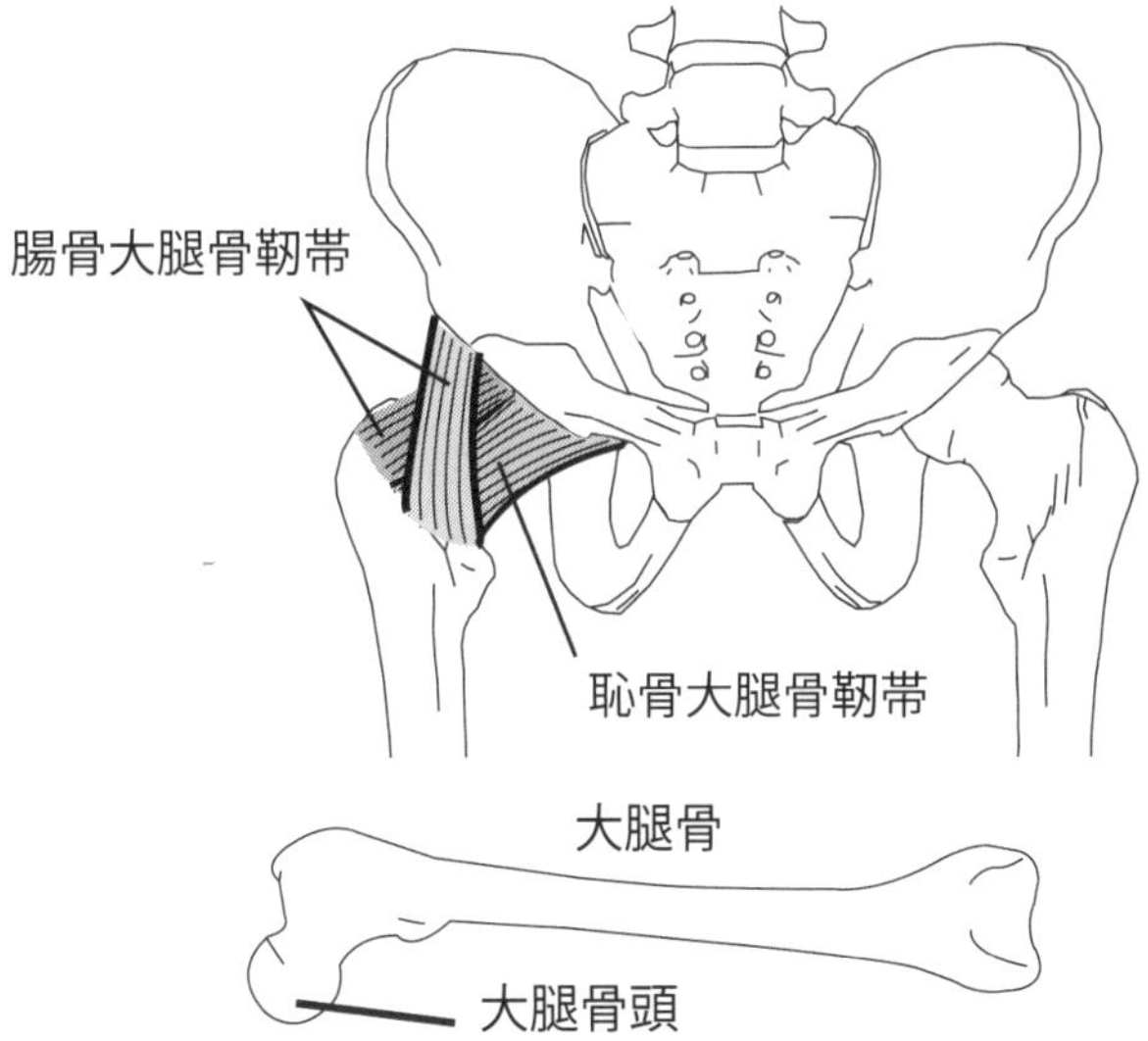

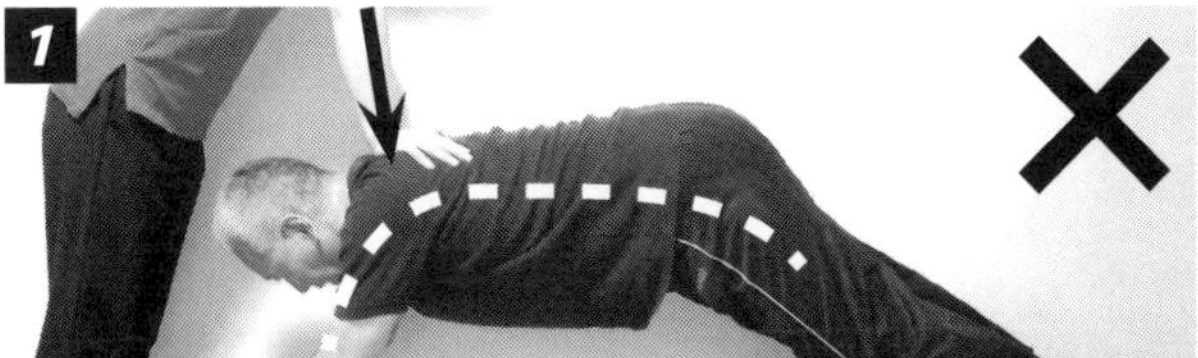

上からの力を体幹で受け止めてしまっている。

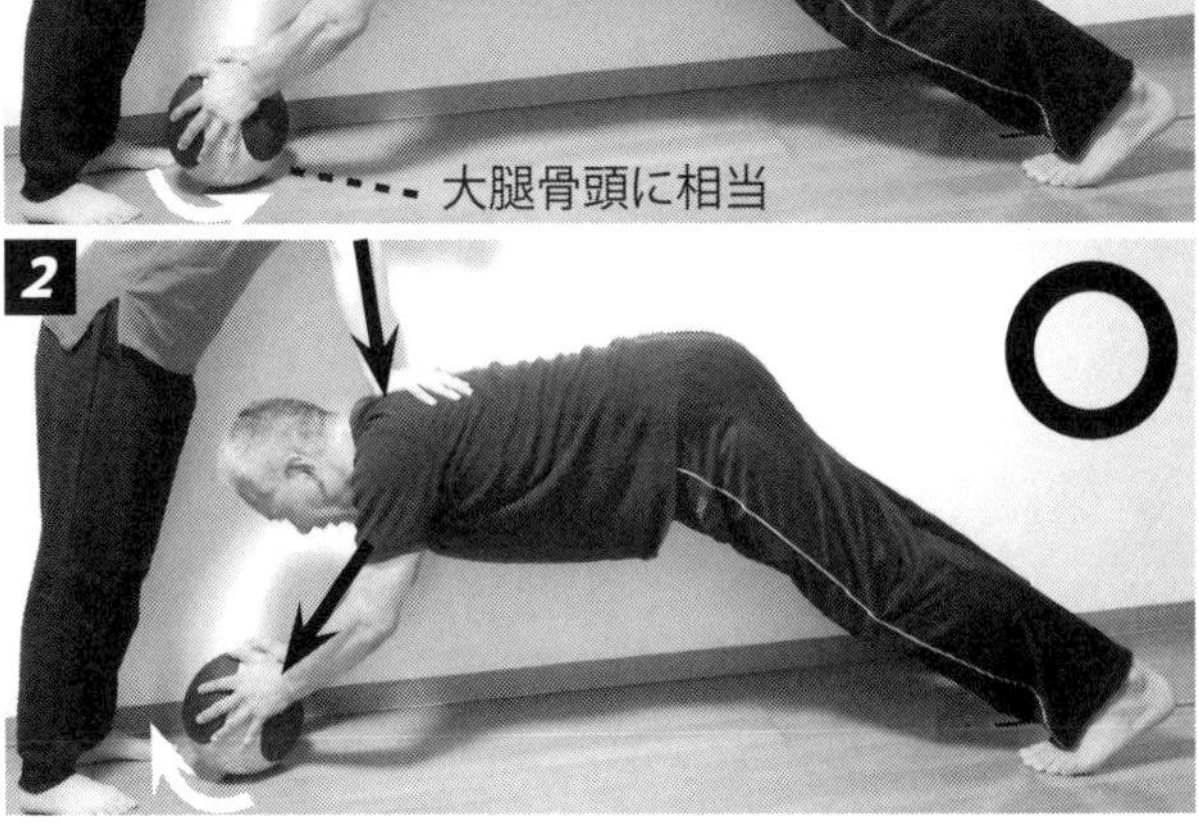

力を大腿骨頭に流している。

7

股関節を動かす②

テーブルなどに手を着いて片足立ちになり、立っている側の股関節にしっかり重みがかかるようにする。その状態で骨盤を回すと、股関節がグリグリと動く。

1

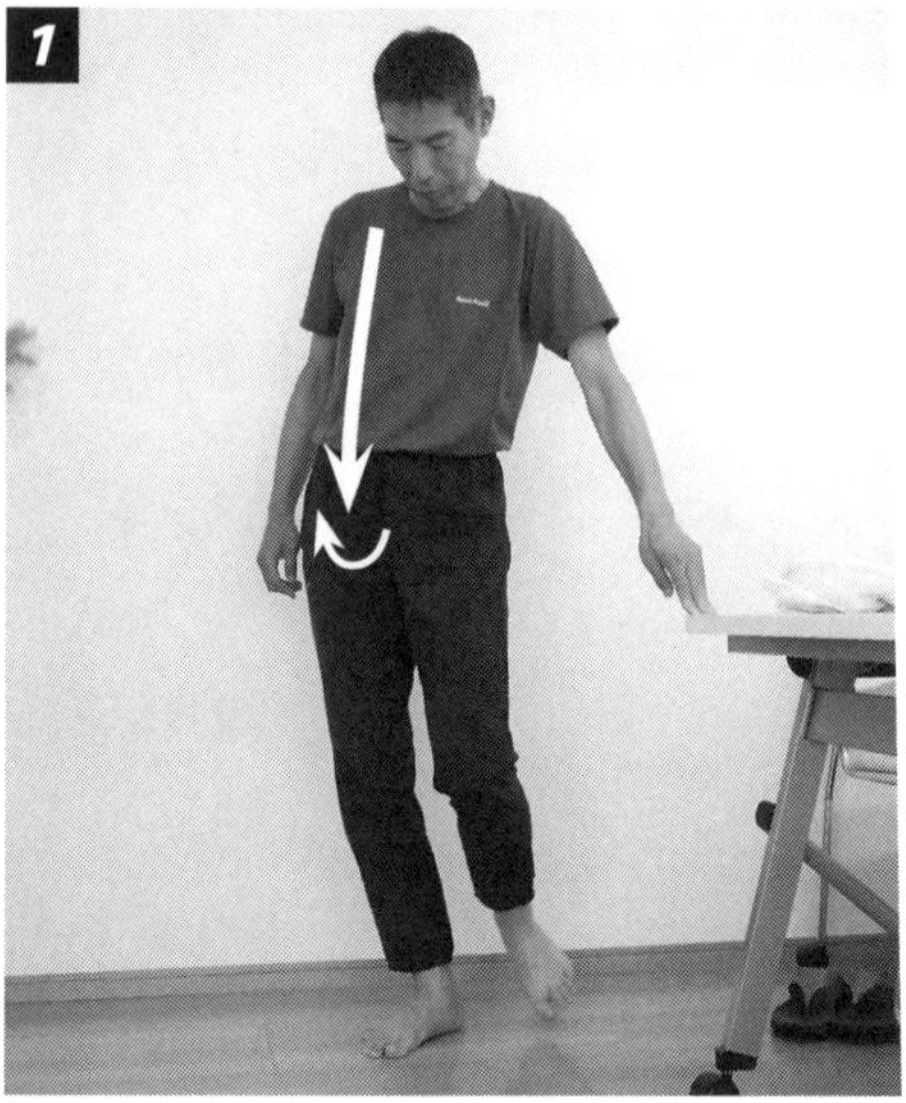

2

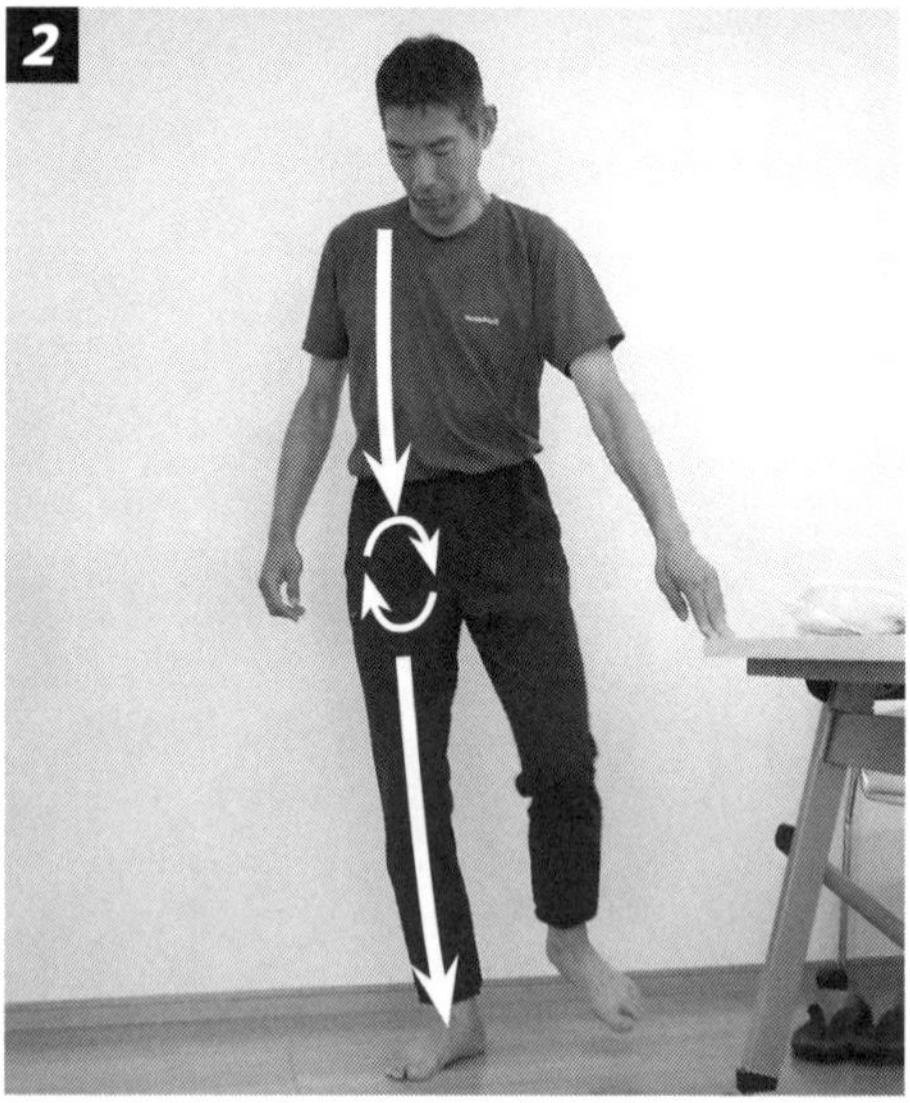

壁に手を着き、壁側の足を上げて片足立ちになり、上げた足を前後に振る。振り足に意識がいきがちながら、ここで働きかけたいのは着地している側の股関節。

足を振る事によって骨盤が振れ、着地している側の大腿骨（大転子）に前後の動きが生じる（大転子のあたりに手を当てているとそれが感じ取れる）。

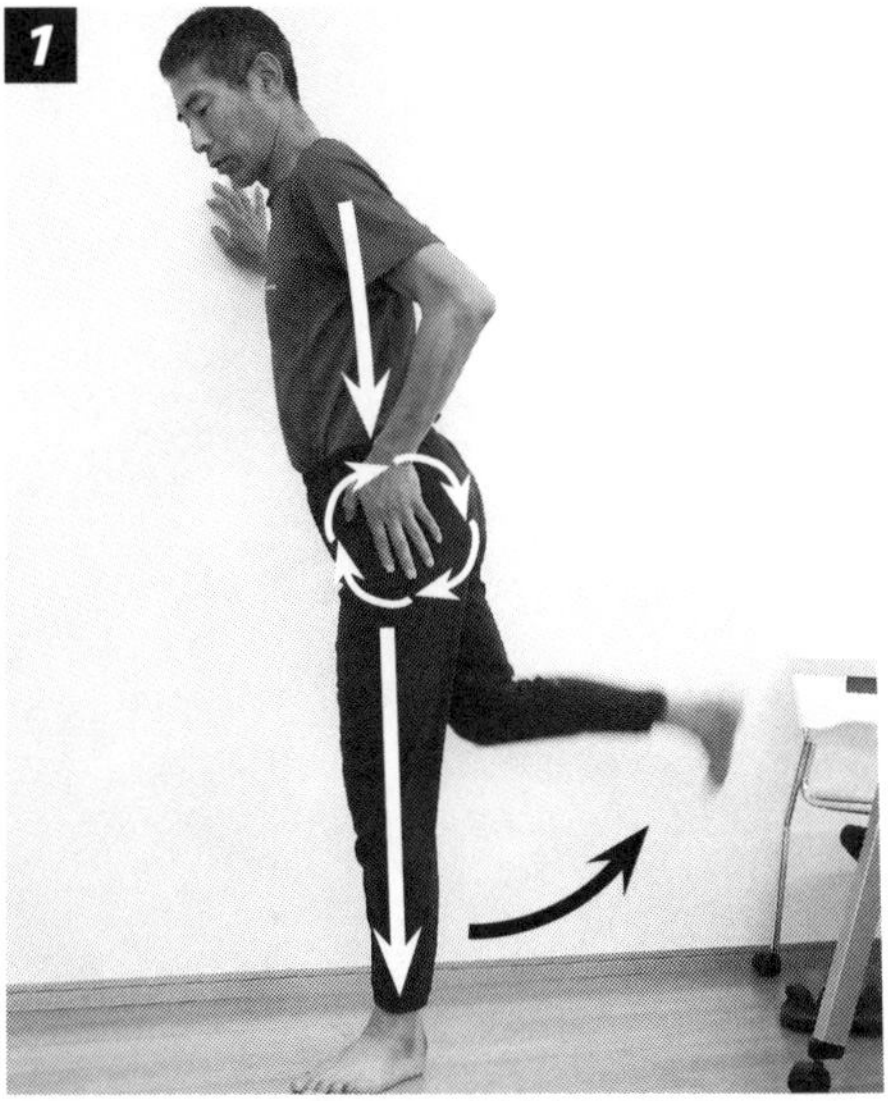

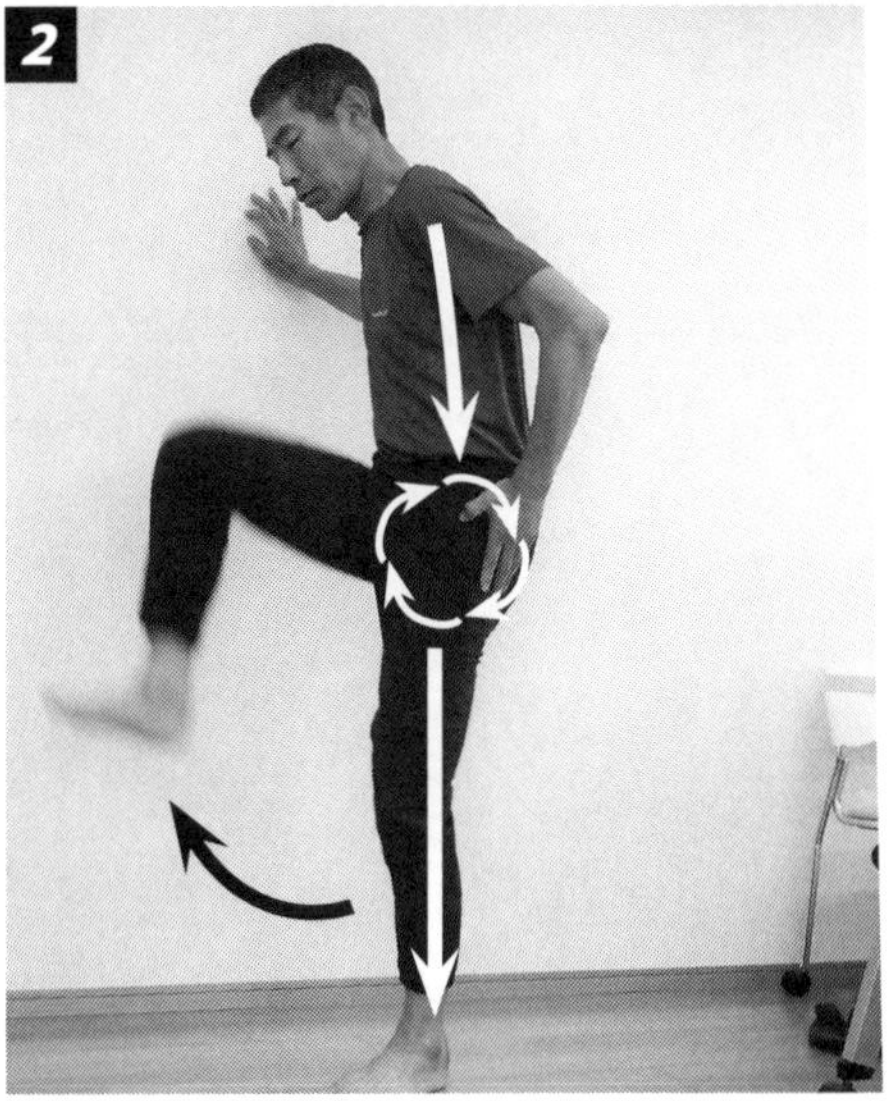

上から見た左足大腿骨頭の動き

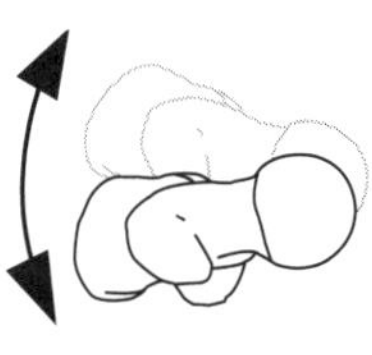

7 股関節を動かす③

椅子に座り、両坐骨を交互に前後させる要領で、股関節を動かす。前方に進める側の坐骨に支点を感じられたら正解。

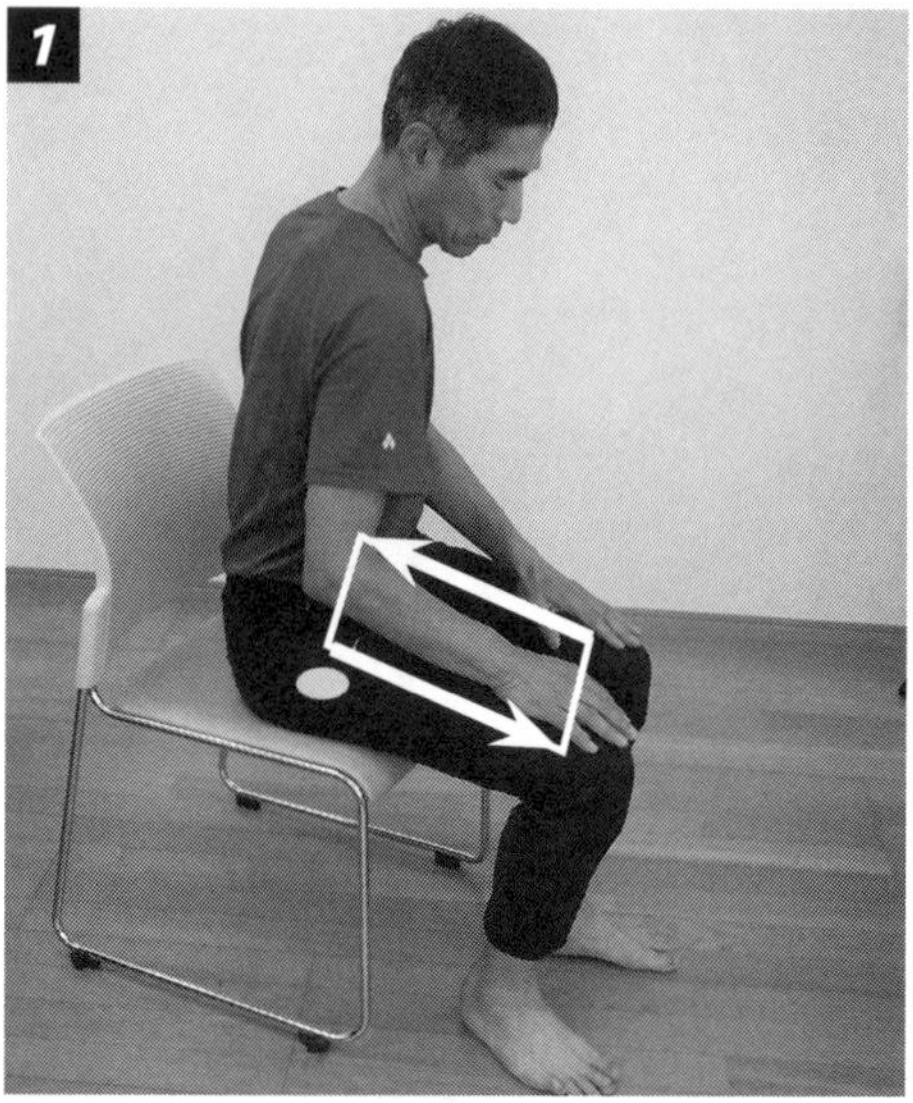

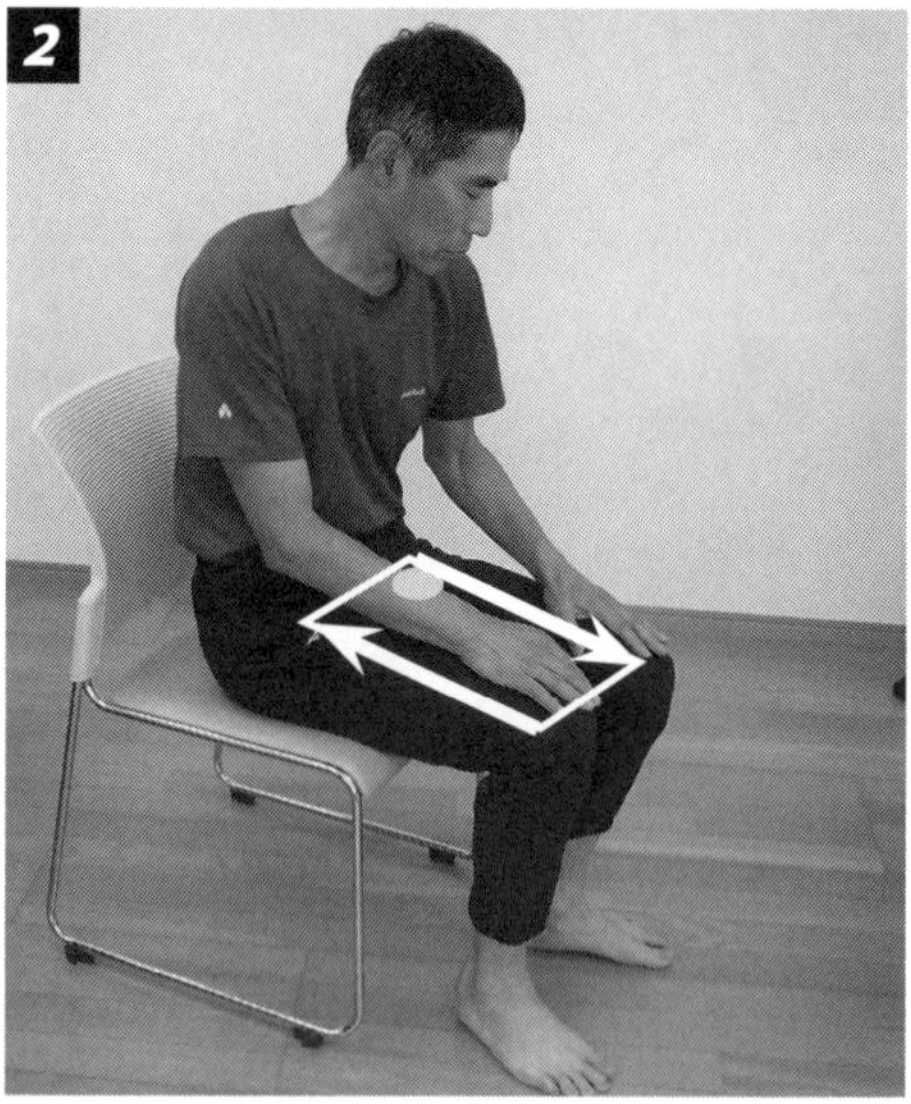

骨盤に横方向に筒が通っていて、それを前後に回転させるイメージで骨盤を前後させ、股関節を動かす。

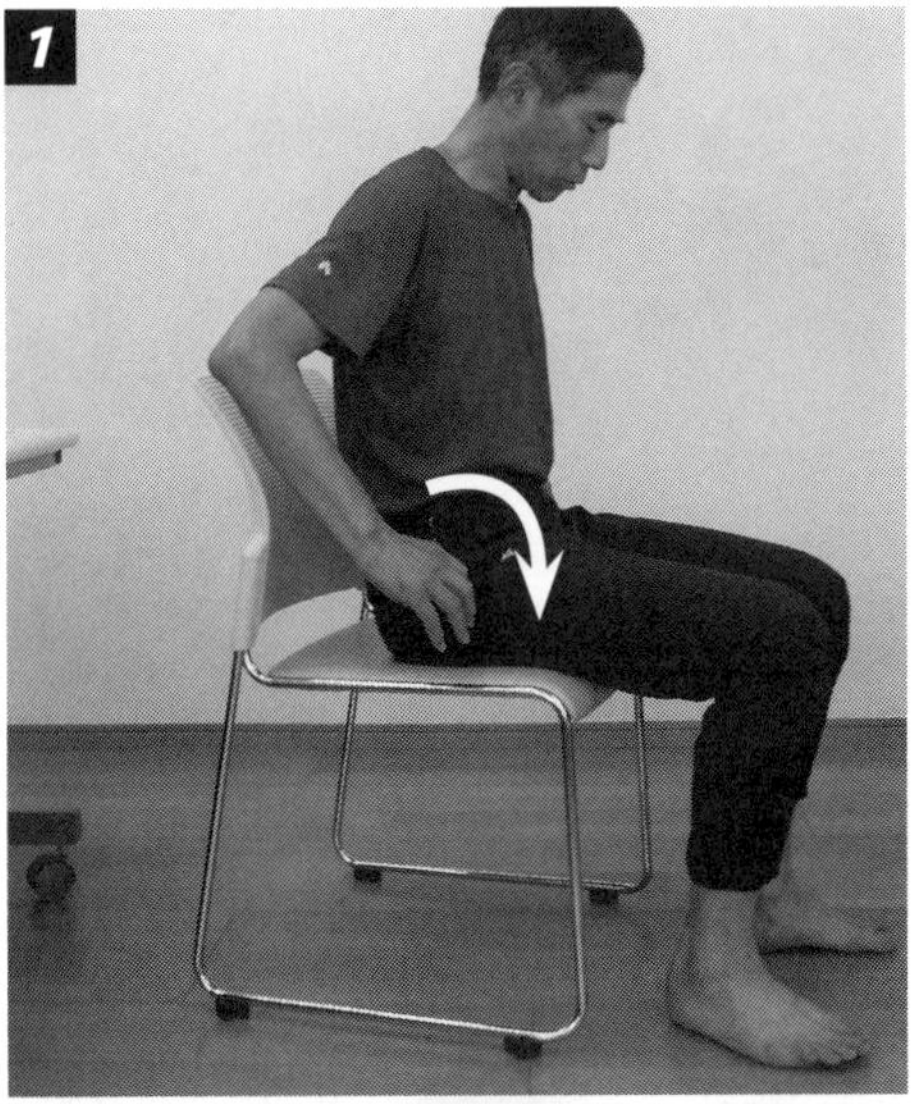

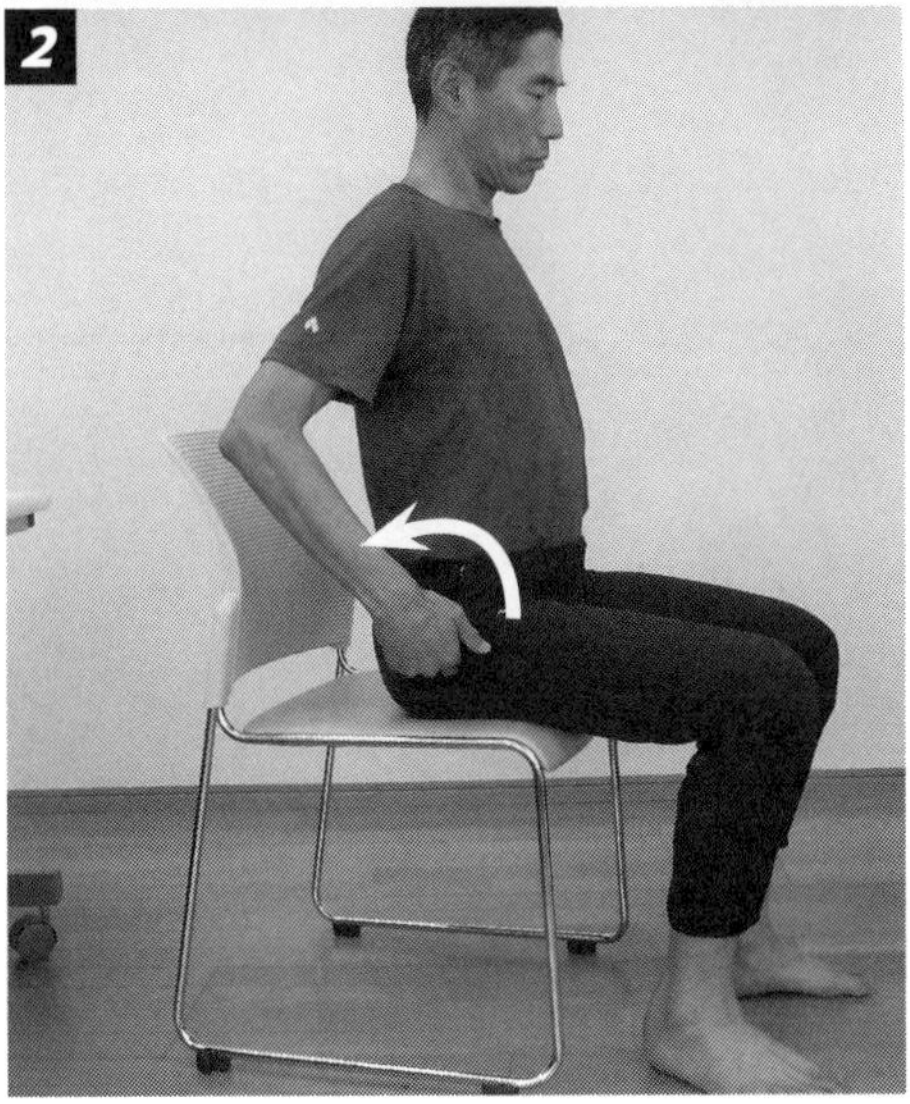

7 股関節を動かす④

寝た状態で左右に体を転がしながら、上側の足を床を摺るようにして振る。床を摺るのは、脚を持ち上げようとして無駄な力を入れないため。

1

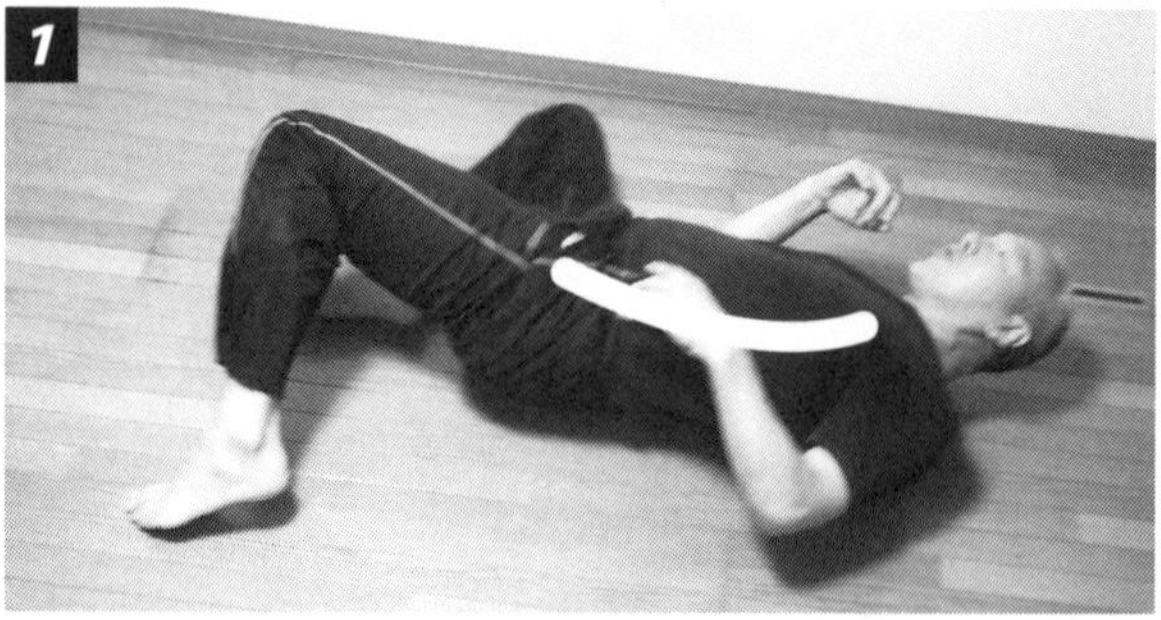

2

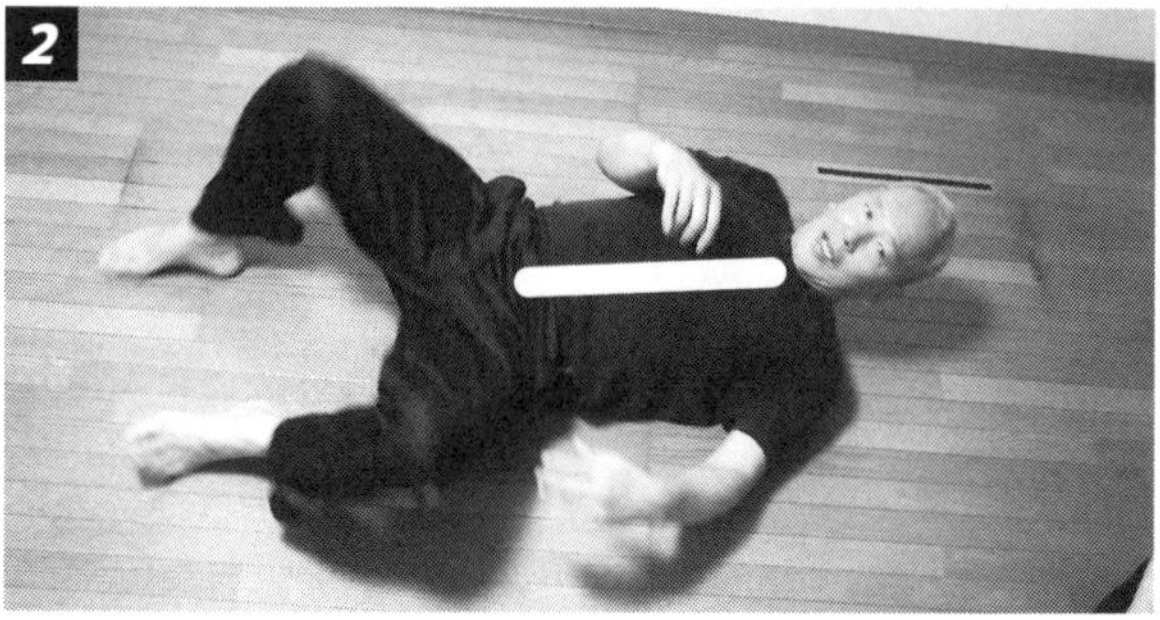

3

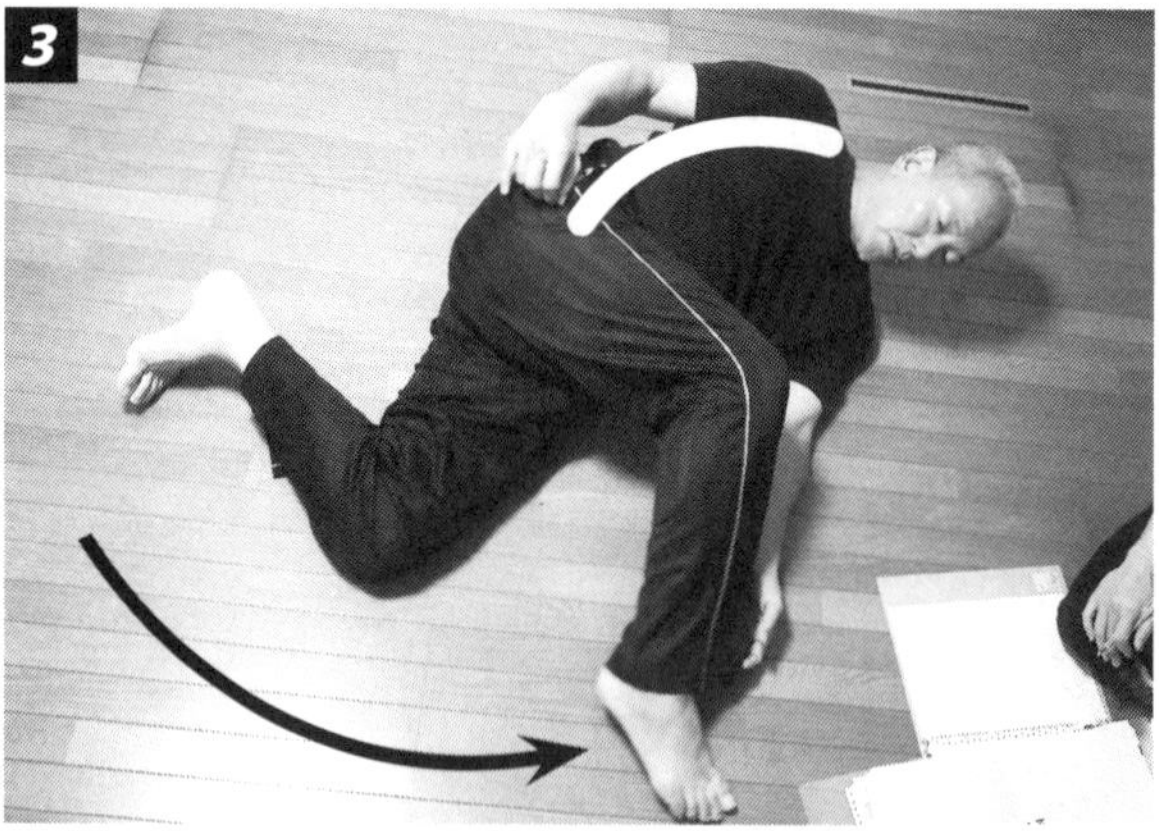

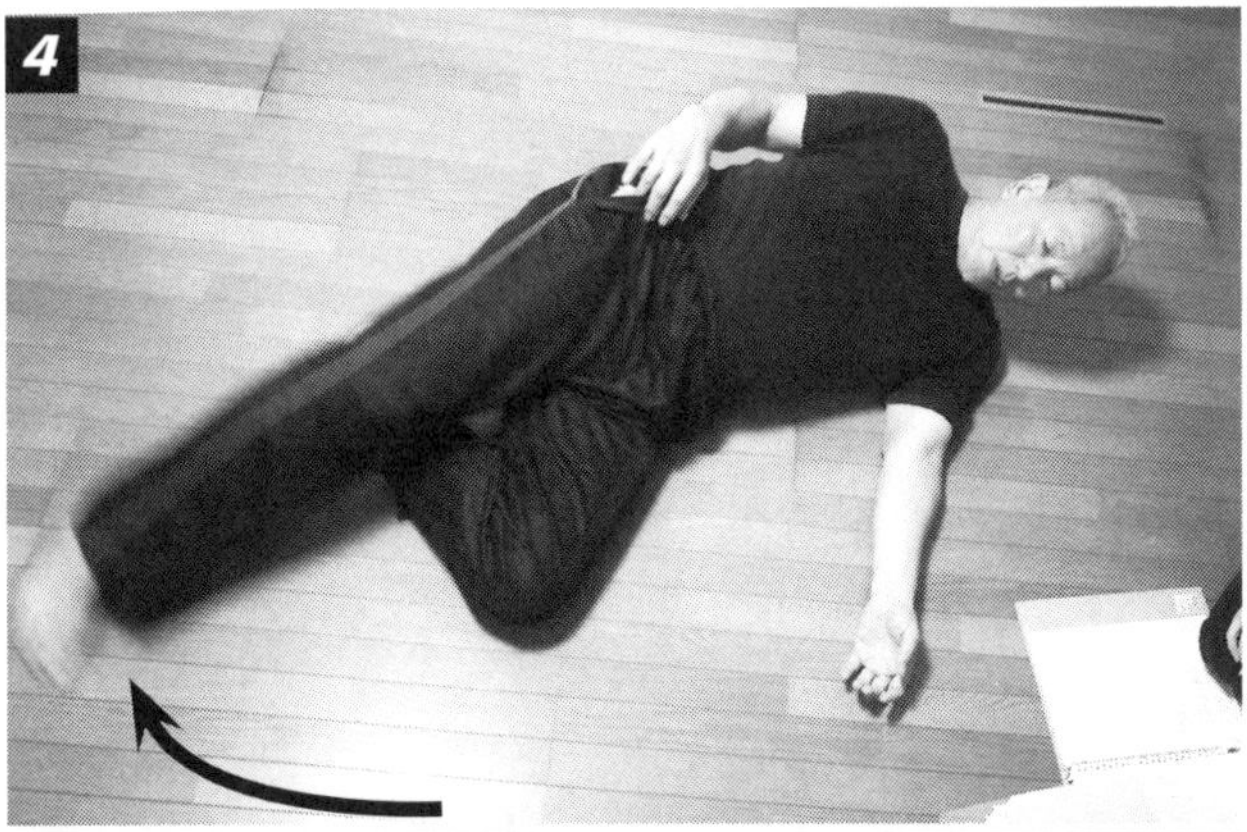
4

5

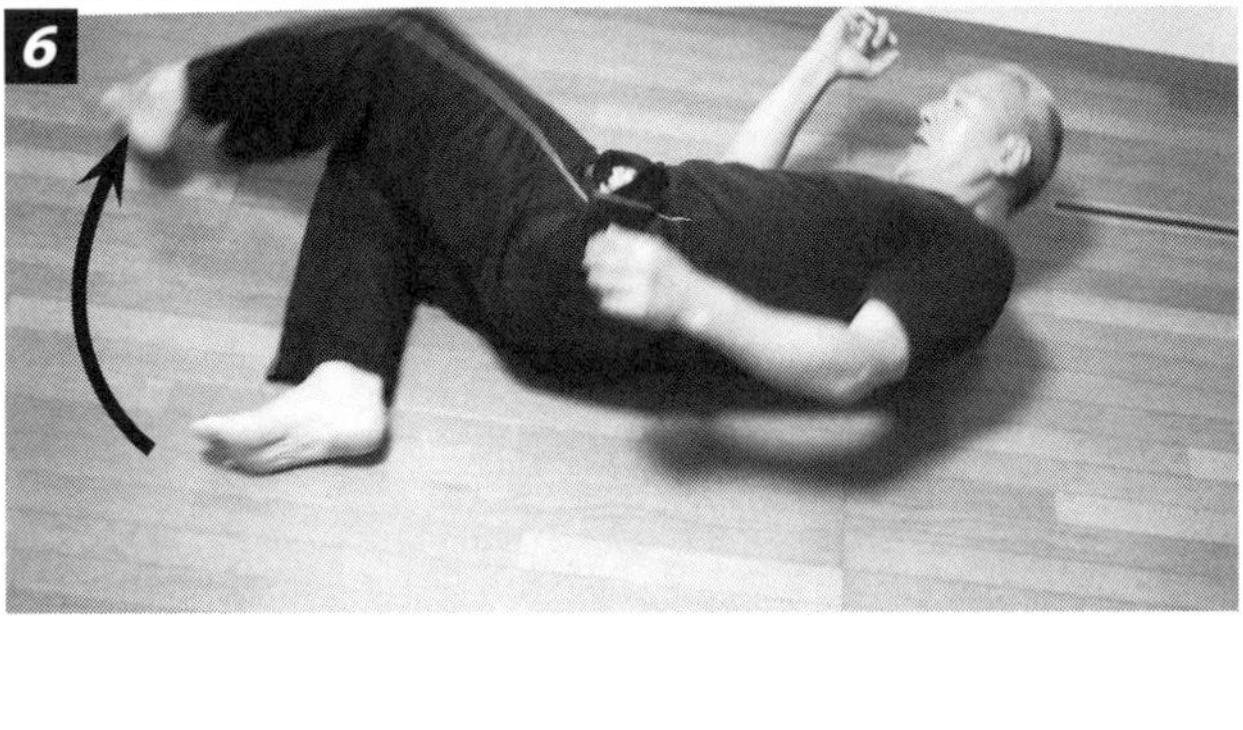
6

8 胸を抜く①

前項「股関節を動かす」とともに重要な操作がこの「胸を抜く」。要領としては胸骨部をへこますような方向の操作だが、実際には胸骨部はへこんだりしない。その分、肩甲骨、背骨、鎖骨、上腕骨といった広範囲に影響を及ぼし、まさに連動の源を成す。

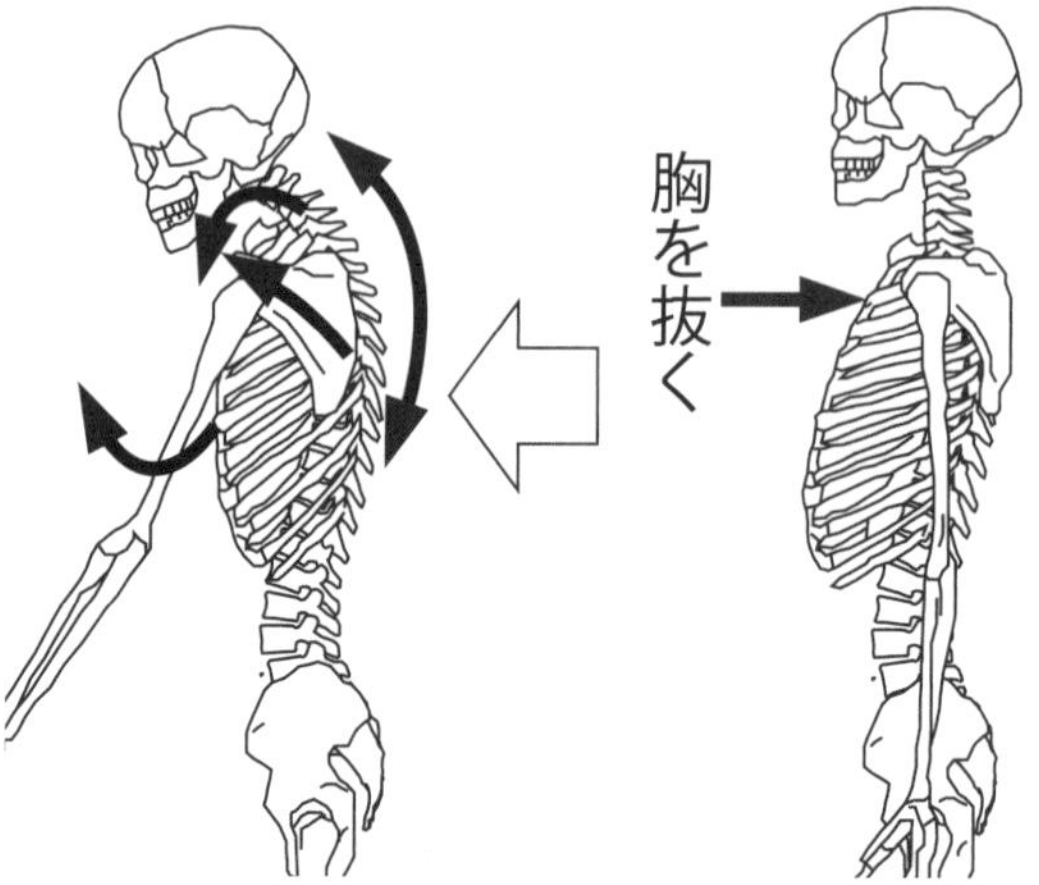

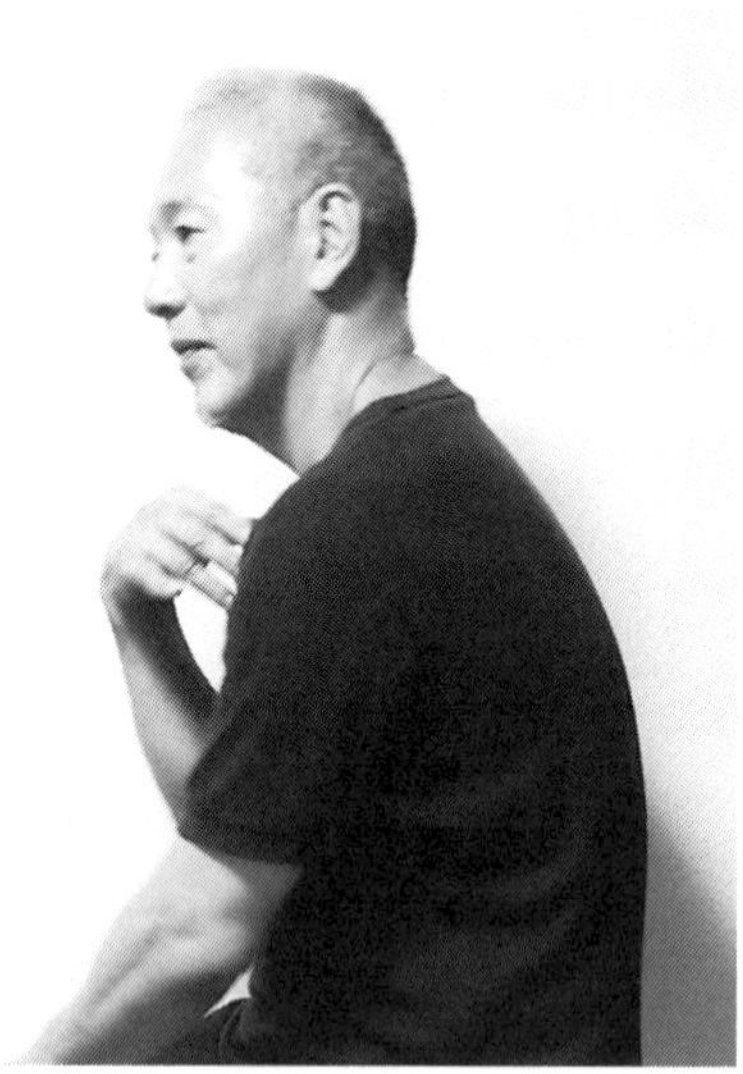

8 胸を抜く②

例えば花火を見上げるなどという時、普通に〝首〟で見あげればすぐに疲れてしまう。胸を抜くと、見上げる負担が首に集中せずに各所に分散されるので、疲れない。

日本古来のさまざまな所作はこの「胸を抜く」が原点にあり、美しく優れた合理性を有していた。

胸抜きで見上げる

1

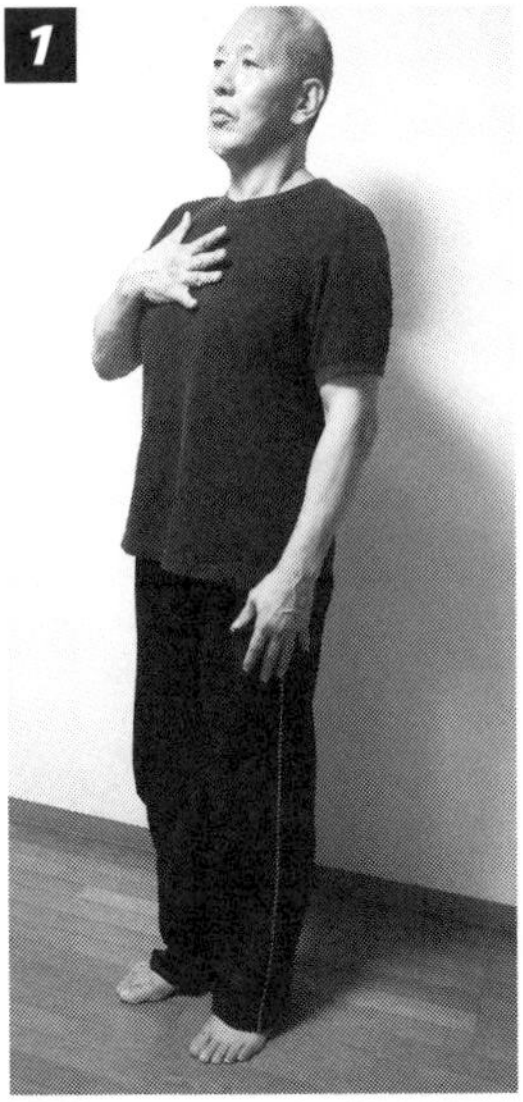

2

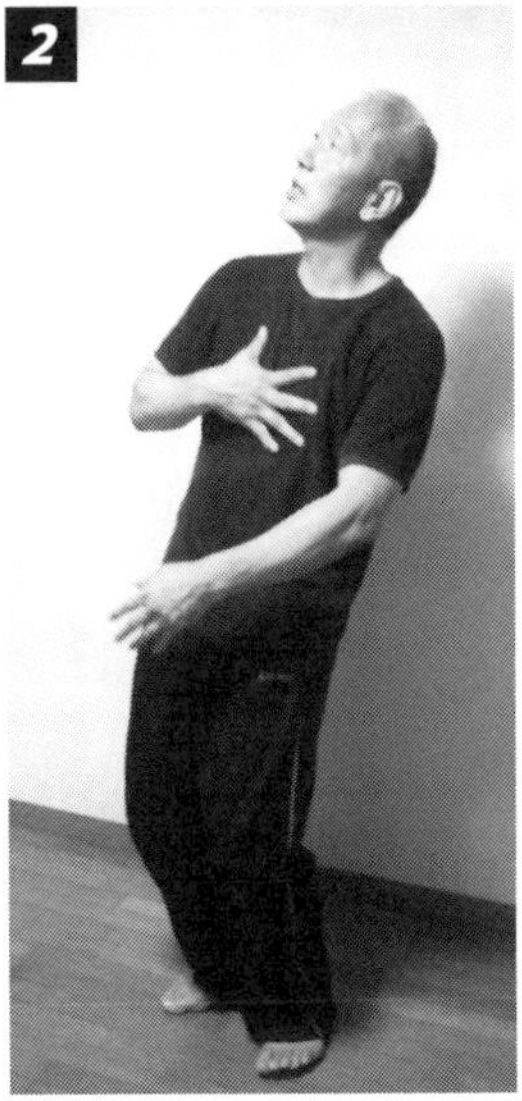

首で見上げる

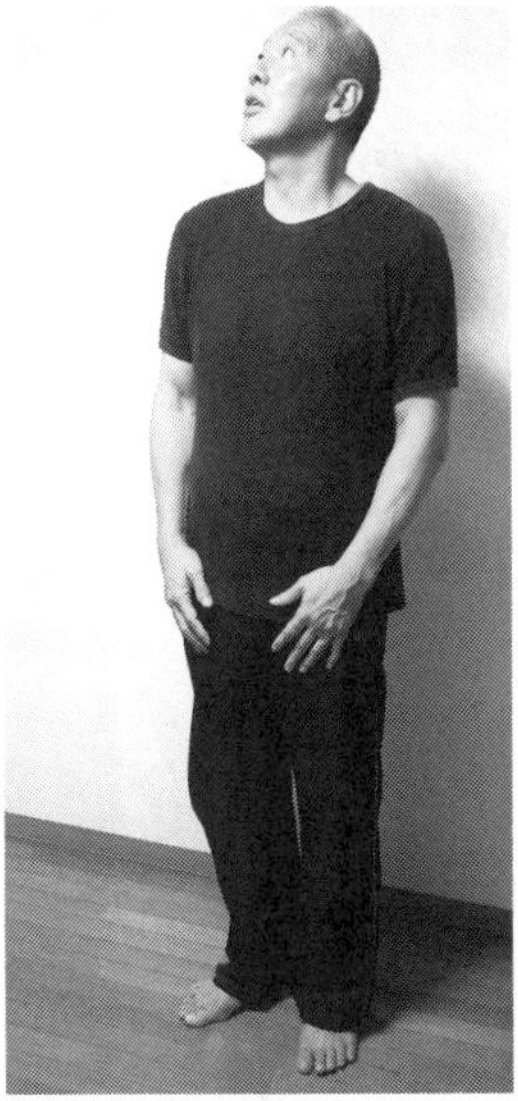

9 胸抜きと股関節との連動

両側から中心へ巻き込むように胸を抜きつつ。「7　股関節を動かす」で行った骨盤を後ろに回転させる動作（97ページ参照）を行う。写真1で足が床に押し付けられる感覚、写真2で足が床から浮き上がる感覚が得られたら連動が正解。

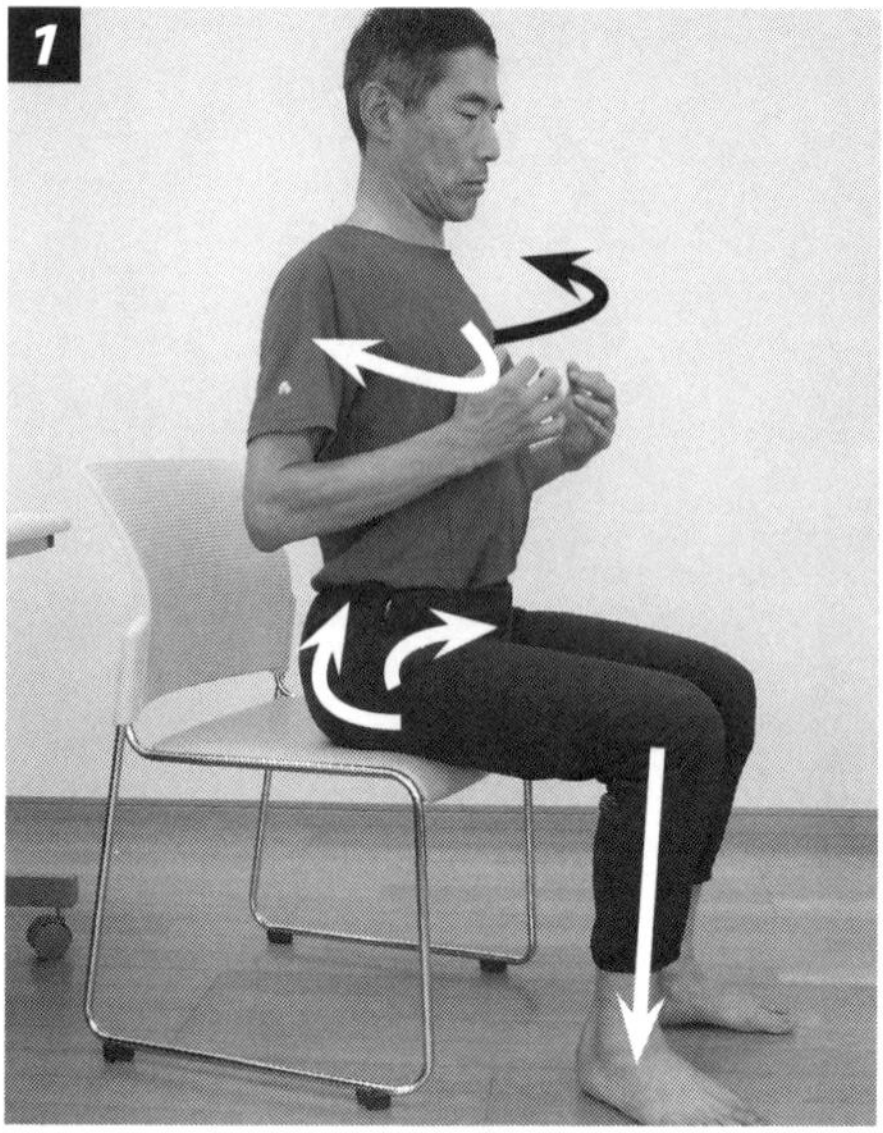

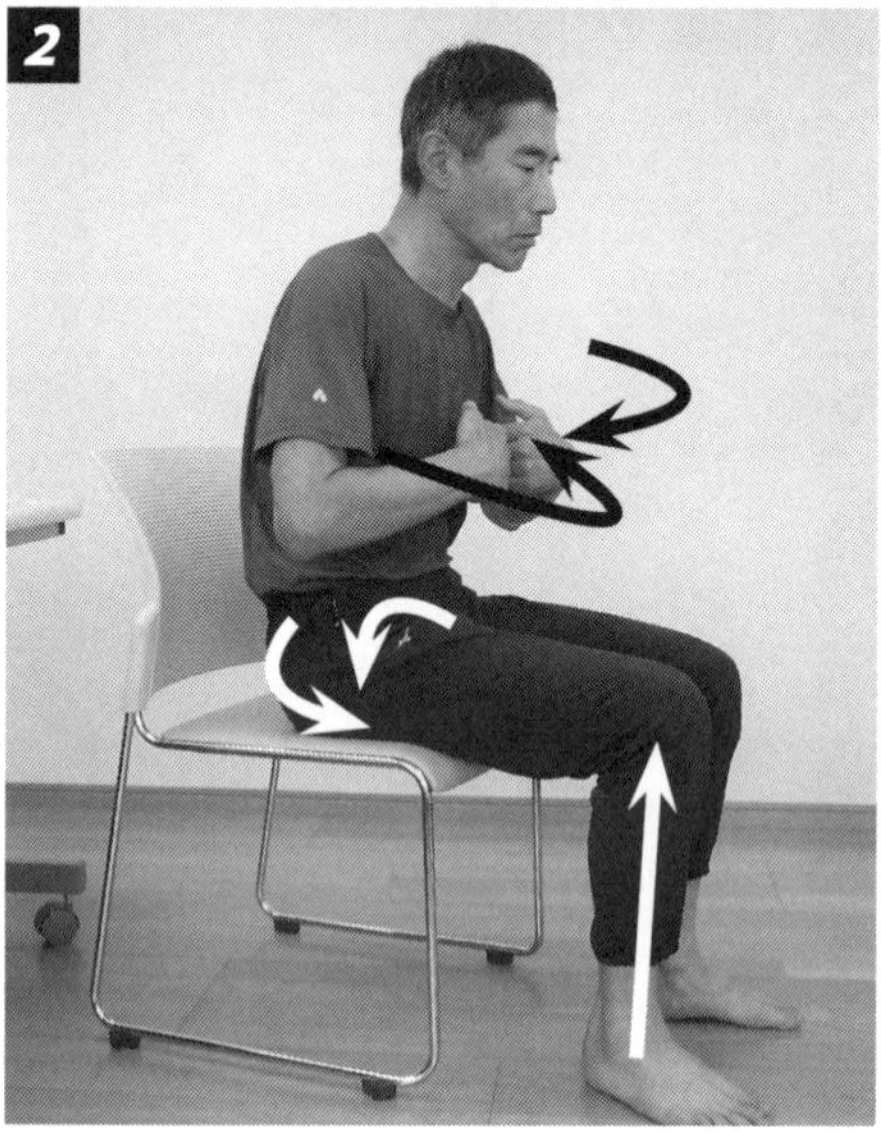

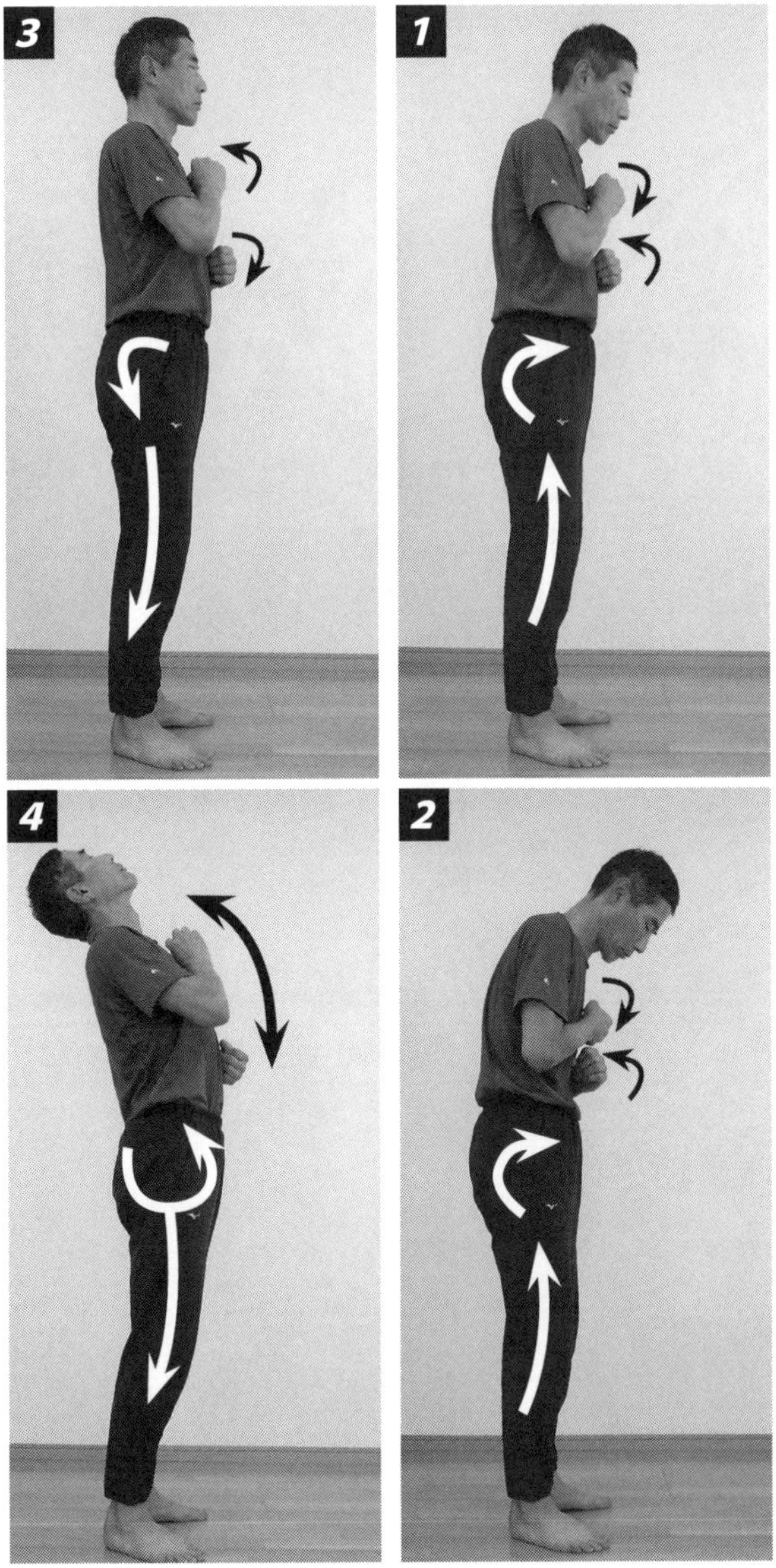

立位で行う場合は、胸は縦方向に開閉すると連動させやすくなる。骨盤を前に回しながら、胸を縦方向に閉じ、骨盤を後ろに回しながら、胸を縦方向に開く。両手で拳を作って胸に縦に並べ、上下に転がすようにするとイメージと動きが繋がりやすい。

10 四股

何回も続けられる四股は、〝筋力をできるだけ使わない事〟と〝全身連動〟がかなえば実現する。骨盤の向きを重心移動する方向（写真では右足の方向）に向ける事によって股関節を連結し、右足に体重を乗せていく（写真2）。体重を乗せきるに従い、左足が自然に上がってしまう（写真3）。そのまま自然に足を下ろす。腰を落とした時、太腿に効かさずに股関節から全身で受け止める（写真4）。

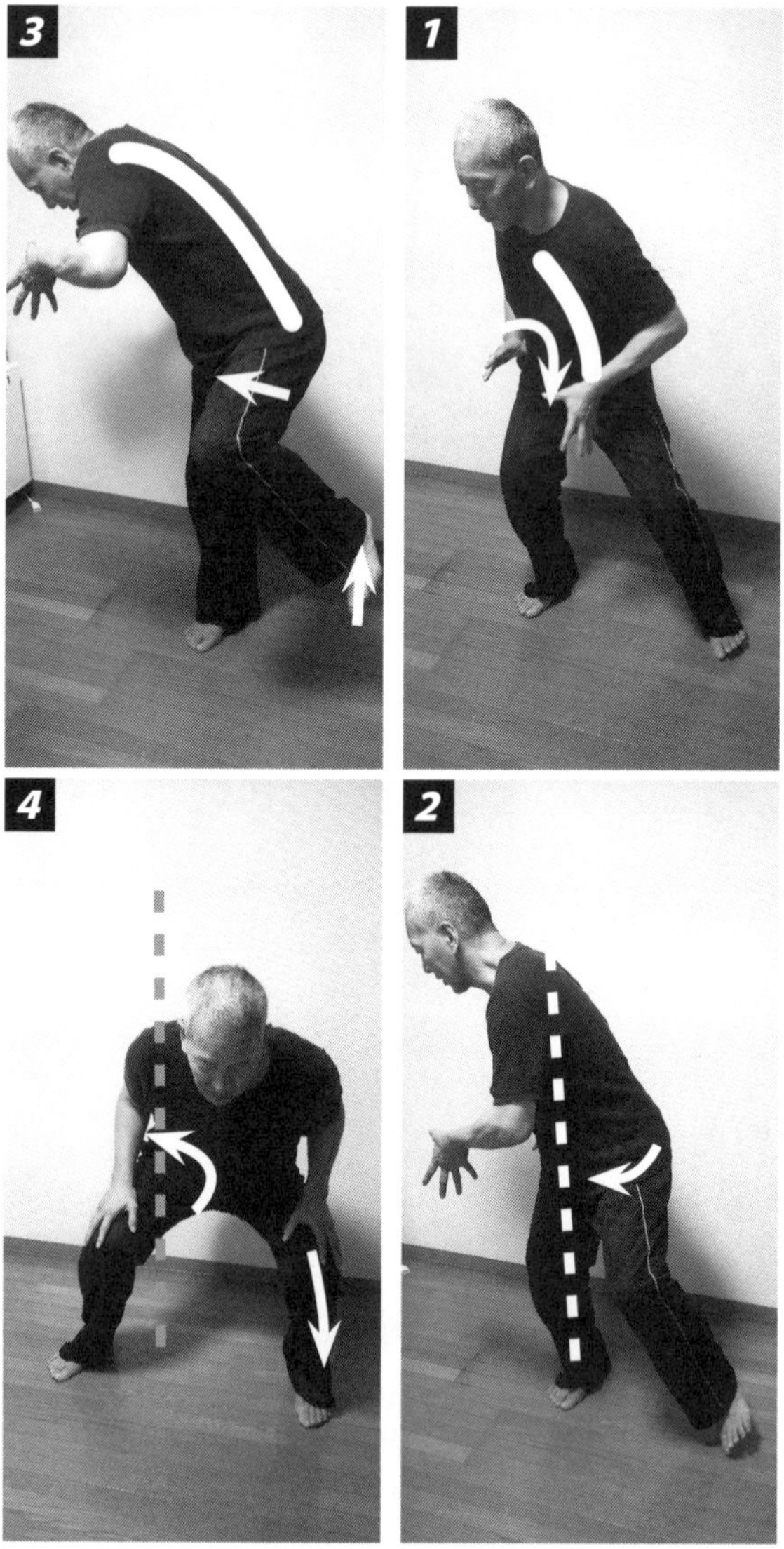

第6章

靭トレ応用編

～全身運動を作る

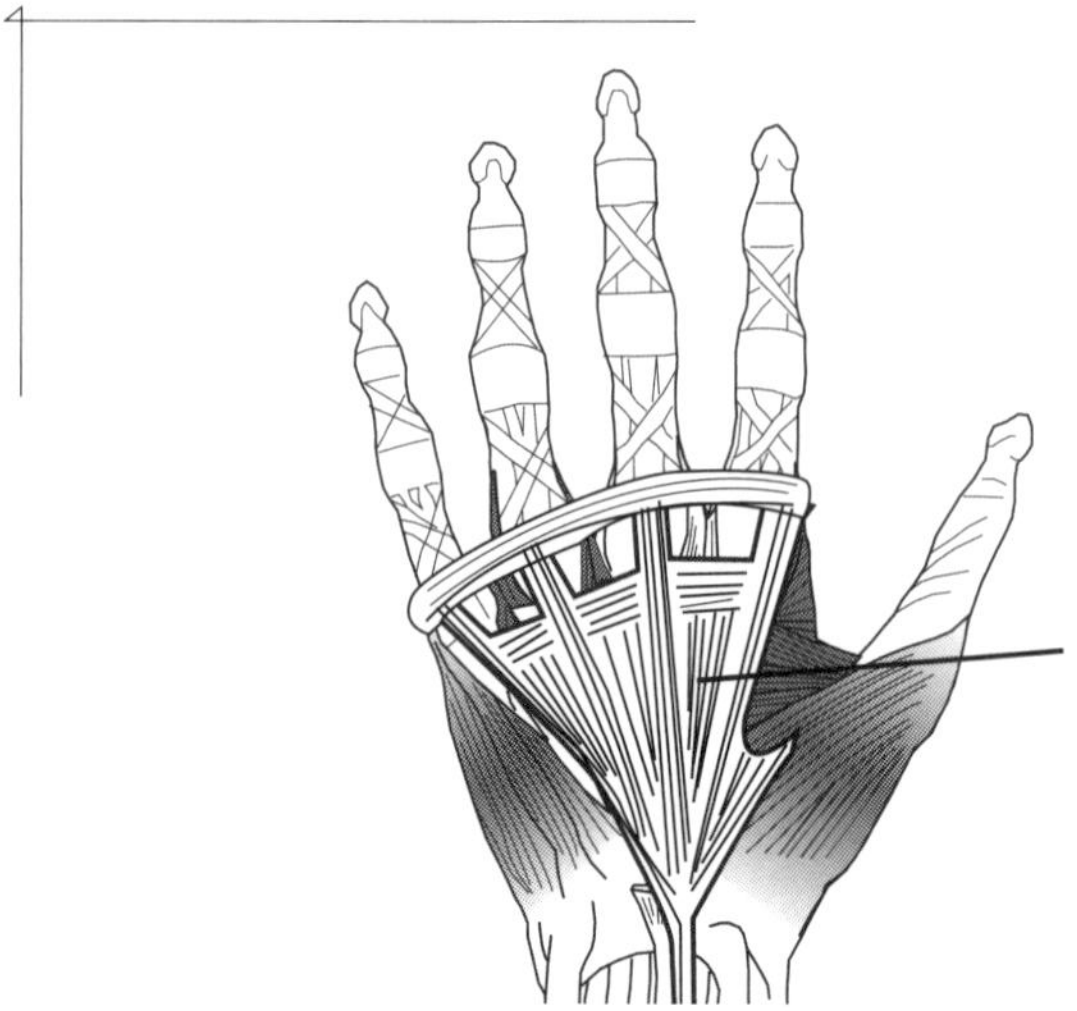

☆靭帯を発動させるポイント

「手掌腱膜」と「足底腱膜」

いよいよ本章では、全身運動を実現する靭帯発動を行っていきます。

まず最初に、靭帯を発動させる大きなカギとなる事柄について触れておきたいと思います。

それは、「手掌腱膜」および「足底腱膜」です。

「手掌腱膜」は掌部分に、足底腱膜は足裏に広がっている膜状組織です。つまりネットワークの末端部です。

あたかも傘の端部がしっかり骨に固定されていると全体が一様にピンと張るように、手掌や足底の腱膜組織を張ったり、活性化させる事は、靭帯ネットワーク全体を活性化させる作用をもたらすのです。

柔術には、掴まれた手の掌をピンと張って相手を

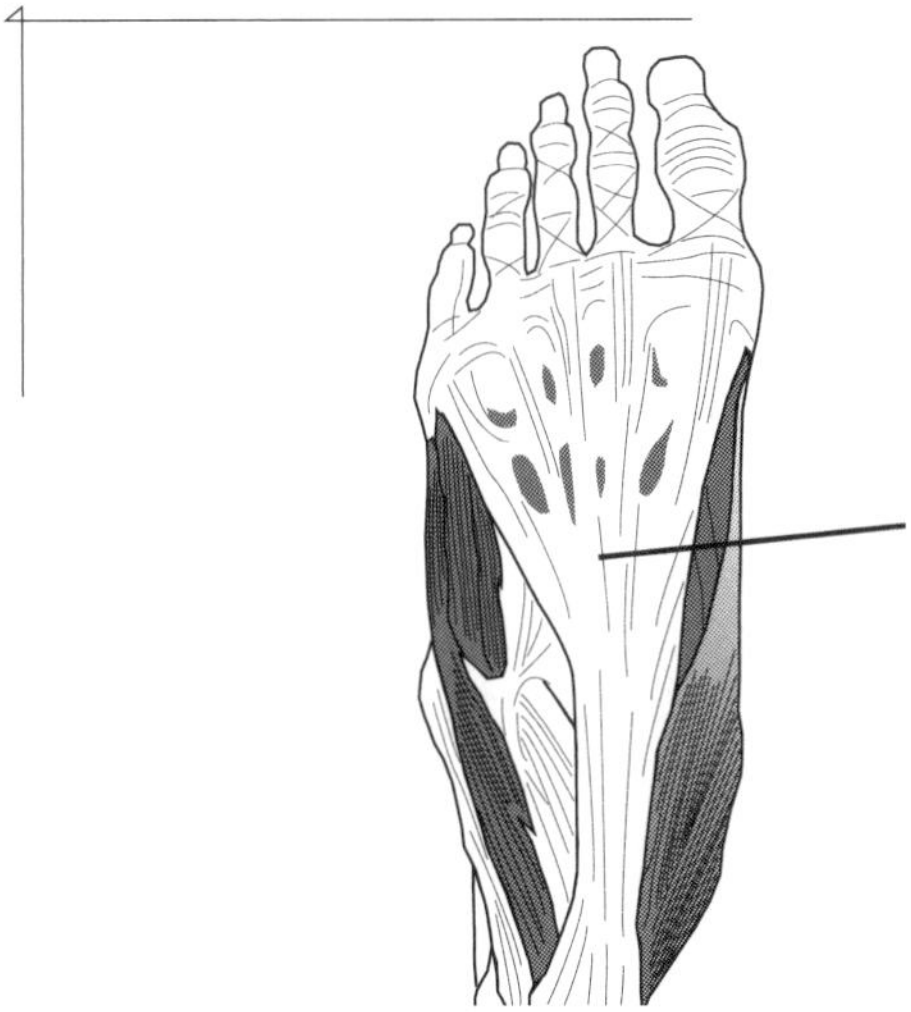

投げる技がいくつもあります。靭帯ネットワークの活用をはかっているように思えます。

張る操作ばかりでなく、ほんのちょっとした刺激を与えるだけでも靭帯発動は促進されます。

例えば、手に輪ゴムをかけておく。そんな刺激だけでもとても効果があるのです。本章では、そんな方法もご紹介していきます。

1 壁つきスクワット

足幅はやや広く、つま先は外に向け、壁にぴったりと体をつけて立つ（写真1）。太腿に負担をかけず、その分背骨に圧が掛かるようにしつつ腰を下ろしていく（写真2）。この時、背骨のしなりは変えないように。そのために、手の位置は変えない。背骨への圧を解除するように、全身の力を一気に抜くと、瞬間的に身体を上げる力が発生する（写真4）。脚の力を使わずに身体が持ち上がる感覚が得られたら、靭帯発動が起こせている。

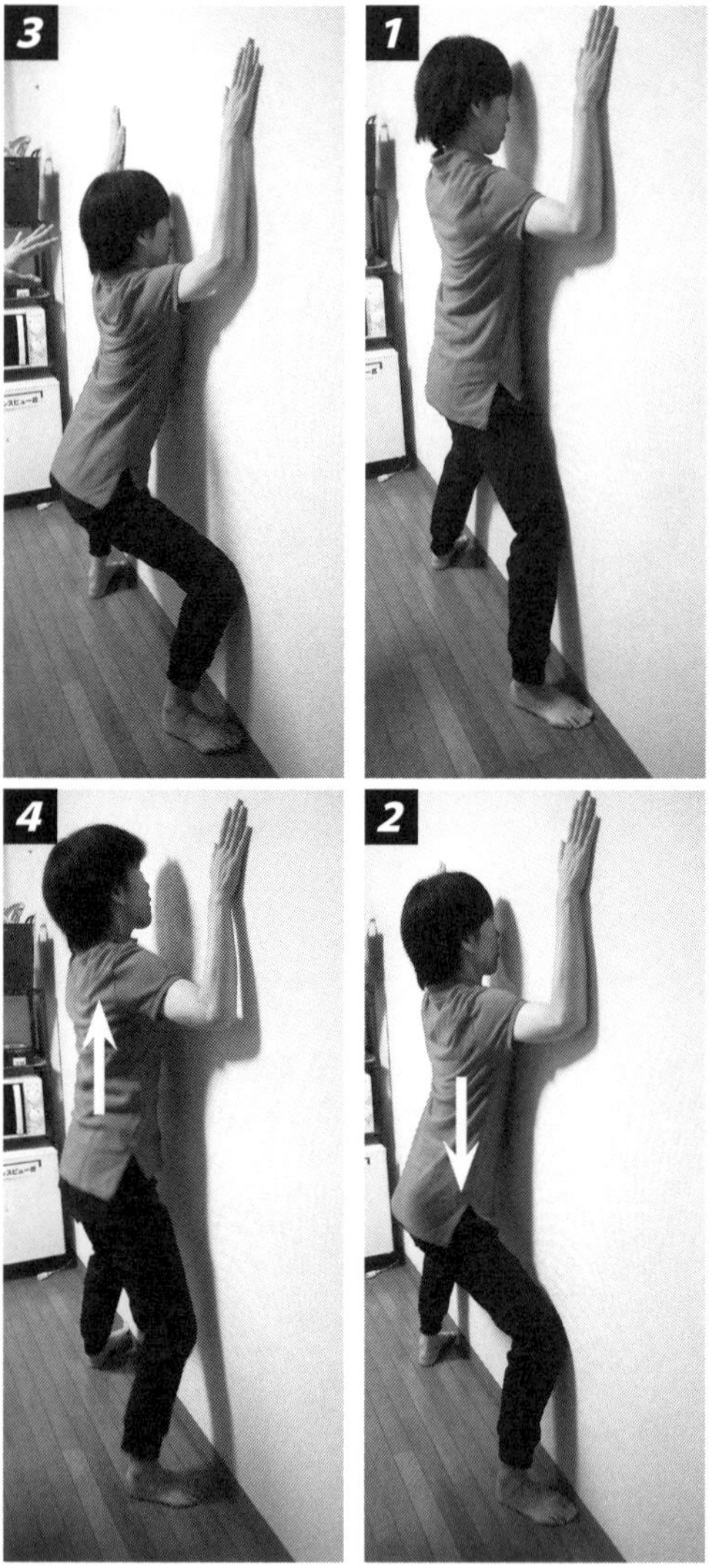

窮屈な状態を作り、背骨靭帯に力を蓄積させていく。その状態はしならせたトランプと同様で、放せば一気に弾けるような力が発生する。

ただし、実際は背骨のしなりを強くしていく訳ではない事に注意。形は変えずに、どんどん窮屈な状態にもっていく。

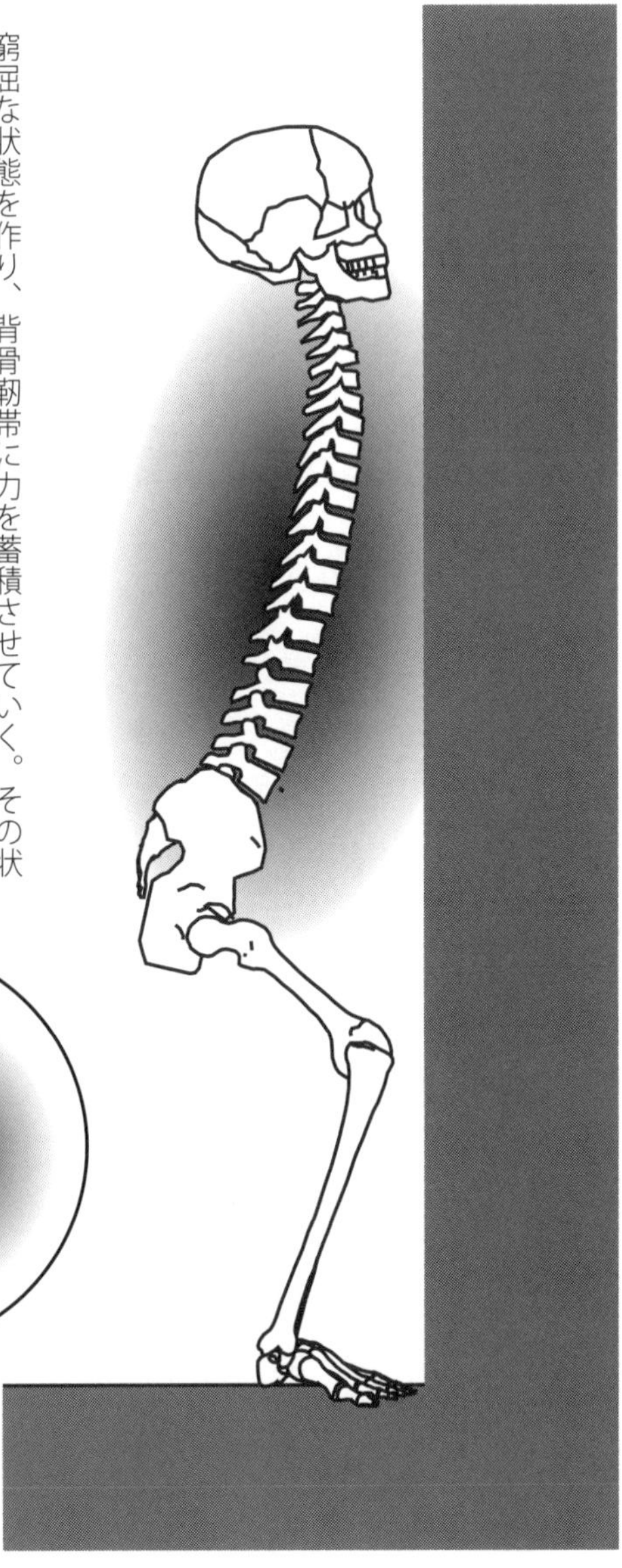

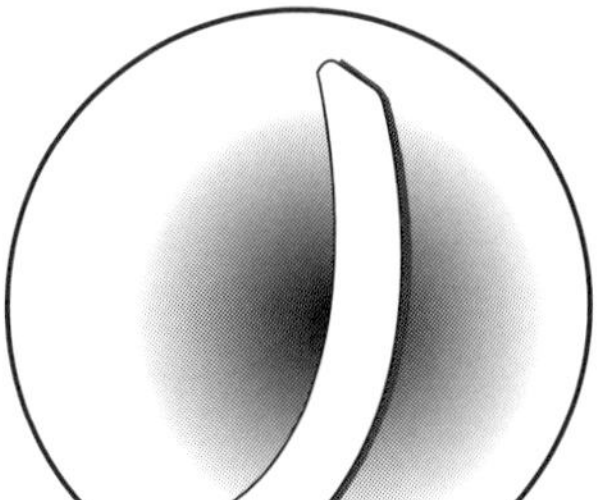

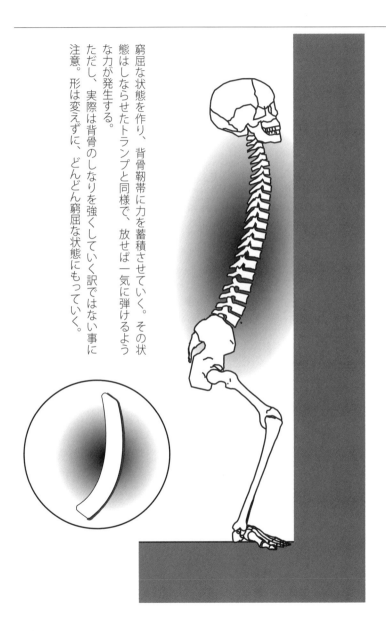

2 輪ゴムスクワット

手に輪ゴムをかけると手掌腱膜が刺激されて靭帯発動が起きやすい。指のみを単独で広げるのではなく、掌を開く事で指が広がる。すると手掌腱膜が発動する。

基本的に、親指から小指にかける。この順序も重要で、小指側に意識を残したいので、小指から親指にかけると親指側に意識が残ってしまって、ブレーキがかかりがちになる。ゴムの強さ、甲側にかけるか掌側にかけるか、などと効果は個人差があるので、いろいろ試してみたい。

甲側に付けて張った場合は、相手を抑えつける稽古になり、張りを緩めた瞬間は合気上げの導入の稽古になる。掌側に付けて張った場合は、相手を弾き飛ばす稽古になり、張りを緩めた場合は合気下げの導入の稽古になる。

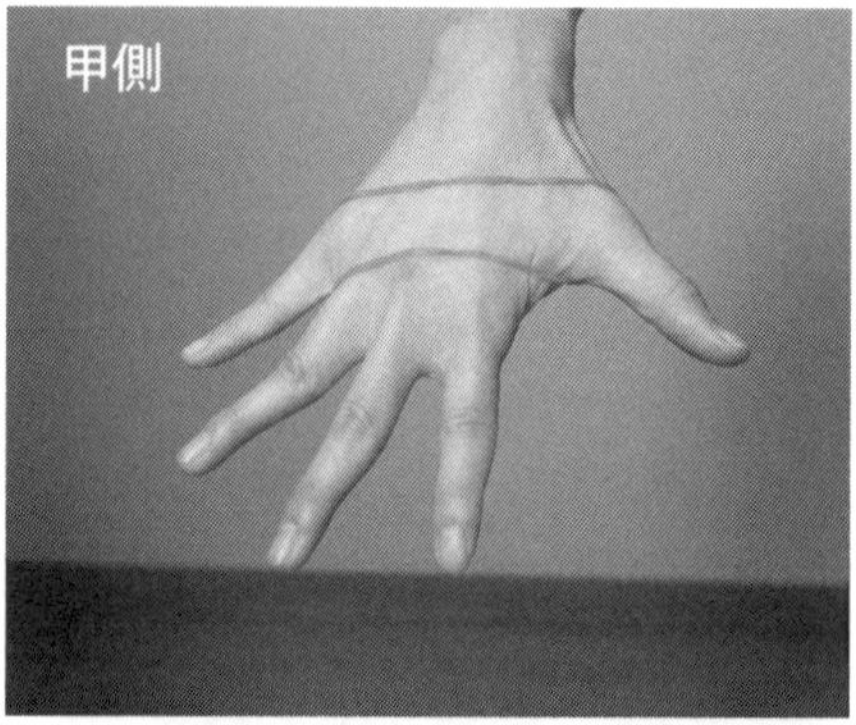

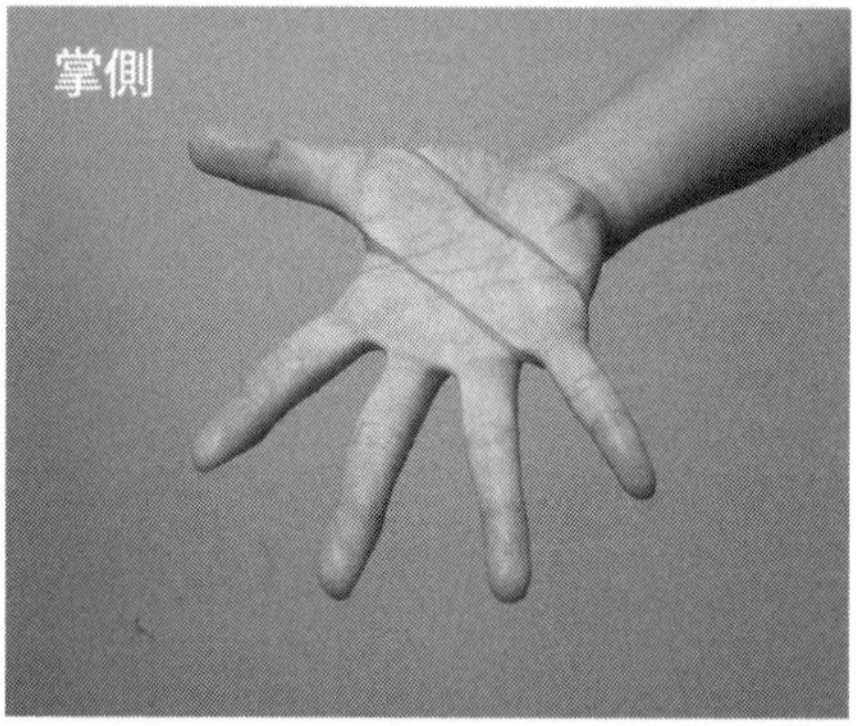

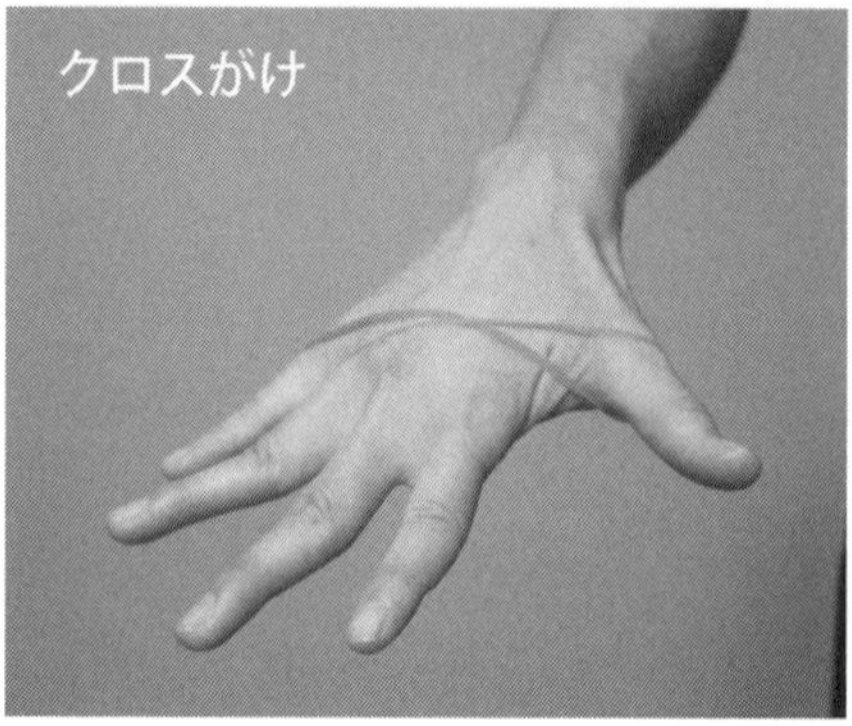

輪ゴムあり　　**輪ゴムなし**

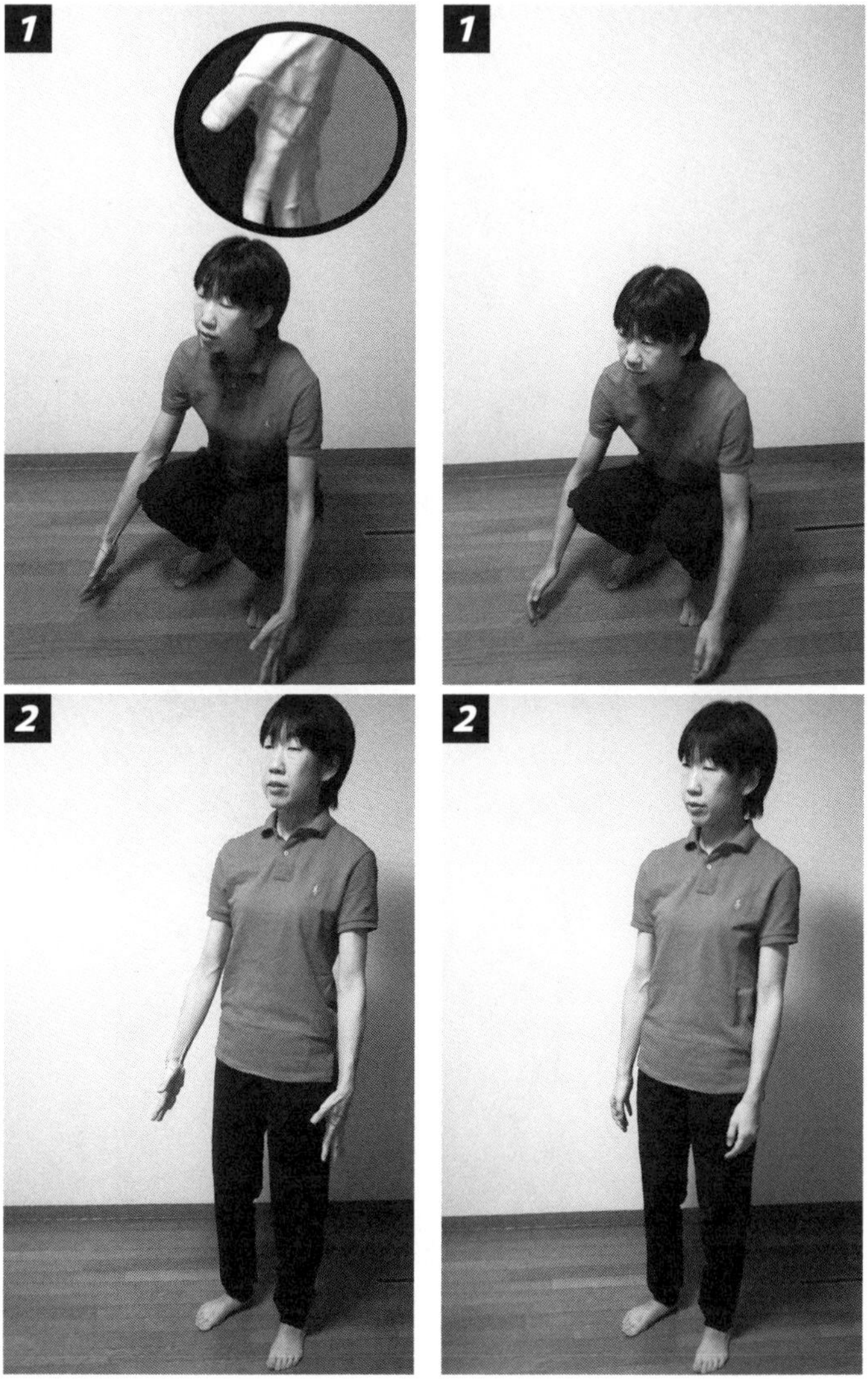

輪ゴムをつけてのスクワットとつけないでのスクワットを比較。つけた方が楽に感じるならば、脚の力をあまり使わないで上がれており。靭帯発動が起こっている。輪ゴムにより手掌腱膜が発動すると全身を通じて足底腱膜も発動するから動きがスムーズになる。

3 輪ゴム合気上げ

輪ゴムをかけての合気上げ。

靭帯発動が起これば、瞬間的に相手にとって予測不能な大きな力が発せられ、崩すことができる。

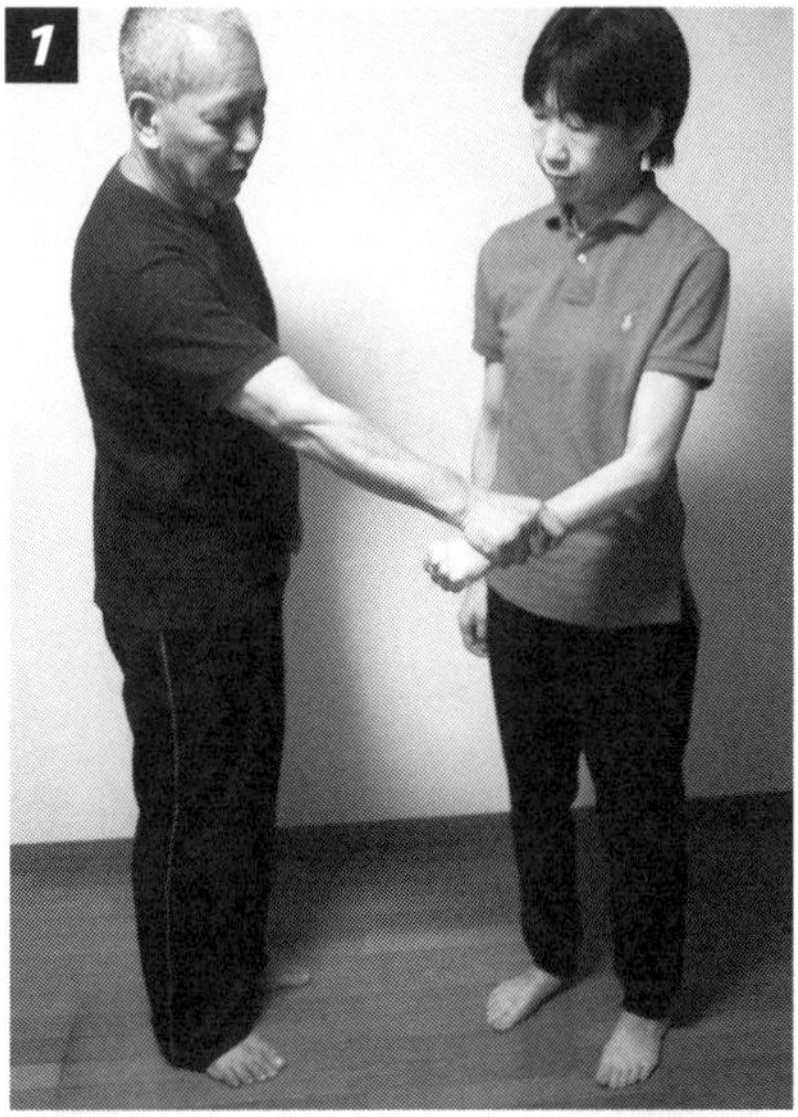

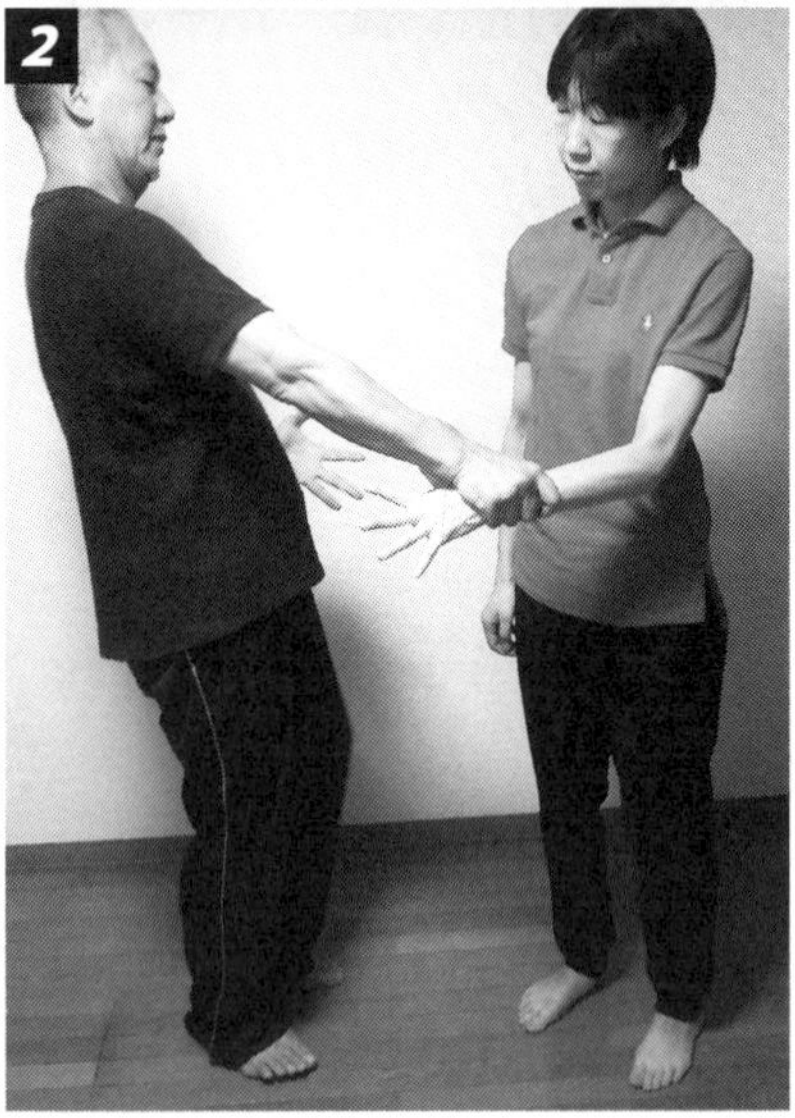

4 輪ゴム引っ張り

輪ゴムのまた違った使用法。

輪ゴムを両手で持って引っ張り（写真1〜2）、ゴムの張力を感じながら少しずつ戻していく（写真3）。

戻していく動き、力とゴムに引っ張られる力の双方を感じながら動く事によって、一方的な筋稼動でないシステム発動のきっかけとなる。写真2：相手を弾き飛ばす稽古。写真3：相手と同調したり、吸い込む稽古。

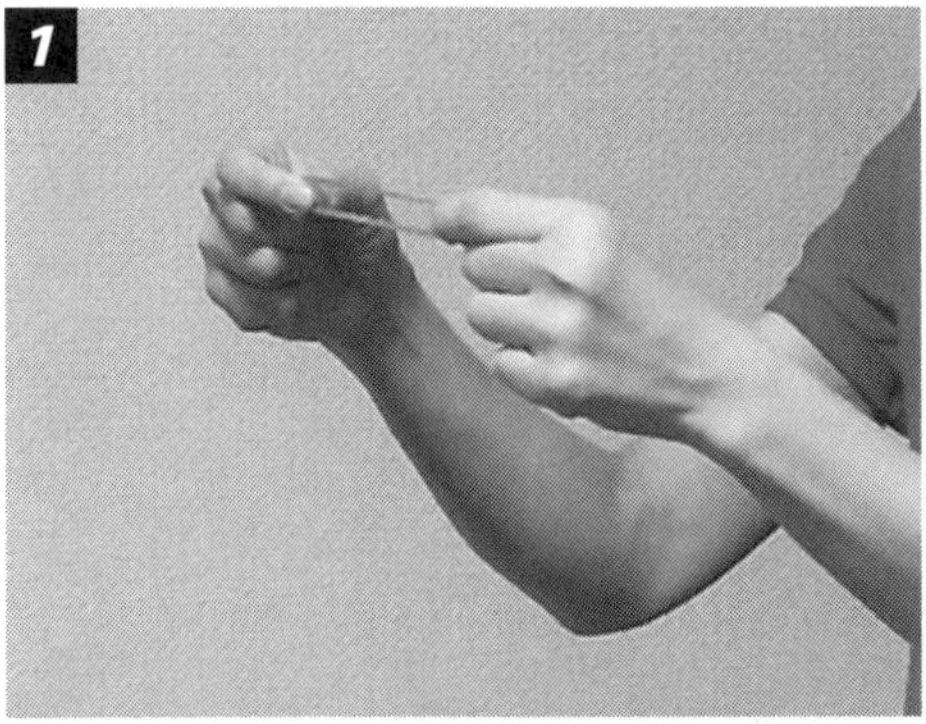

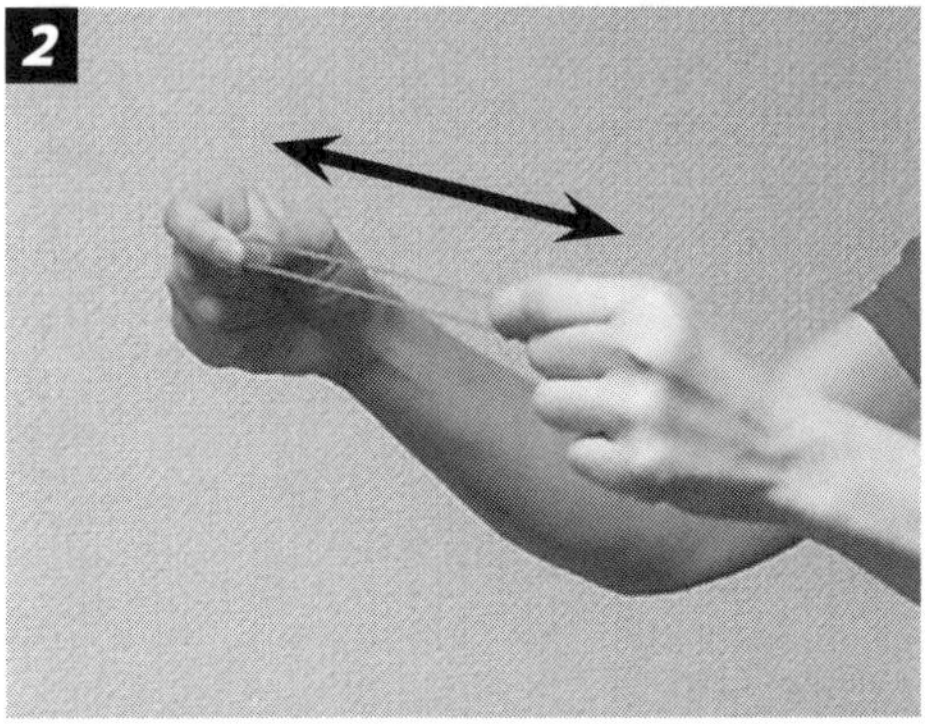

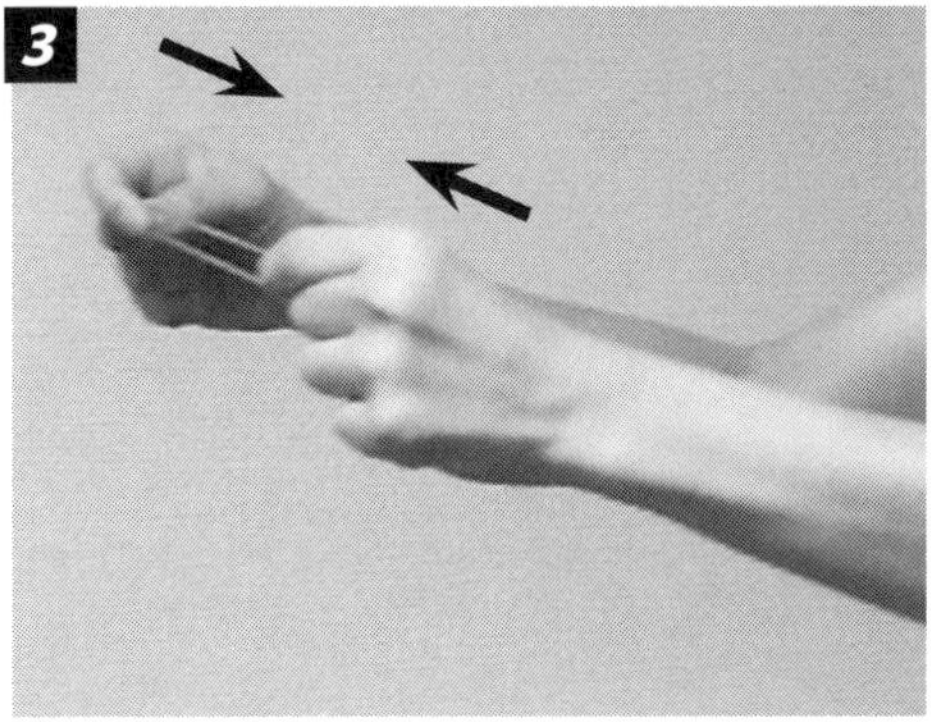

5 マジックを持つ効果①

片側が細く、片側が太い構造になっているマジックを親指と小指に挟んで持つ。狙いは手掌腱膜へ〝張り〟を与える事と、小指側に太い方を持つ事による伸筋系ライン、すなわち全身を繋げるラインの活性化。マジックを挟む事で手掌腱膜が発動し、尺骨と橈骨も繋がるから、全身の靭帯を繋げるスイッチとなる。

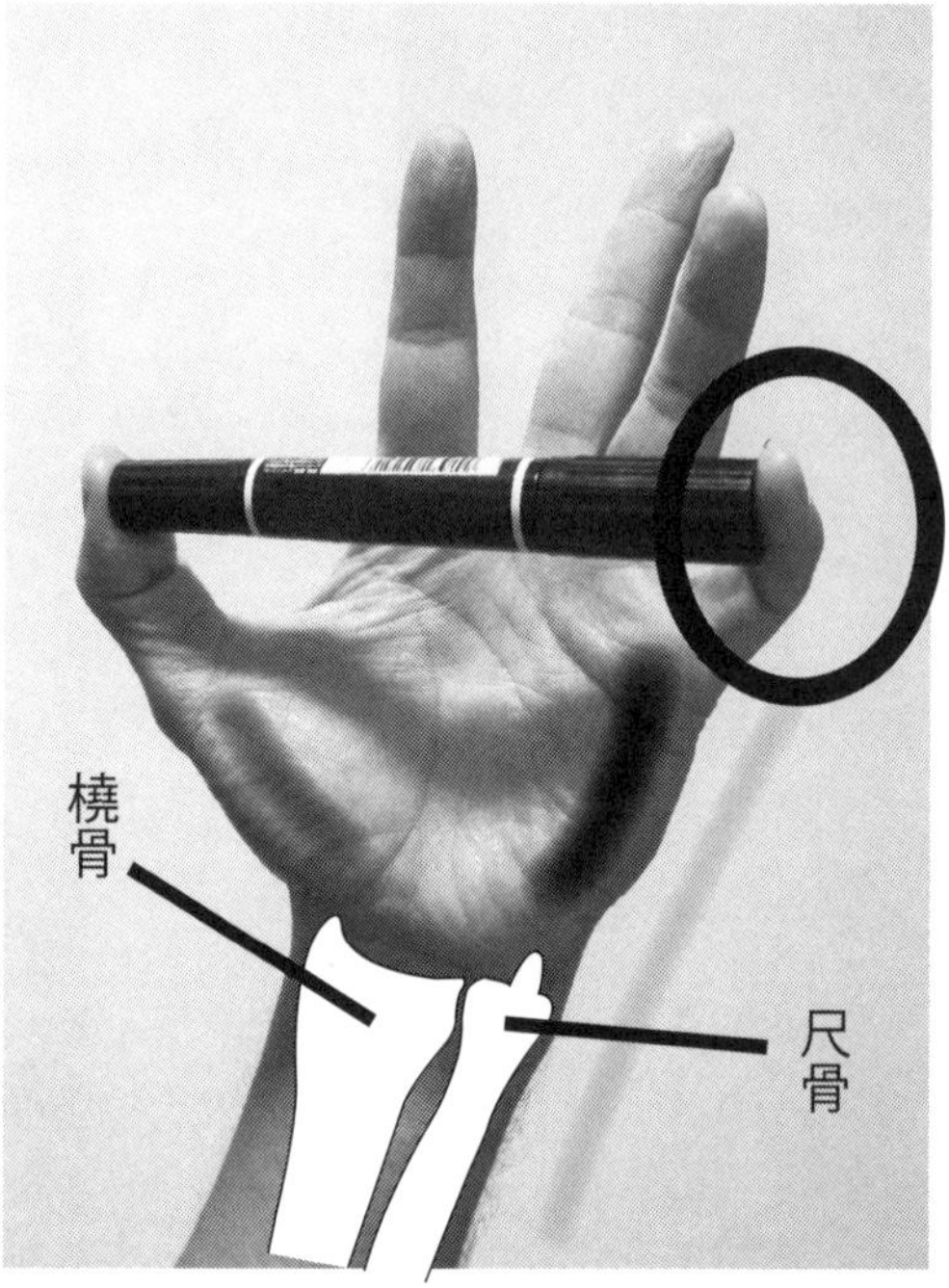

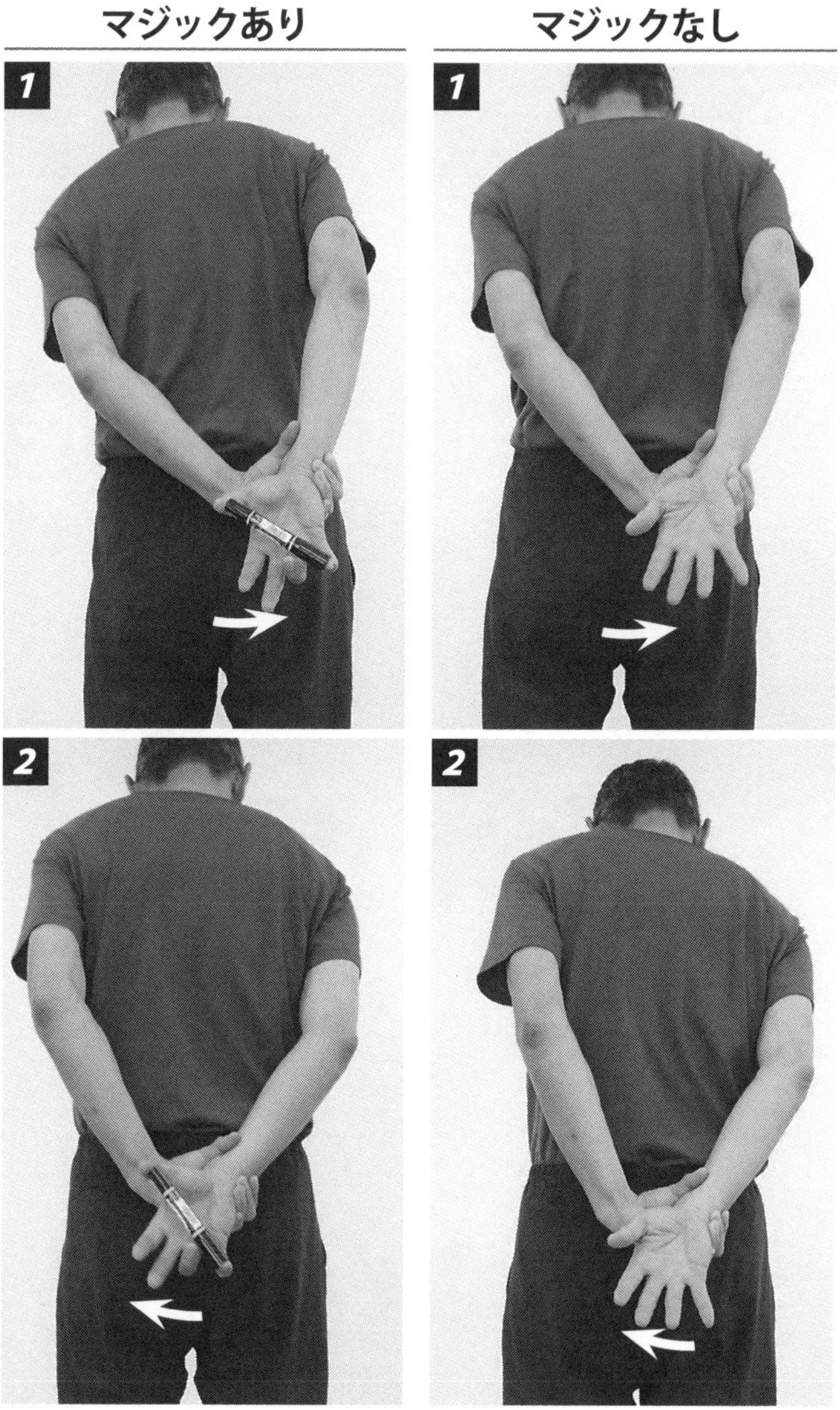

両手を後ろ手に組んで左右動かしてみる。手にマジックを持ってやると動かしやすさを感じる（写真左列）。繋がりの形成、およびそれに伴って力みが抜けた事がその差。

マジックを持つ効果②

頭上で両手を組んで左右に振る。これだけ見ると違和感はないが、マジックを持っての同動作（次ページ）と比較してみると、〝手だけ〟の動きになっているのがわかる。

マジックなし

1

2

マジックあり

1
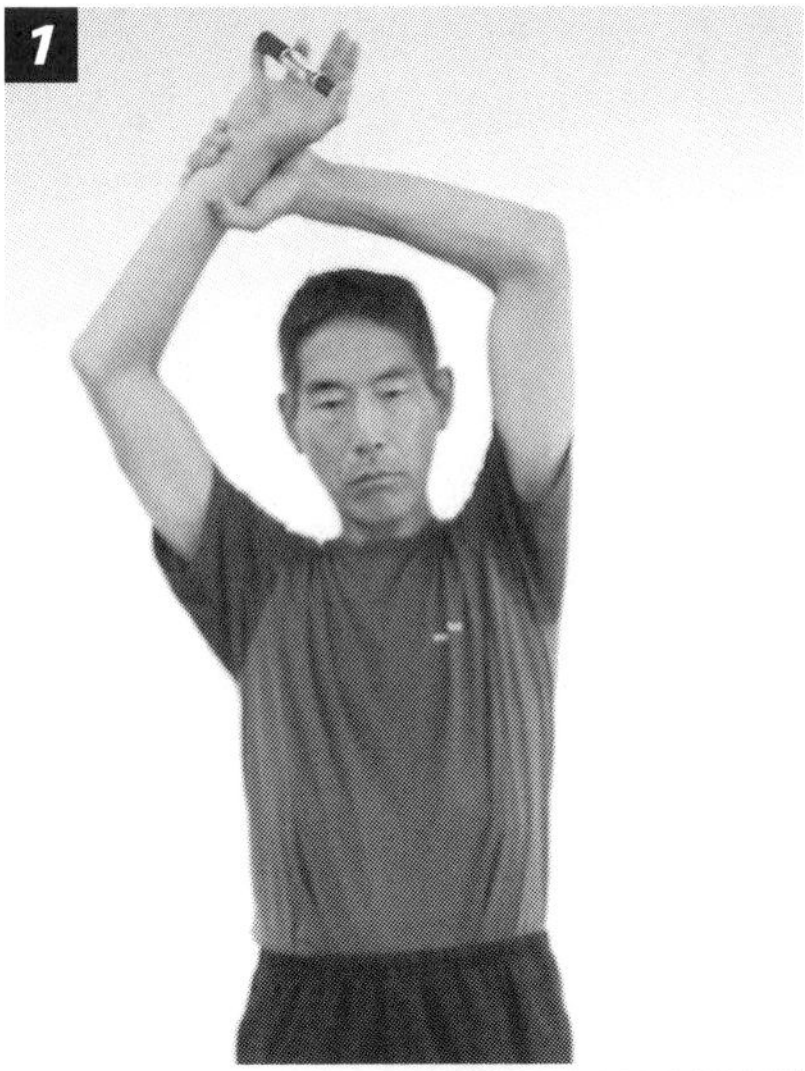

2

振り幅こそ、マジックを持たない場合と大きな差がある訳ではないが、体幹から動いている、自然で全体的な動きになっている。

6 マジック合気上げ

座って手首を抑えつけられた状態。普通に握られたら、握られた箇所に意識が行き、硬直する。

マジックを持つ事で握られた箇所に意識が行かず、特に小指に意識が行き合気導入になる。マジックなしでは動かなかった相手の体が、マジックを持ってやると大きく動く。〝相手との繋がり〟も成立している!?

7 背中のどこが伸ばされているか？

脊椎靭帯の活性化は靭トレの大きな目標となるところだが、脊椎には思っている以上の長さがあり、なかなか一様にアプローチが及ぶものではない。まずは3種の前屈で、それぞれ伸ばされるところが違っている事を感じる。

脊椎下部

立った状態から上体を前に倒す前屈では、脊椎下部が伸ばされている。

脊椎中部

足を伸ばして座った状態から上体を前に倒す前屈では、脊椎中部が伸ばされている。

脊椎上部

寝た状態から足を頭の方向に持ち上げていく前屈では、脊椎上部が伸ばされている。

8 首と肩の間を繋げる

前転による自重刺激で首と肩の間を繋げる。

左肩を着いて右肩に抜けるように、右肩をついて左肩に抜けるように前転する。

後転から始め、後転の途中で足が着いたらすぐに前転で戻る。慣れてくると後転の方が楽だと感じてきたら正解。

1

2

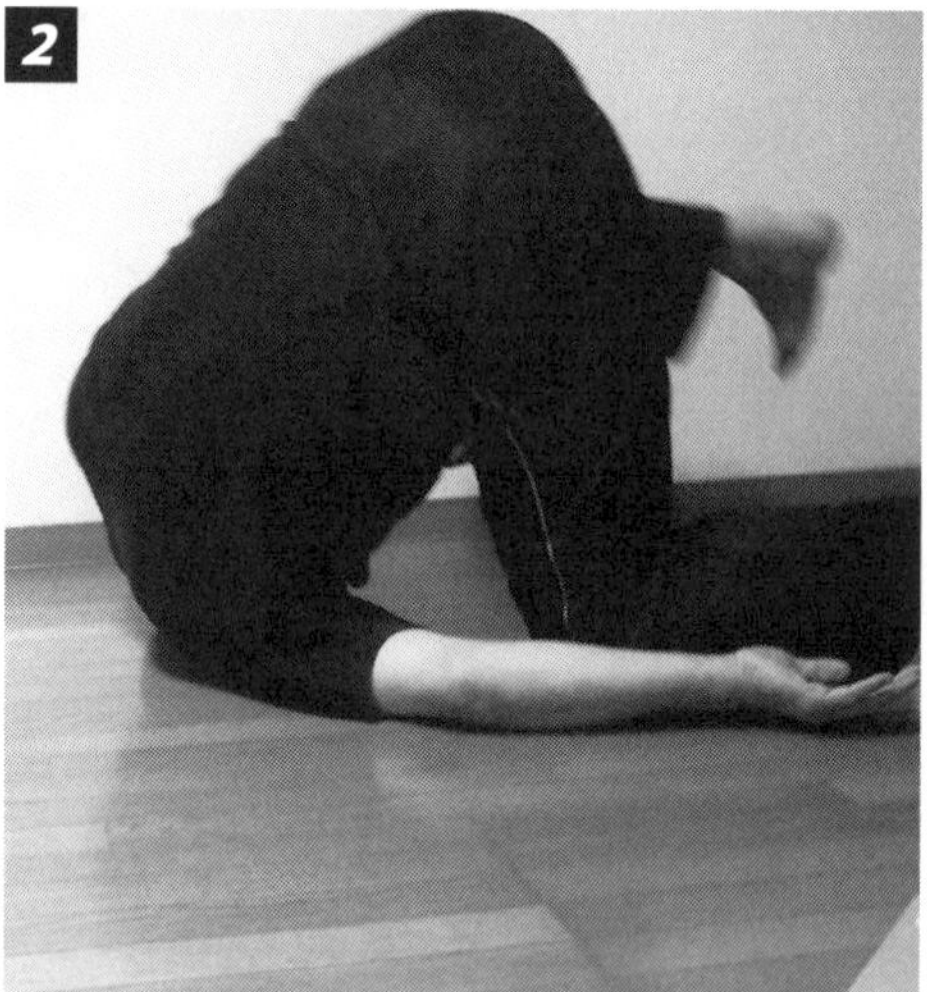

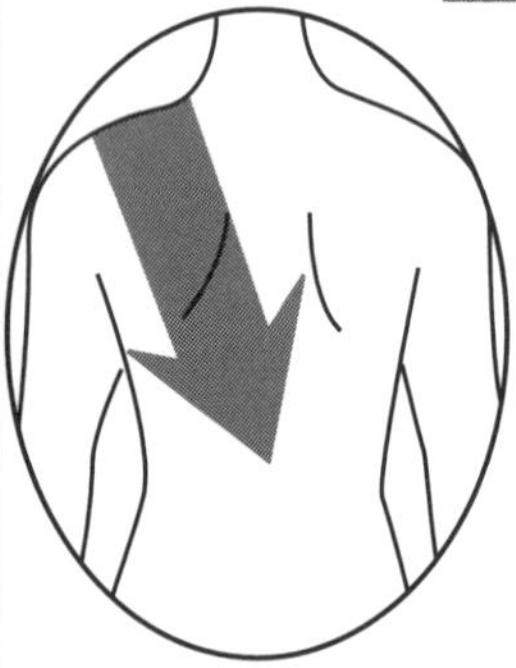

3

4

9 おしり歩き（足底を圧する）

1

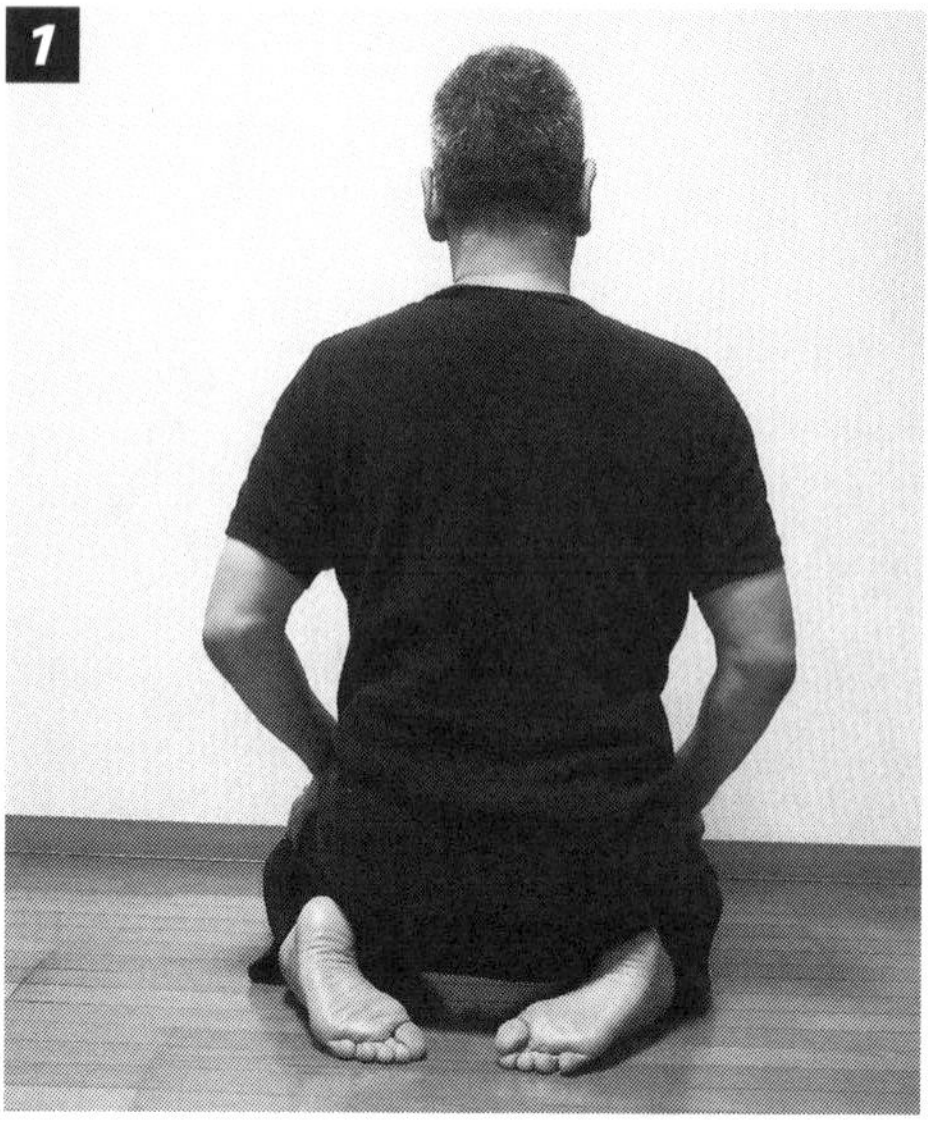

おしりを落として正座。ただし完全に床におしりが落ちて「お姉さん座り」にならないように。

2

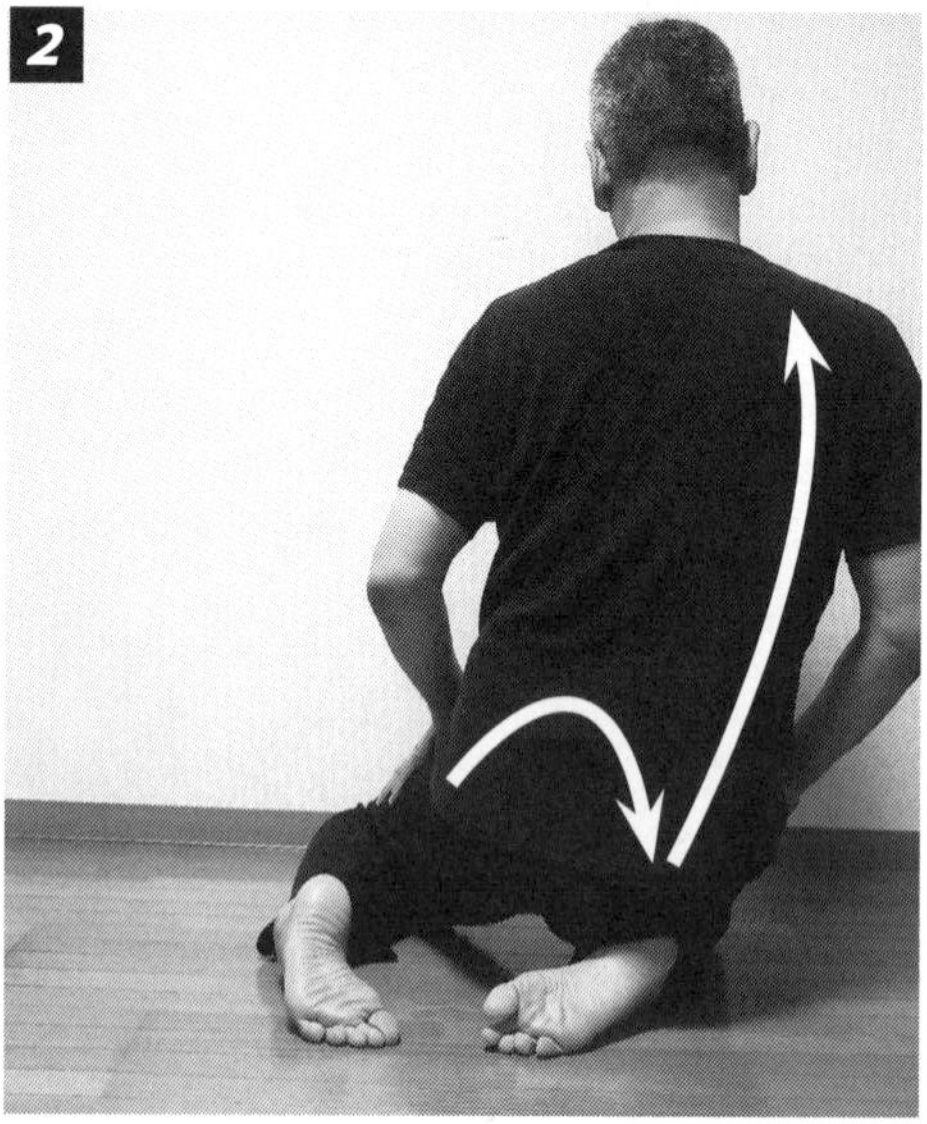

右の足底をつぶすように体重を乗せると、重心の移動により脛もしくは膝に支点ができ、体の張りが傾きながら作られる。

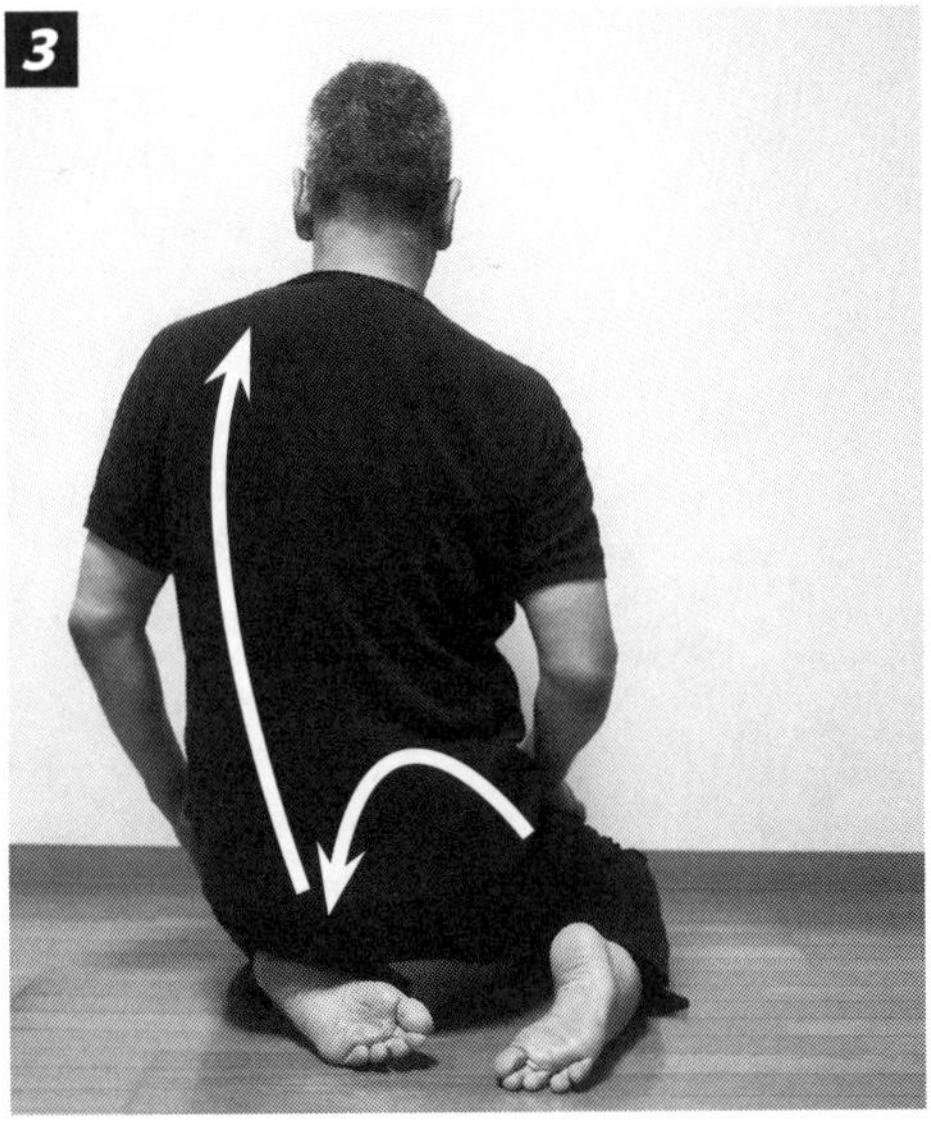

3

左の足底をつぶすように体重を乗せる。この運動は左右足底腱膜への刺激となり、全身の連動の大きな手がかりとなる。

手を張るか輪ゴムを着けるとより効果を感じられる。

10 足の甲を柔らかくする

1

足底腱膜を刺激する運動。
足親指を重ねた正座から後ろに手を着き、足の甲に重さを乗せ続けていく。

2

右足に体重を乗せていく。

右足に体重を乗せる事によって左膝が浮く。
右に傾いた場合は、左手を張るとさらに上昇する。
左手の手掌腱膜を張ると上昇を止めるが、背中の靭帯を発動させるのには必要。

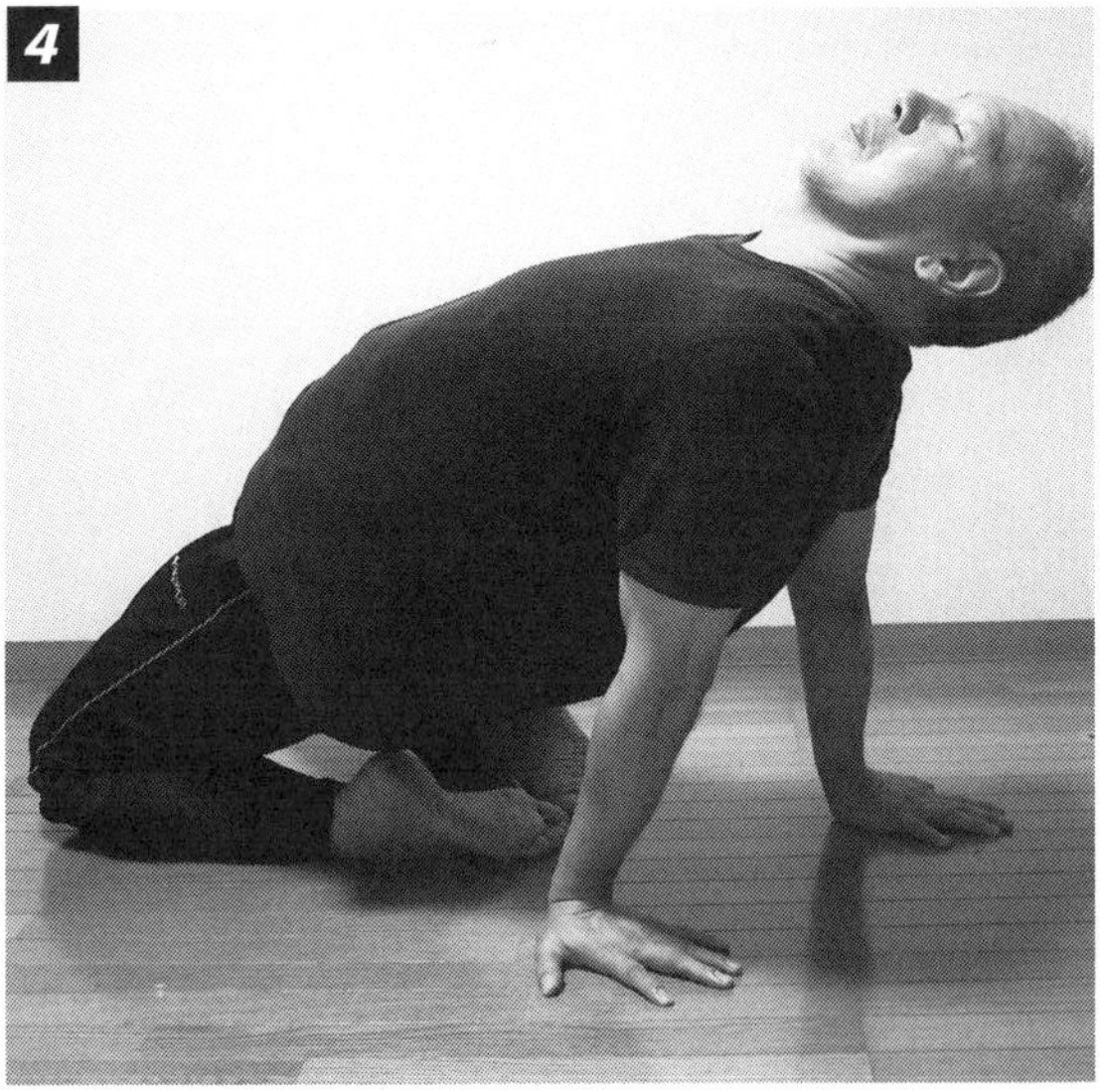

左足に体重を乗せ変えて同様に。
手を張るか輪ゴムを着けるとより効果を感じられる。

11 床の押し方と力の方向

正座した状態から、接地している「足の甲」「脛」「膝」と順に床に押しこむようにして、それによって体に返ってくる力の方向の違いを感じる。

足の甲で押しこむ

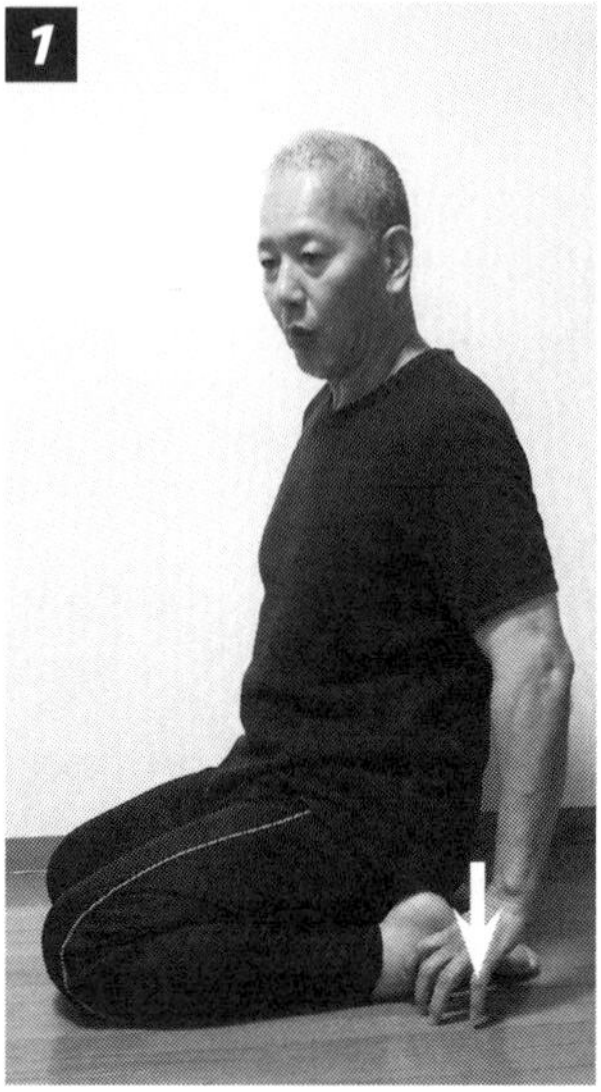

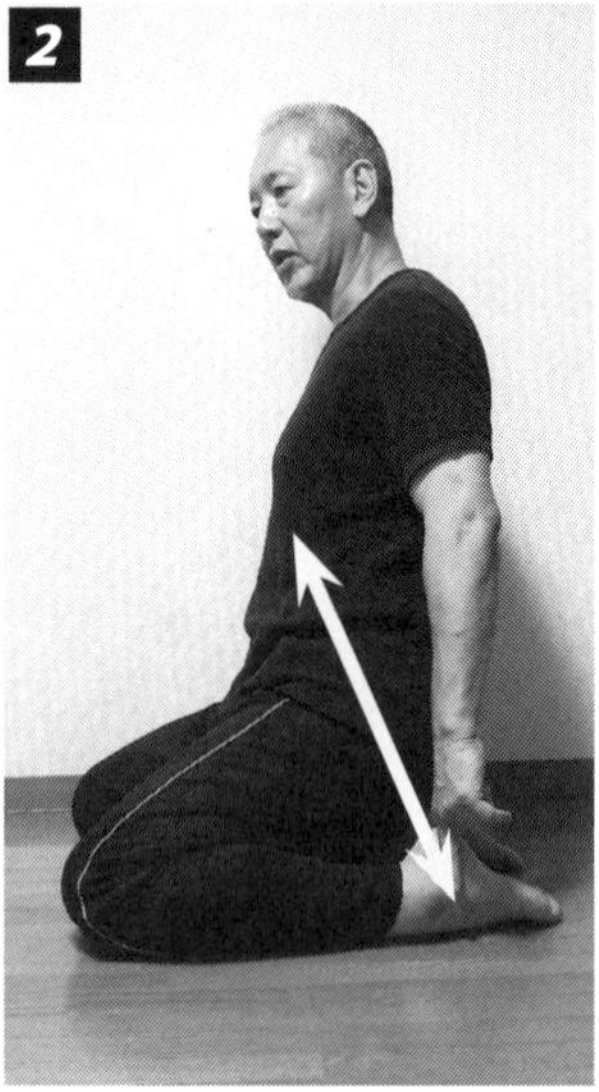

脛で押しこむ

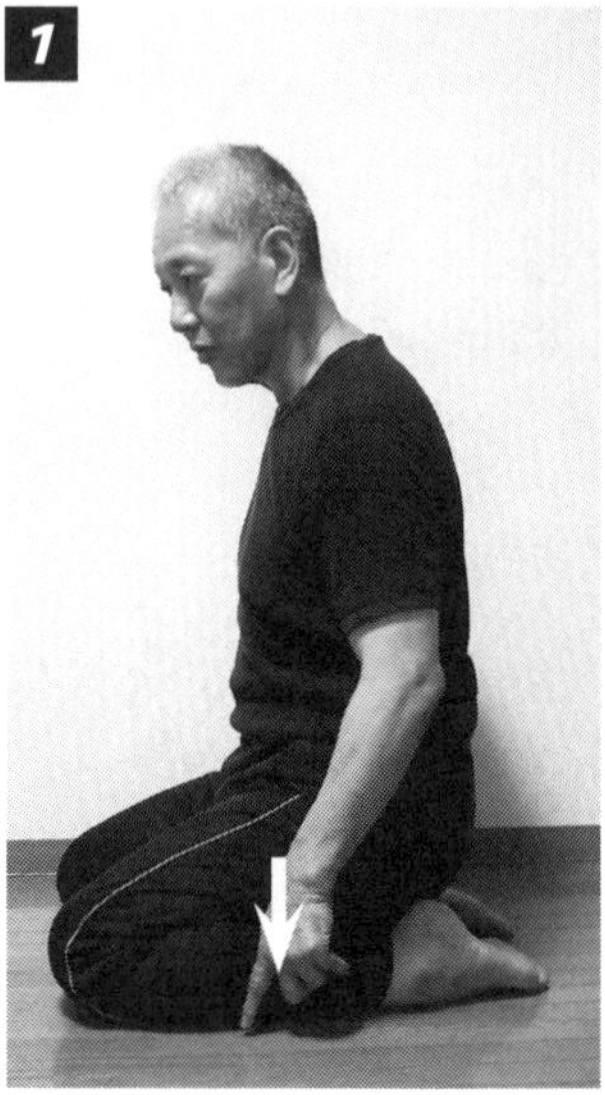

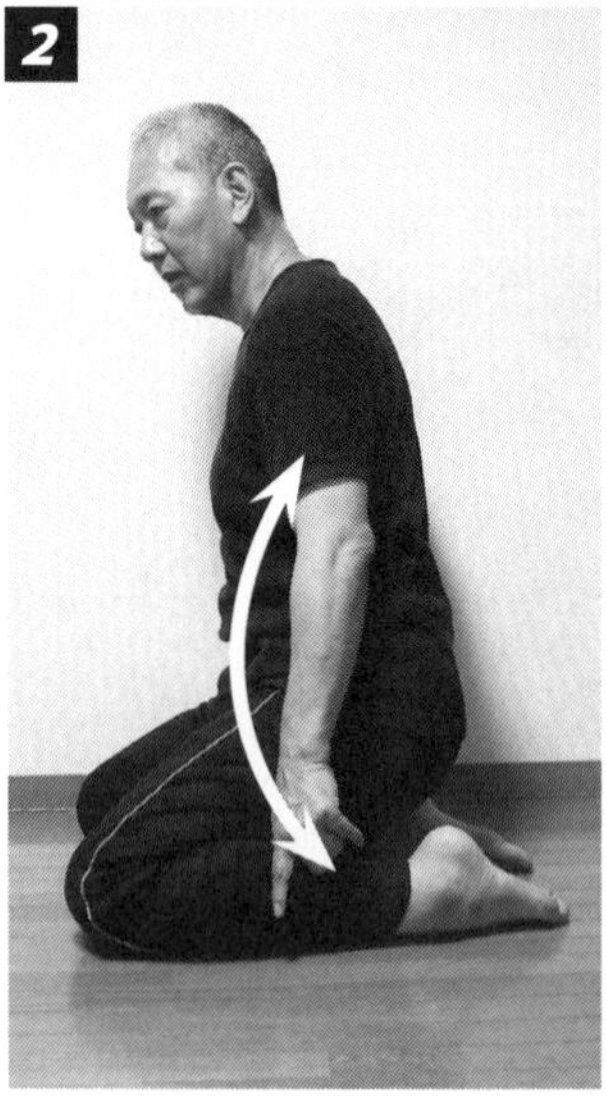

膝で押しこむ

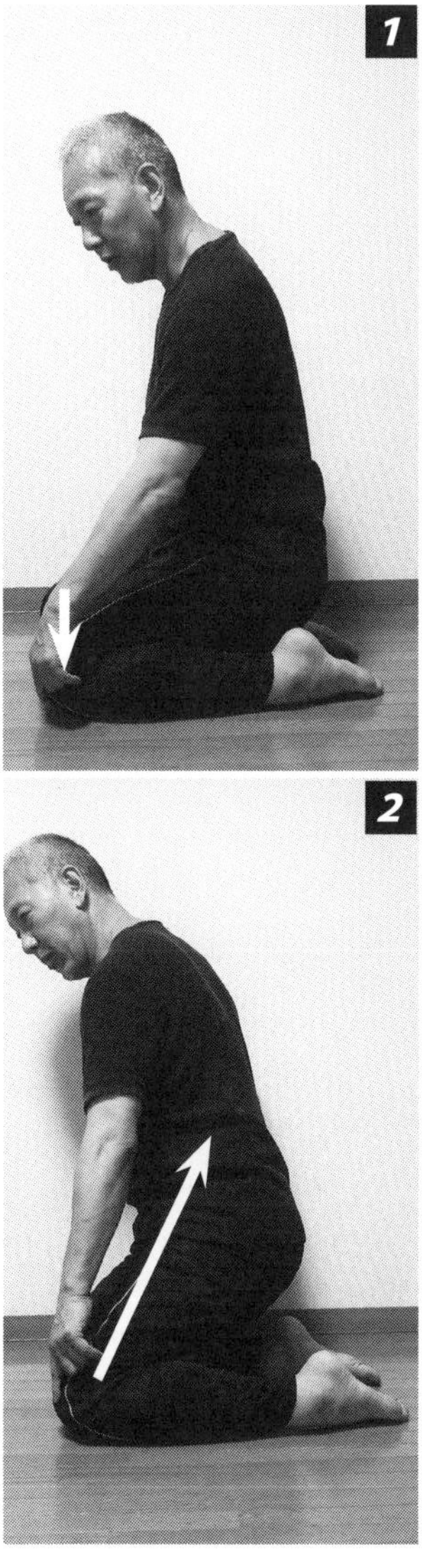

「脛で押しこむ」のコツ

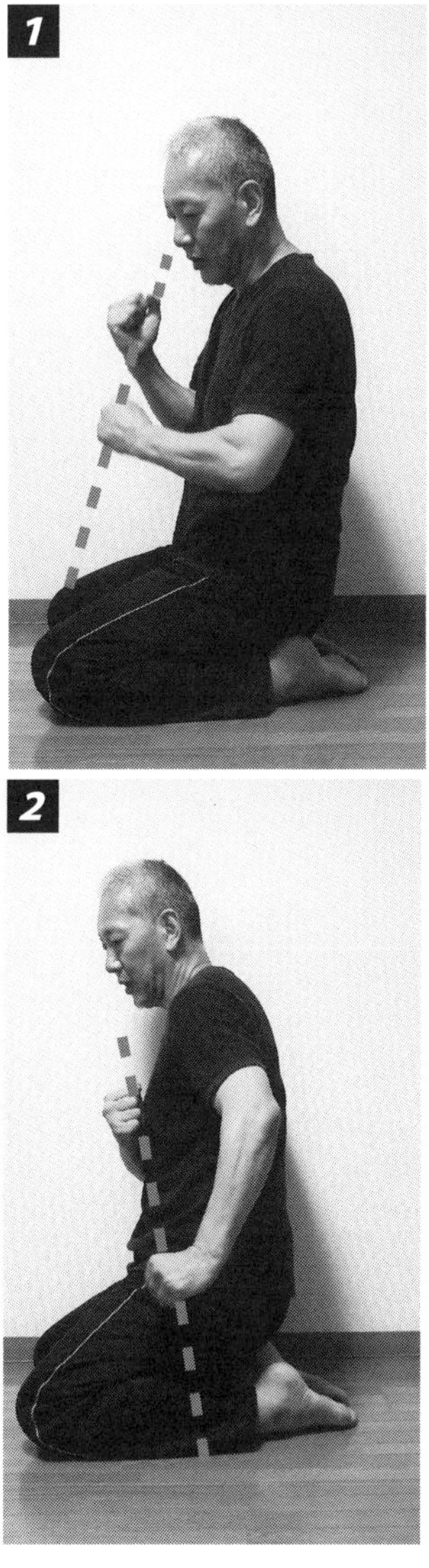

脛はピンポイントに効かせるのが難しいので、写真のようにサオを持ってそれを体の側に刺すようなイメージで行うと上手くいく。

12 背骨を床に押し付ける

胸椎→腰椎

全身連動に備え、その要である脊椎を、活性的な状態にしていく。１２３の順で脊椎を床に着かせていく。

臀部と足裏が床へ押し付けられる感覚が得られたら、連動が成功している。

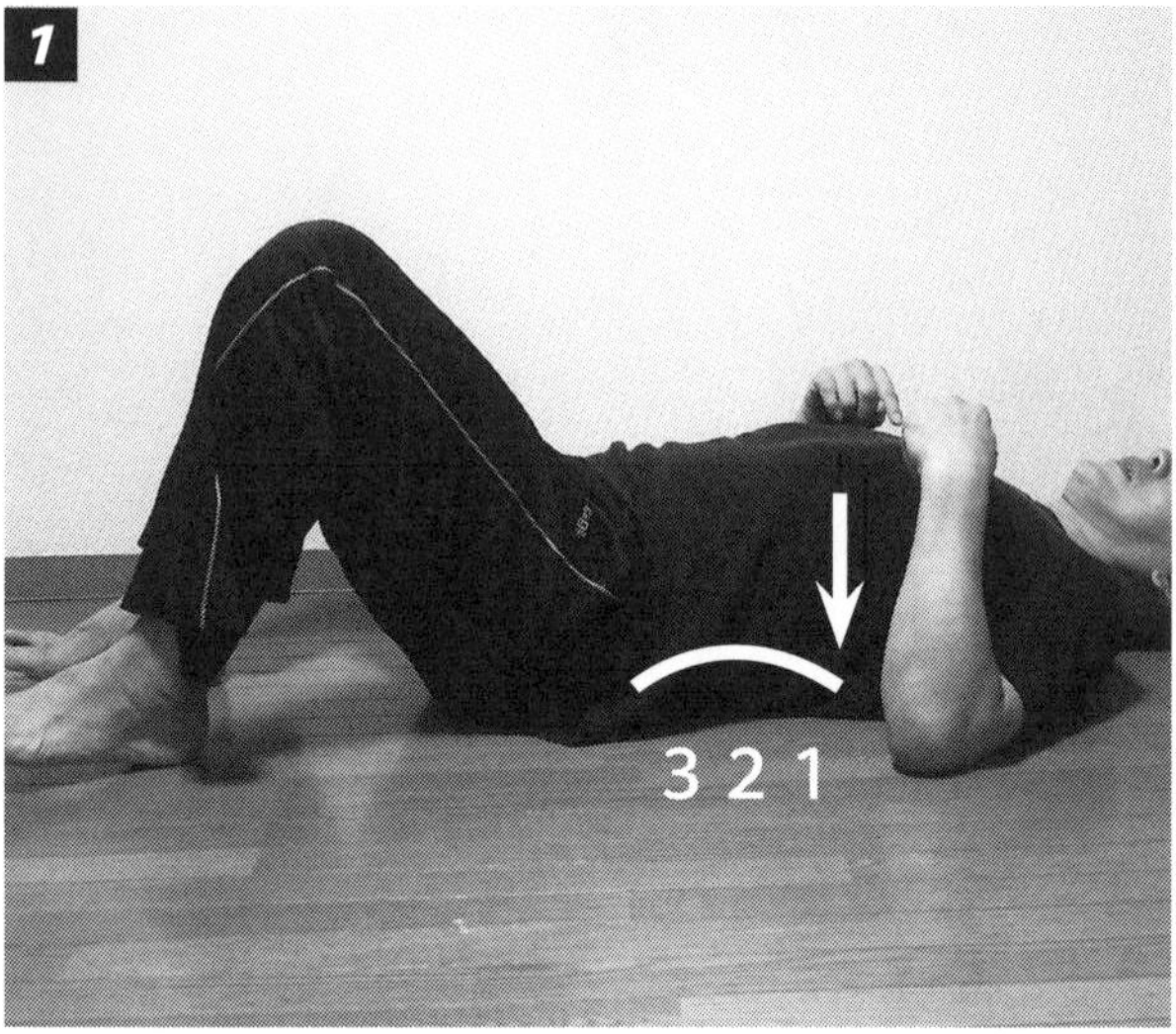

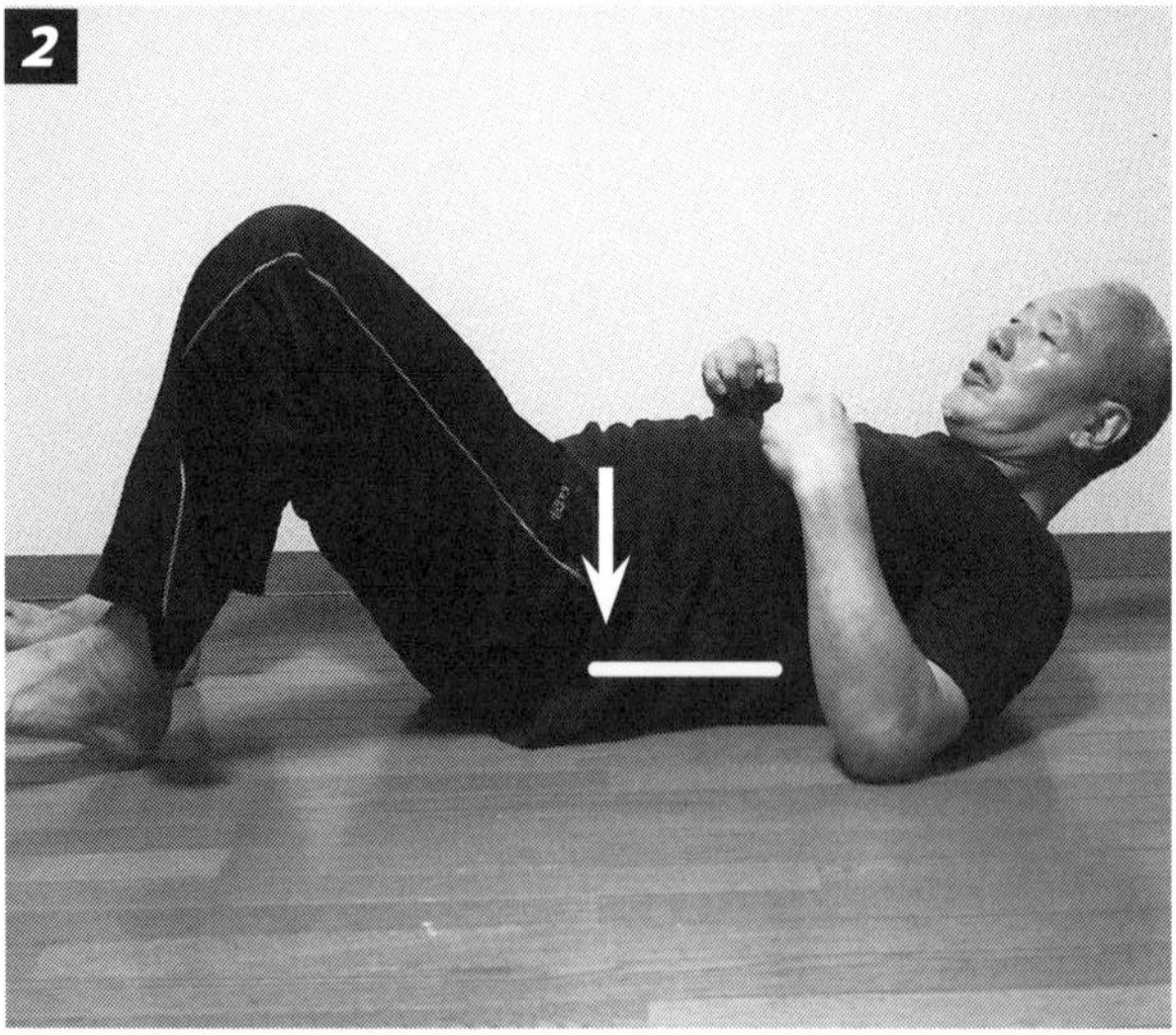

腰椎→胸椎

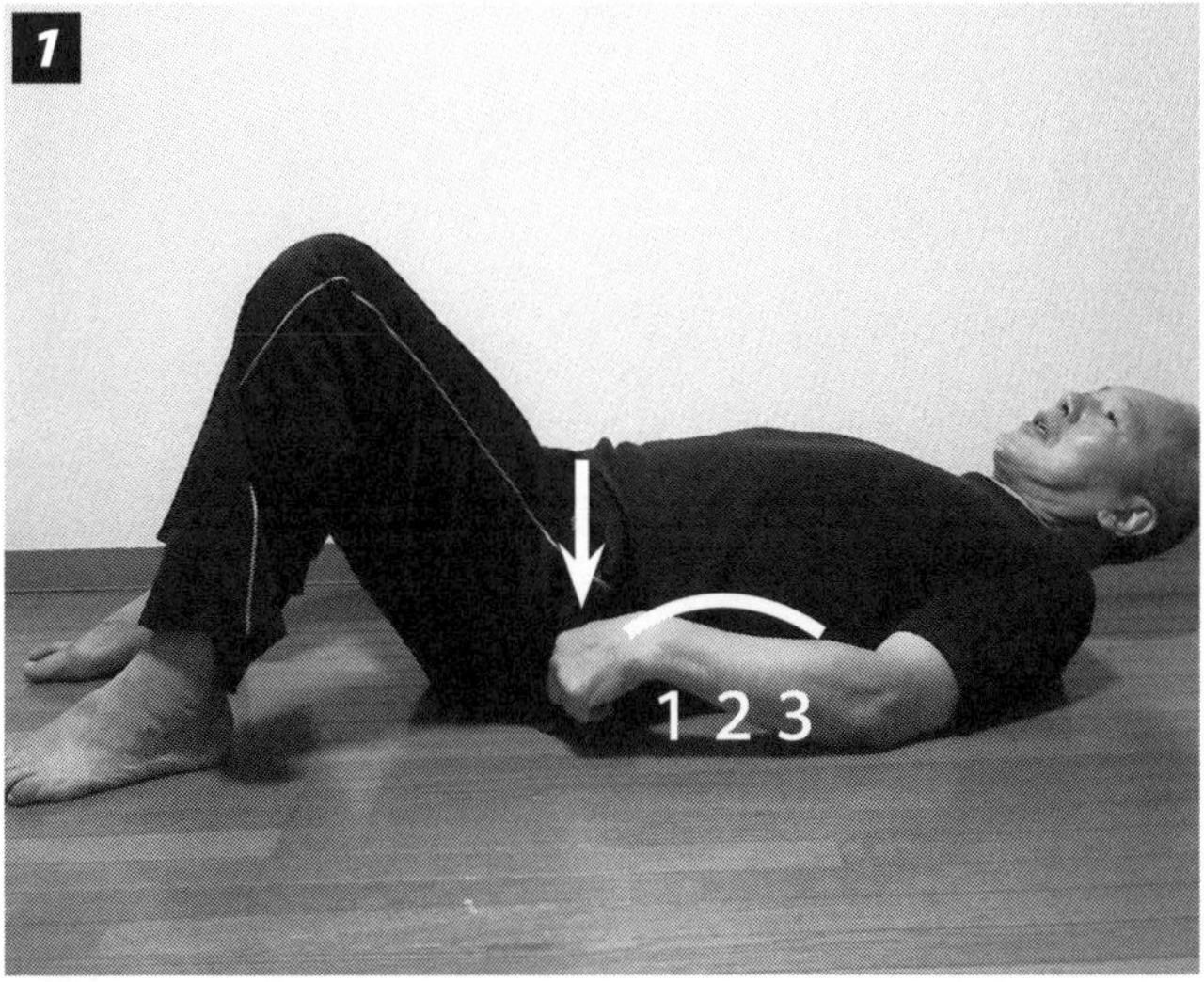

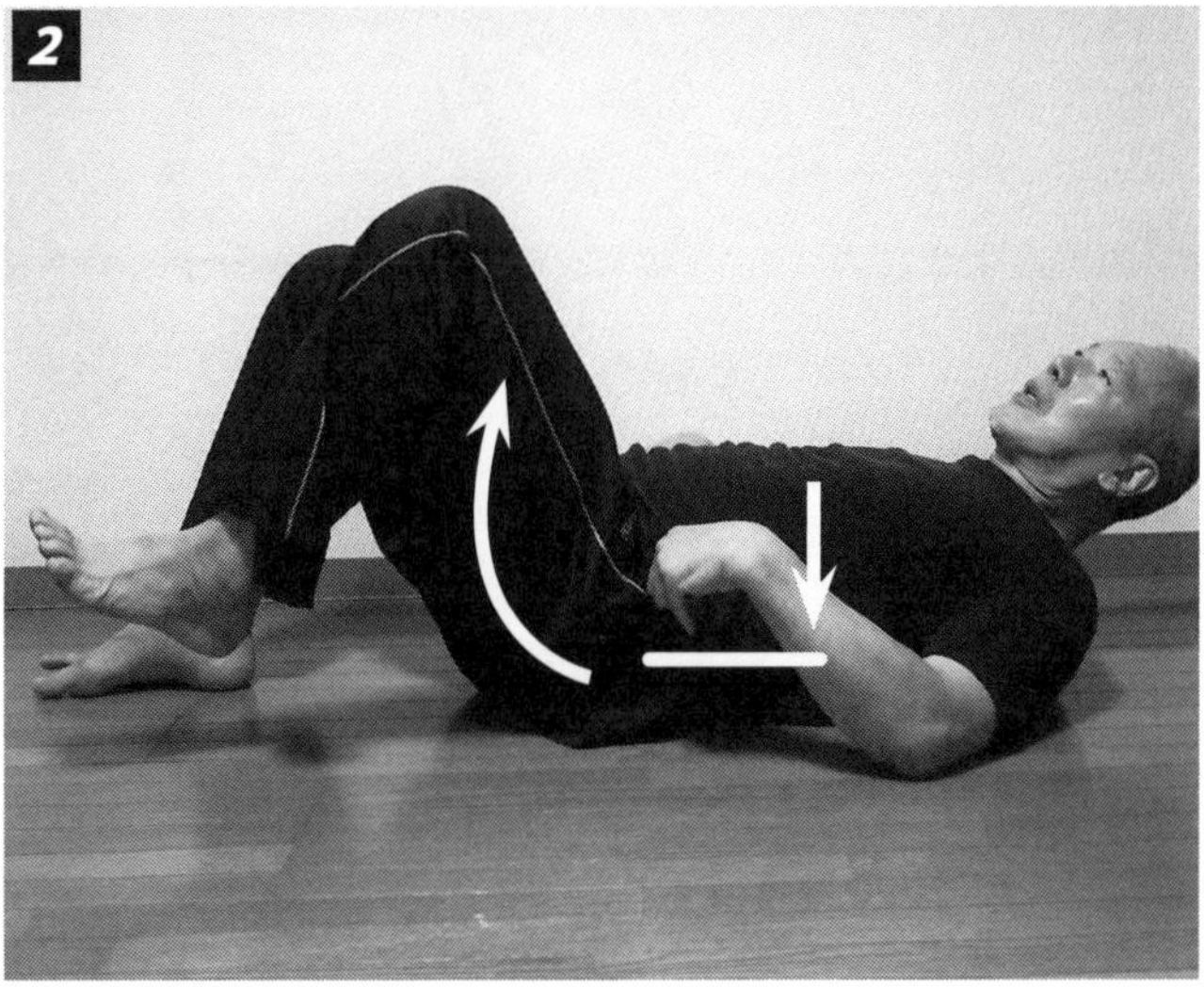

腰椎から胸椎へ123の順番で脊椎を床に着けていく。臀部と頭部が巻き上げられ片足だけが床から浮き上がるような感覚が得られたら、連動が成功している。

13 仙腸関節を動かす（上体と下体の結節点）

骨盤における仙腸関節（仙骨と腸骨の間）は実質的に上体と下体を繋ぐ結節点になっている。よってここの活性化は全身連動に大きく関わってくる。

俯せで膝から下を立て、足首を回すようにする事で、連動的に仙腸関節を動かしていく。

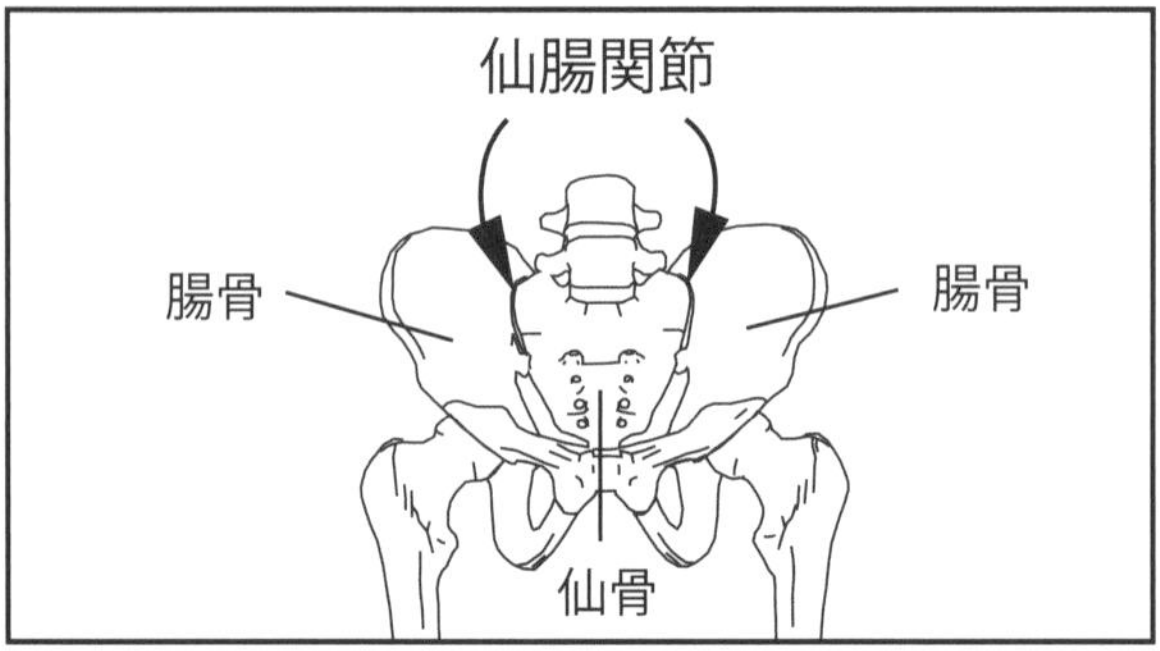

開く

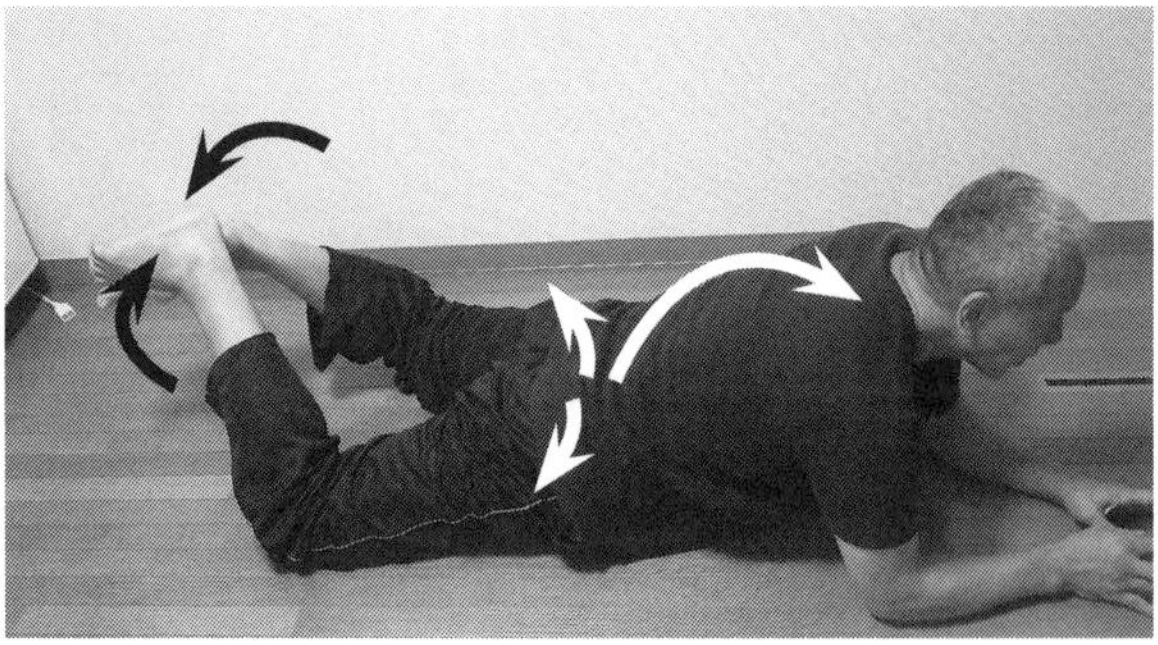

締める

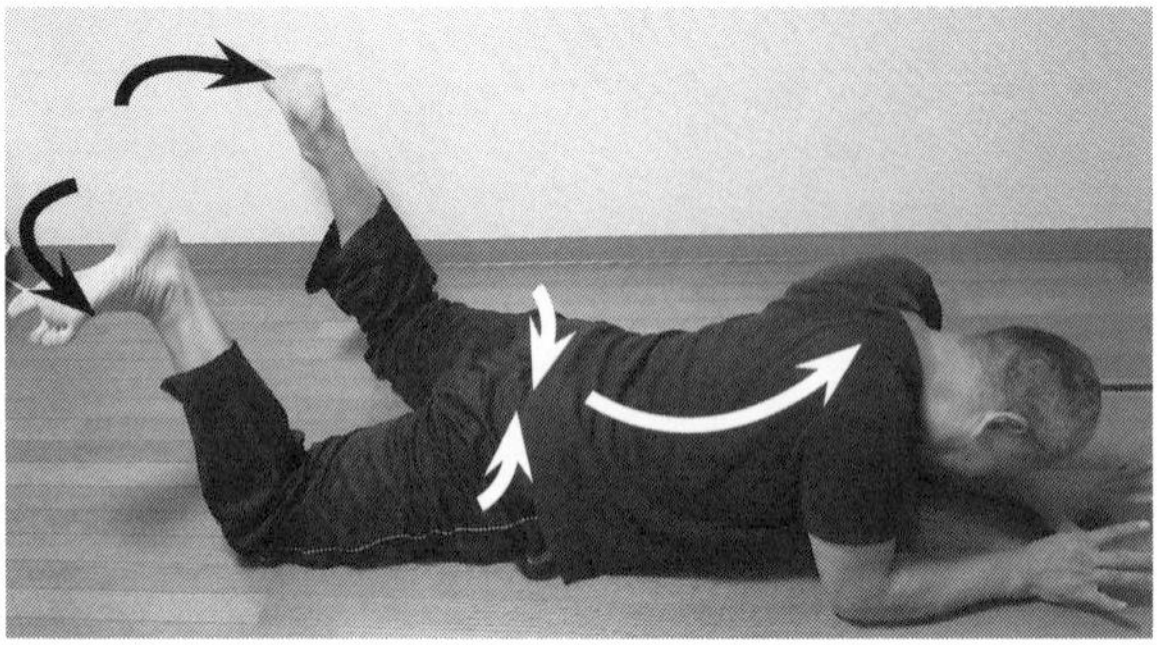

左右足同方向に

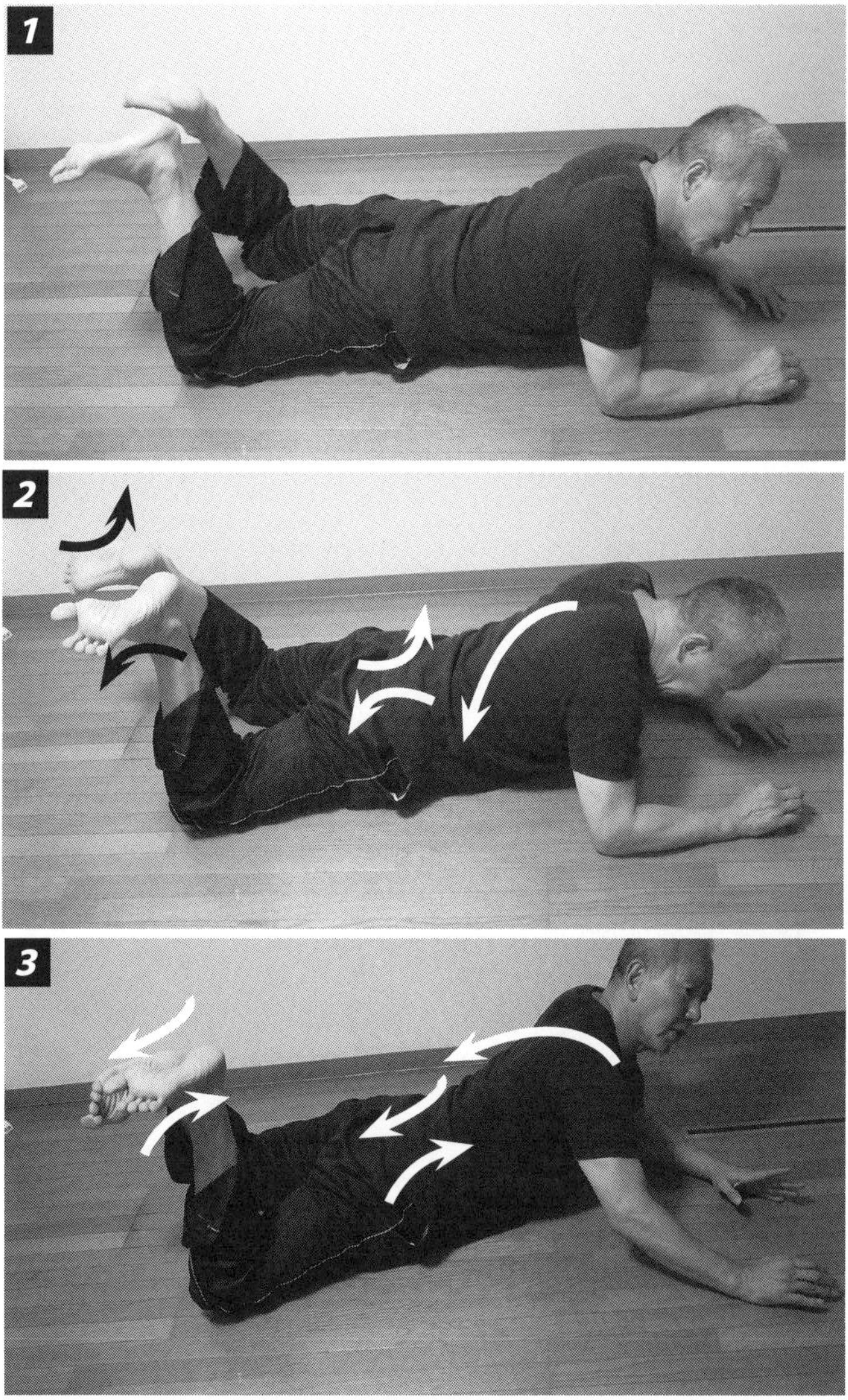

14 肩と骨盤のリンク①（下肩下げ↓下骨盤上げ）

横向きに寝て、骨盤の上げ下げ、肩の上げ下げを組み合わせ、どのような動きが生成されるかを体感する。本ページからの写真群は、下側の肩を下げ、下側の骨盤を上げる、という事に。ゆりかごのように支点を感じられたら、靭帯発動に繋がる。

1

2

14 肩と骨盤のリンク②（下骨盤下げ↓下肩上げ）

今度は、下側の骨盤を下げ、下側の肩を上げる。

1

2

3

4

14 肩と骨盤のリンク③（上骨盤下げ↓上肩上げ）

今度は、上側の骨盤を下げ、上側の肩を上げる。

1

2

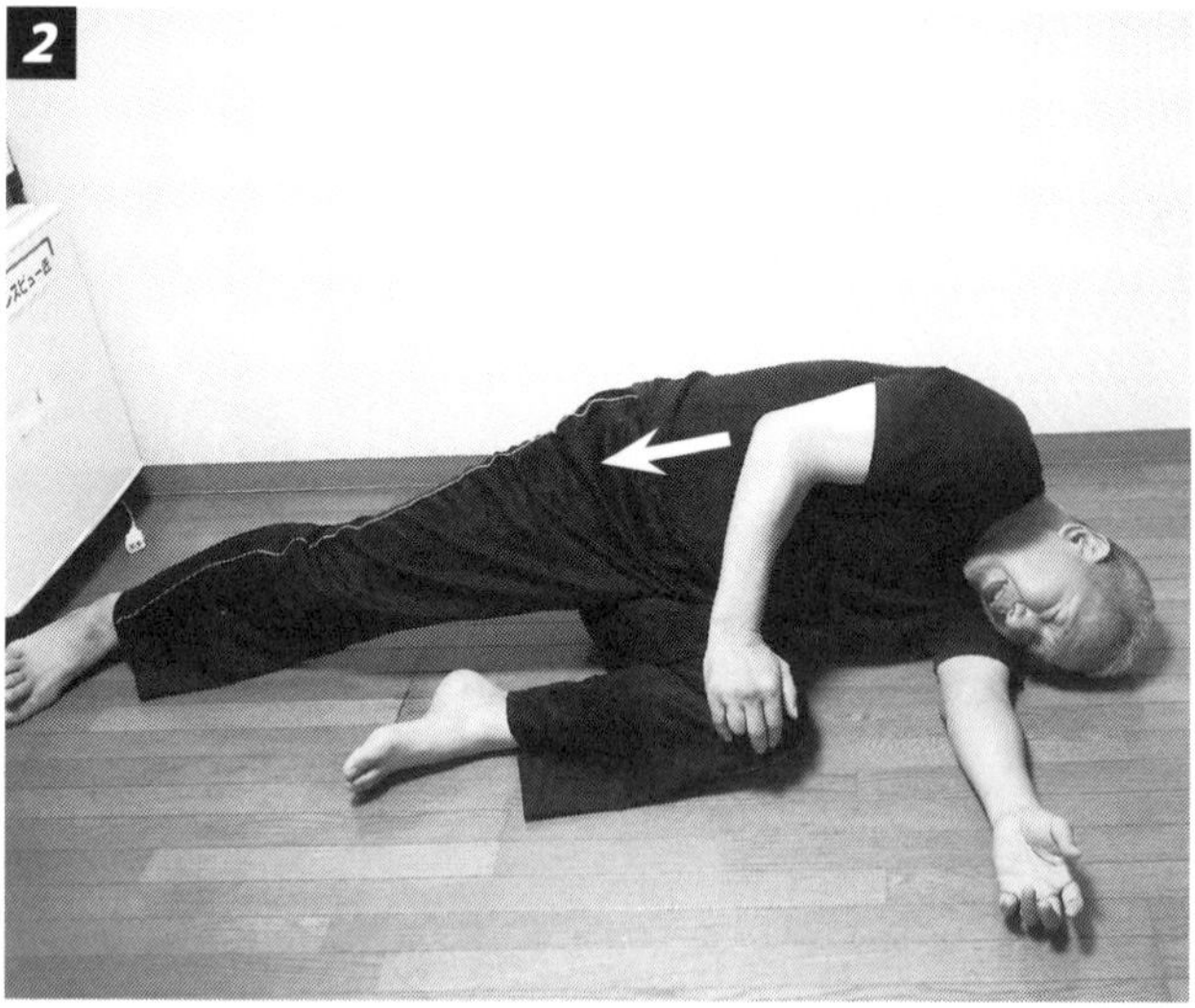

3

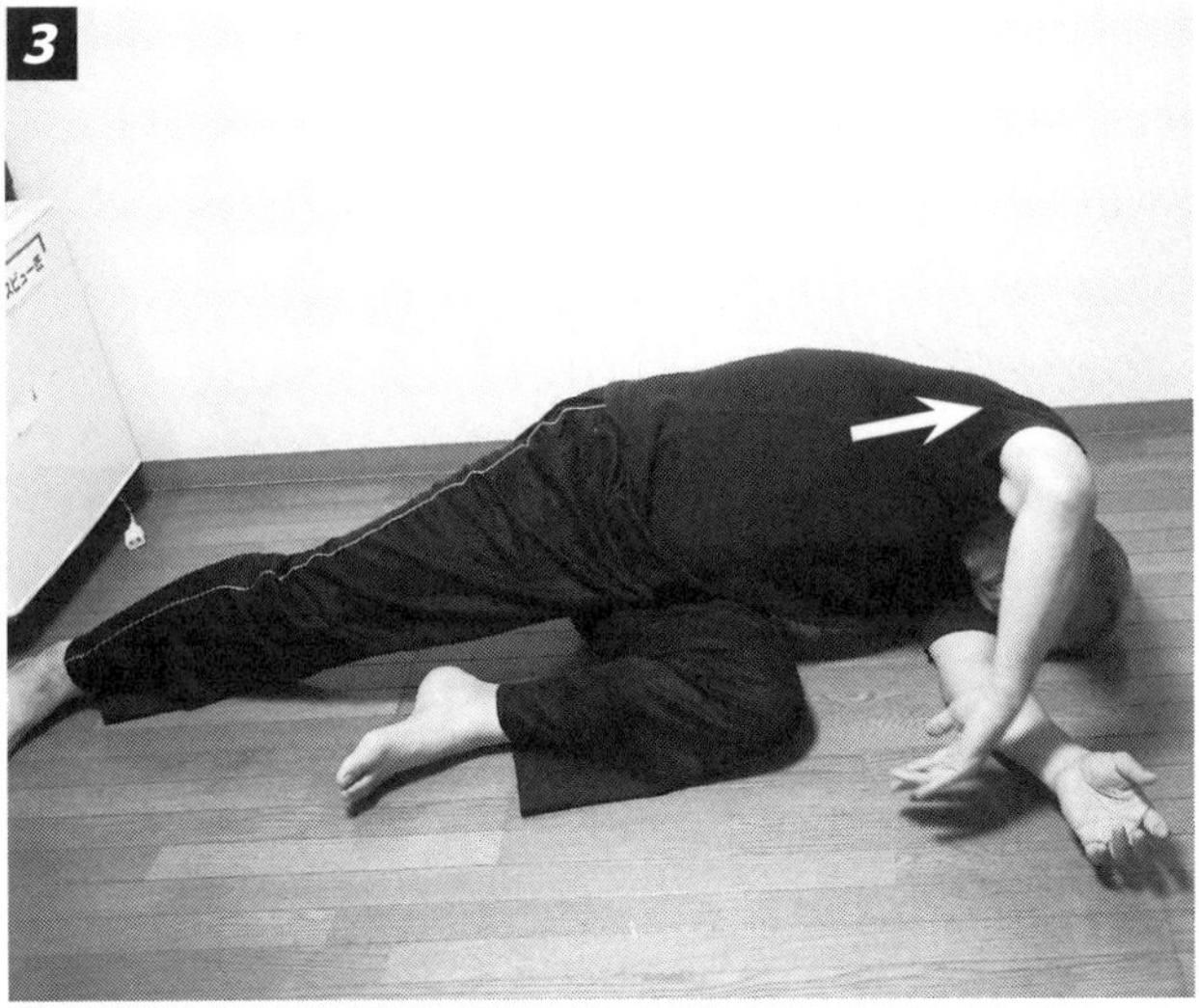

4

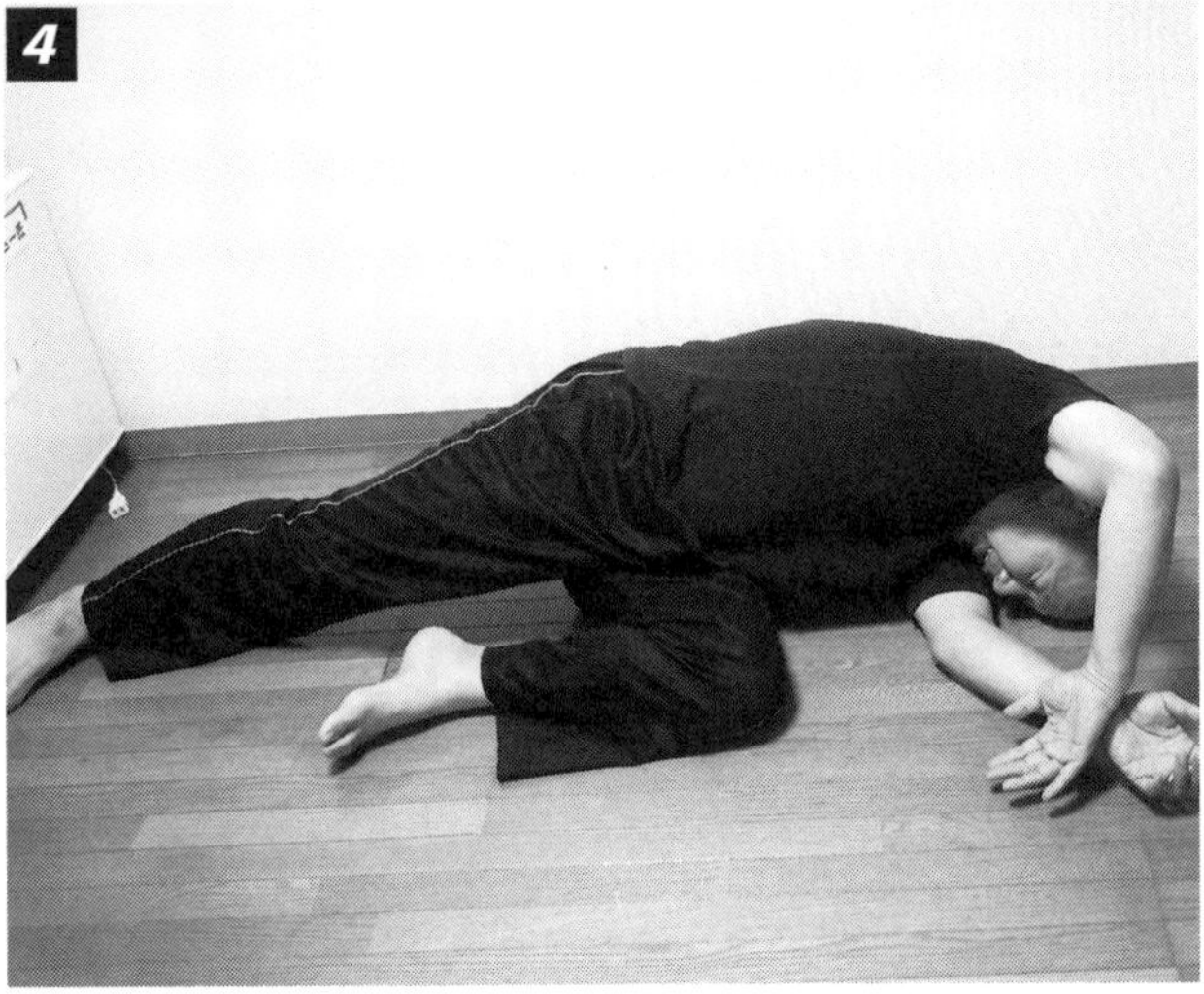

15

横寝から肘押し

横向きに寝て、肘をついて頭を支え、頸椎、胸椎のしなりのラインを感じた後、もう片方で手首を持ち、肘を前方に押し出す。しなっている頸椎、胸椎を前方に引きずり出す。下の腰に支点ができ、下半身は上半身と逆方向に反る。

1

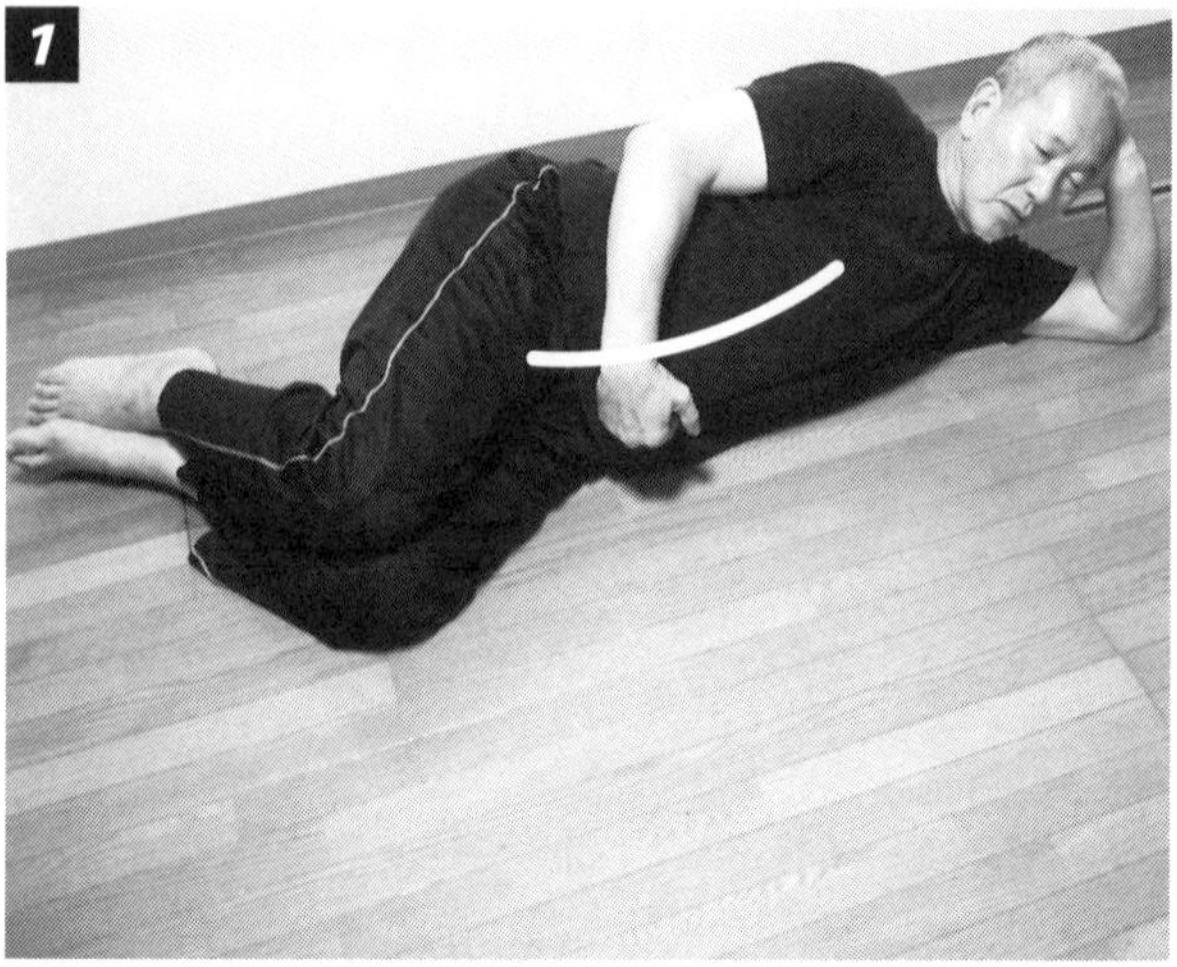

2

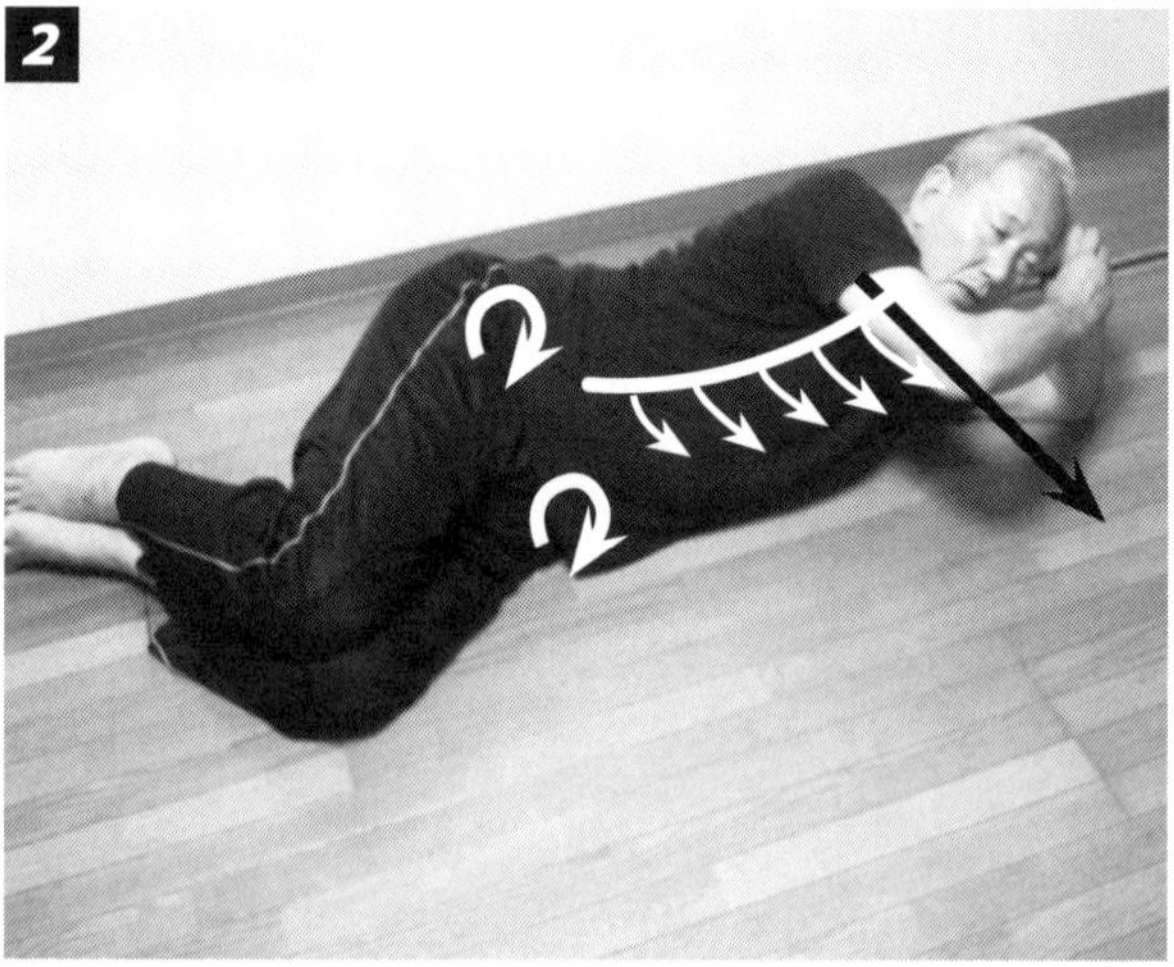

3

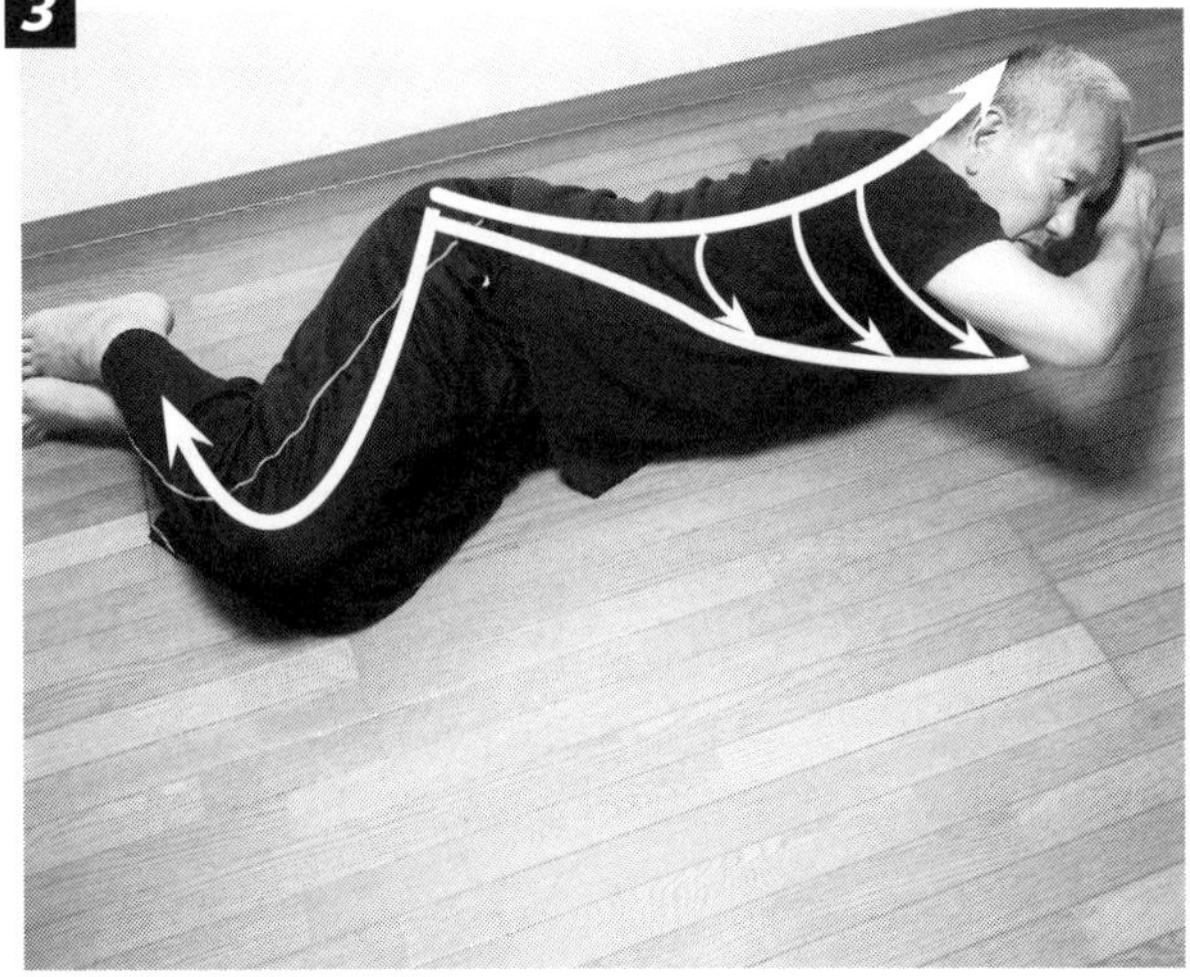

16 くるぶし上を押す

仰向けに寝て、片足のくるぶし上につま先を立てる。そのままつま先で押していくが、〝負ける動き〟によって胸が上がっていく。右足で左足を踏むのでなく、左足で右足を支える意識で実施し、腰の浮く感覚があれば正解。

1

2

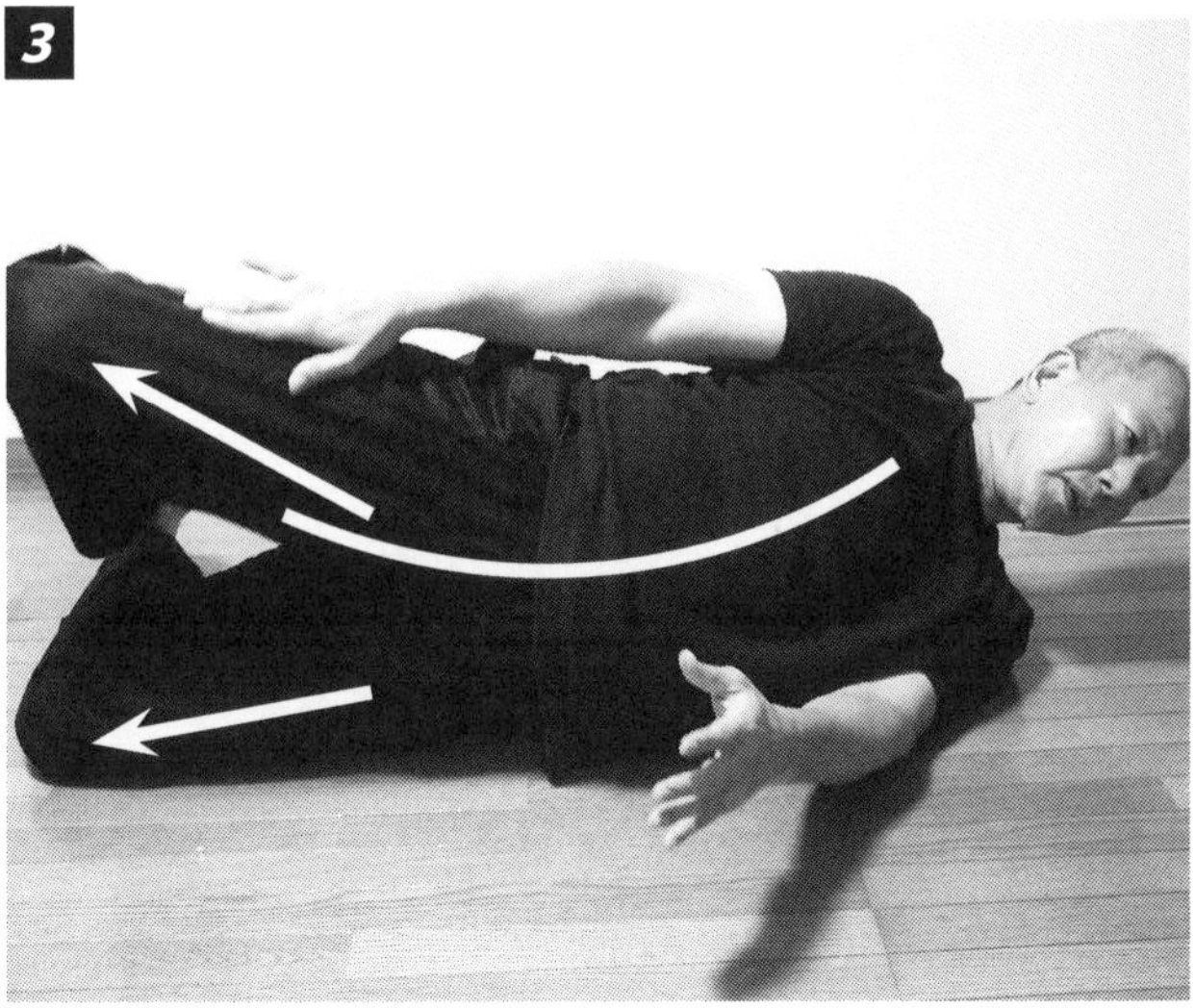

3 両足太腿から足先へ向かう力によって第３の力（反る力）が生まれる。

17 骨盤と脊椎の連動

前章（97ページ参照）同様に、横方向に筒が通っていてそれを回転させるイメージで、骨盤を前に回転させていく。その動きが脊椎に伝わり、上体が少し起き上がる。くるぶしが下の回転になり、足の甲が巻き込まれ、それによりつま先が上方に上がる感覚が出れば正解。靭帯が発動されている。

1

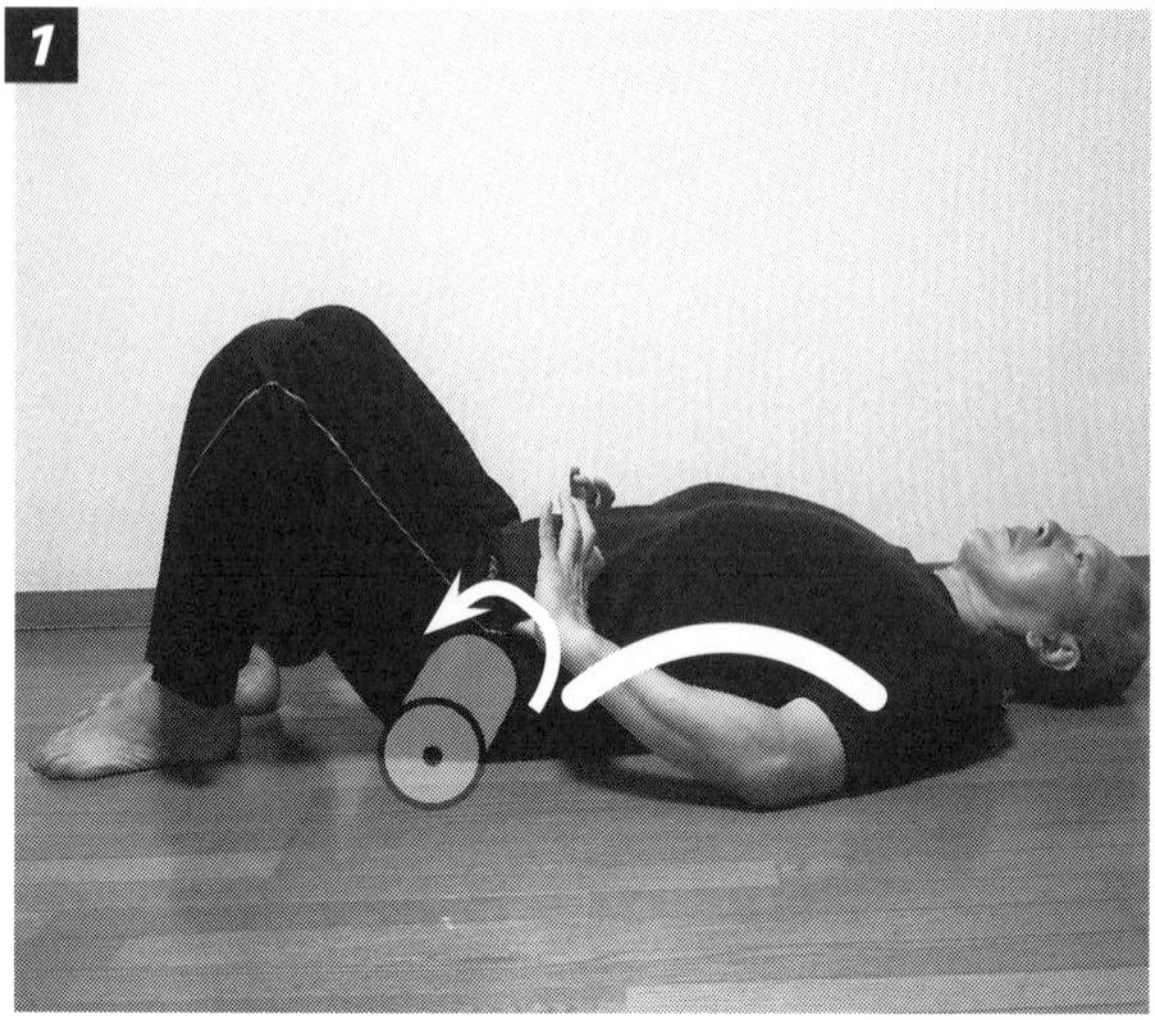

2

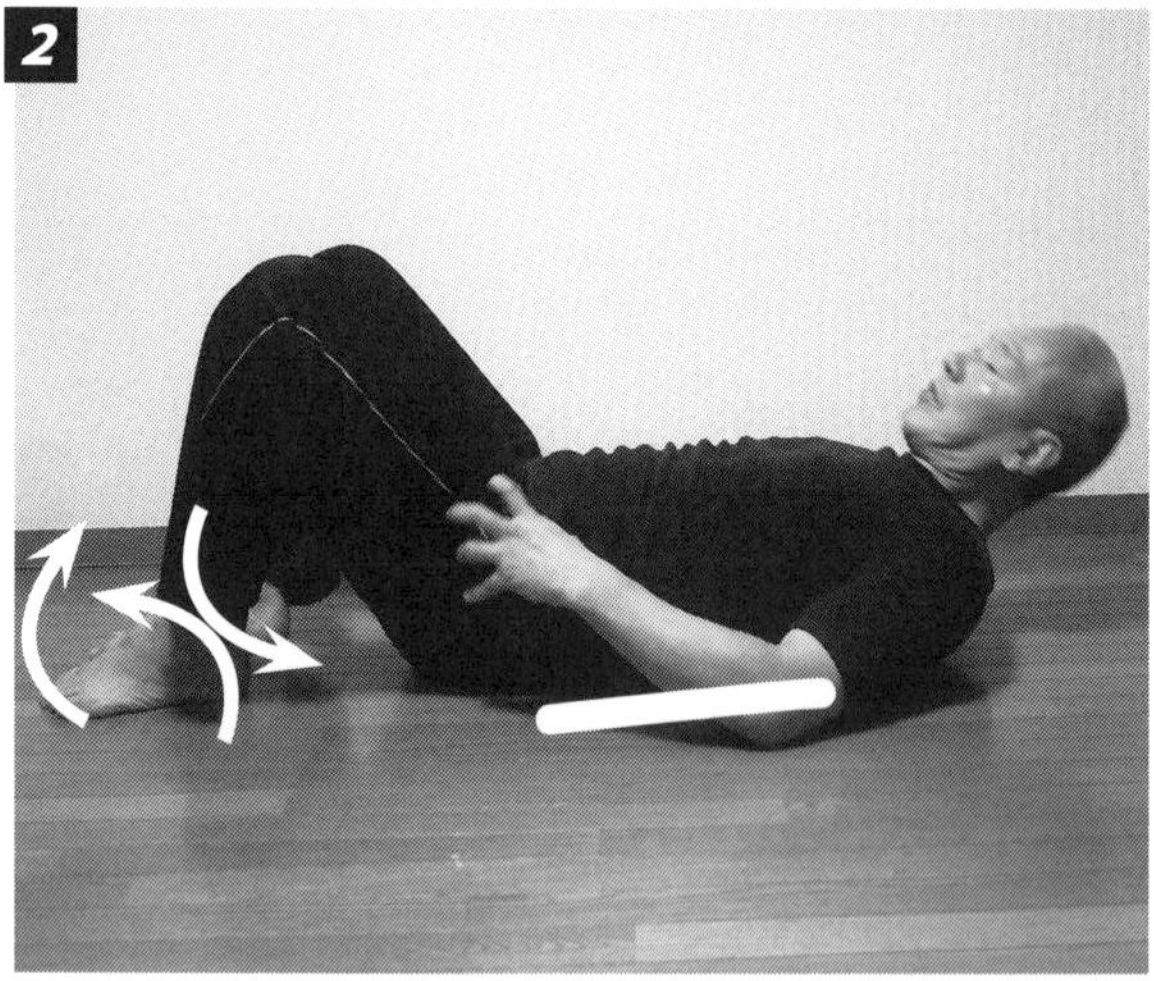

3

18 頭を肩に近づける

膝を曲げて仰向けに寝た状態から、頭を片手で抱え、肩に近づけていく。「肩を頭に近づける」だと肩だけ上げる操作になりがちだが、頭から脊椎の連動により、全身に動きが生まれてくる。

1

2

支点ができ、上方と下方にゆりかごの反りができる。

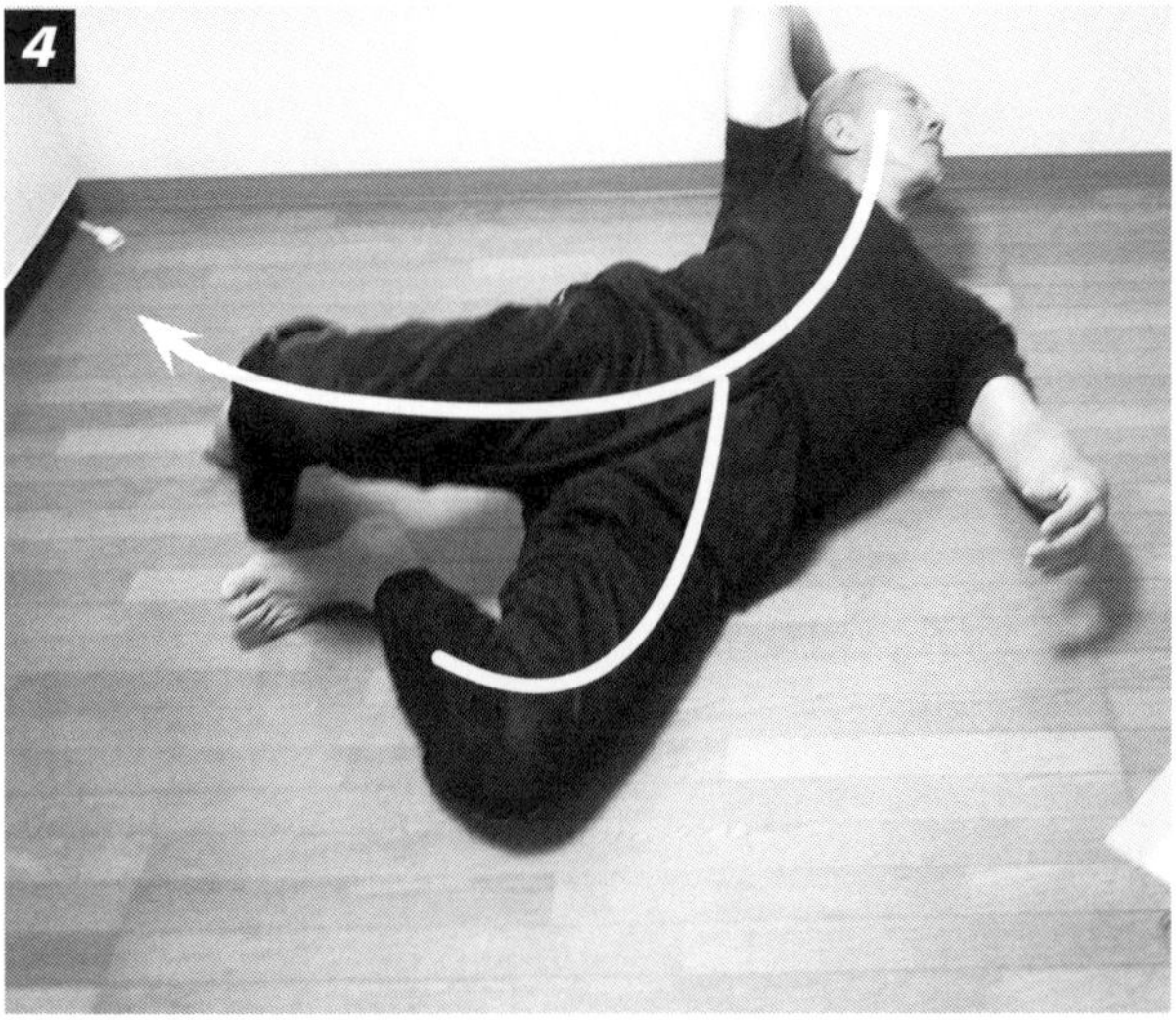

19 肩甲骨～胸椎～脊椎全体を動かす

俯せで両肘を着いて顎を乗せる。膝から下は楽にして浮かす。この状態から左右の肩甲骨を前方に出していく。出した側の腰に体重が乗り、自然と胸椎が動き、脊椎全体の運動が起こる。

1

2

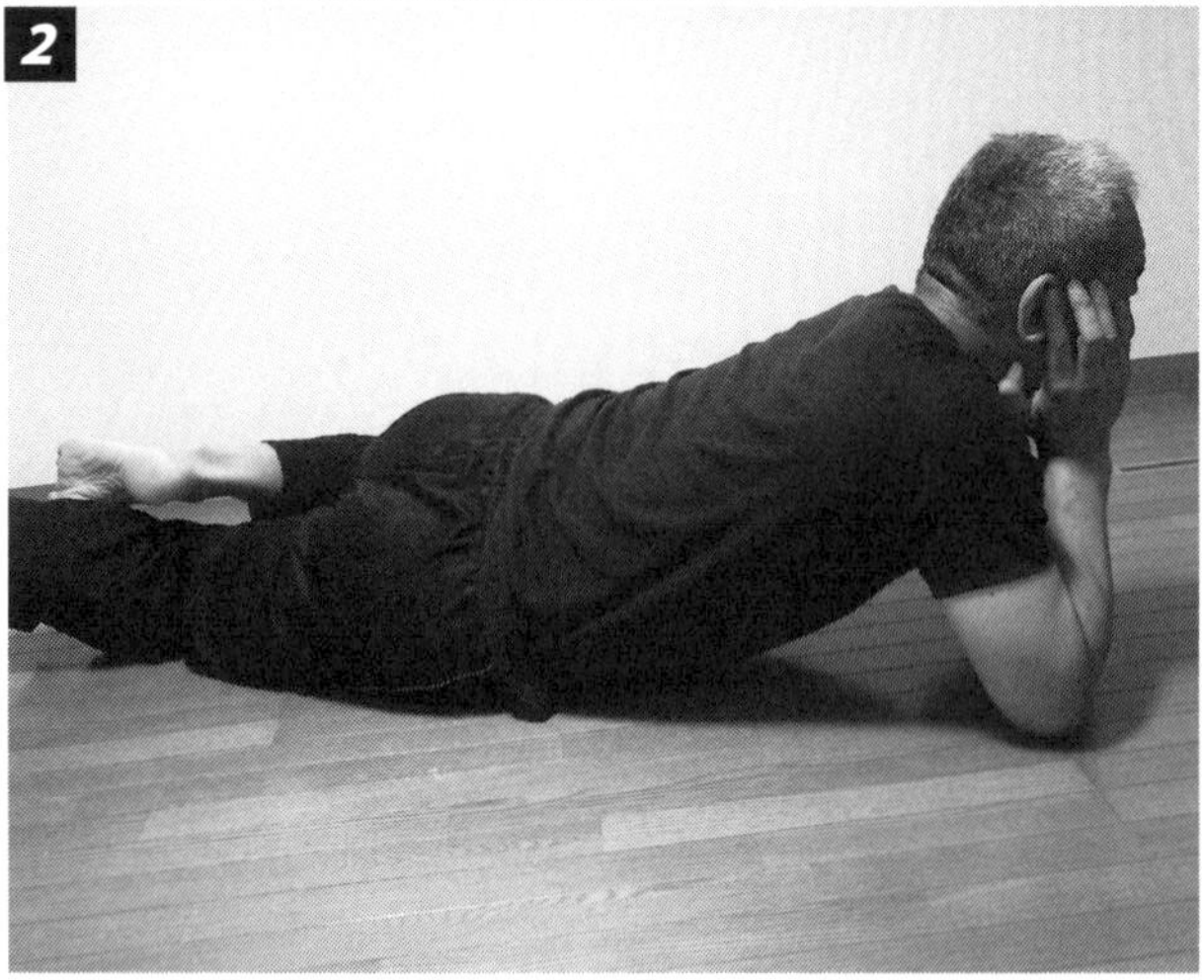

20 足先から動く（足指じゃんけん）①

膝を曲げて座った状態から、足指じゃんけんで言うところの「チョキ」（親指と四指を思いっきり逆方向にする。2種あり）の形を作る。左足を親指下に、右足を親指上に、という方向にすると、それぞれの足に親指方向に向かう捻りの動きが生まれ、結果、左右足の捻りは同方向となり、体幹を捻る動きになっていく。

「チョキ」から起こる捻りの動き

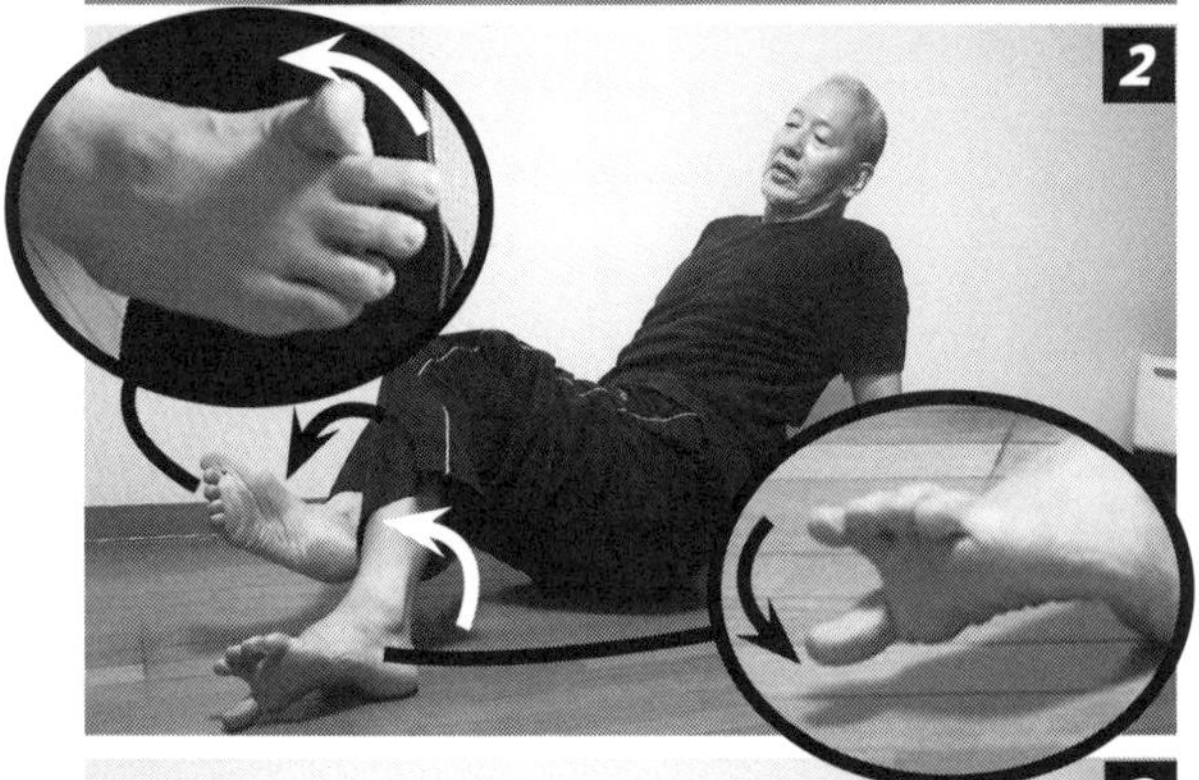

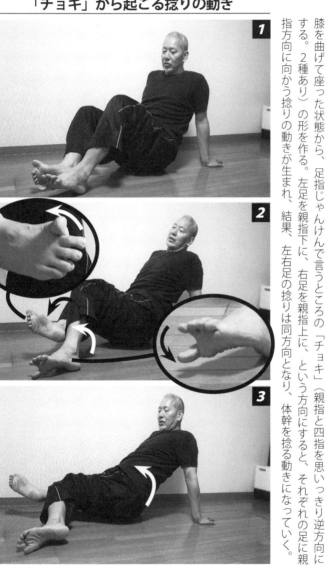

『グー」から起こる丸まる動き

全指を内に丸める「グー」を両足で作ると、どちらかの坐骨に支点ができ、脊椎も丸まろうとする。

1
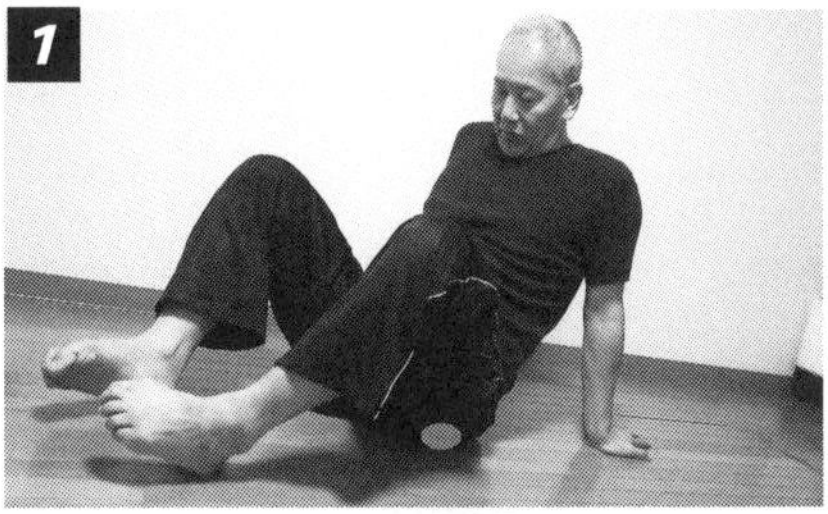
2
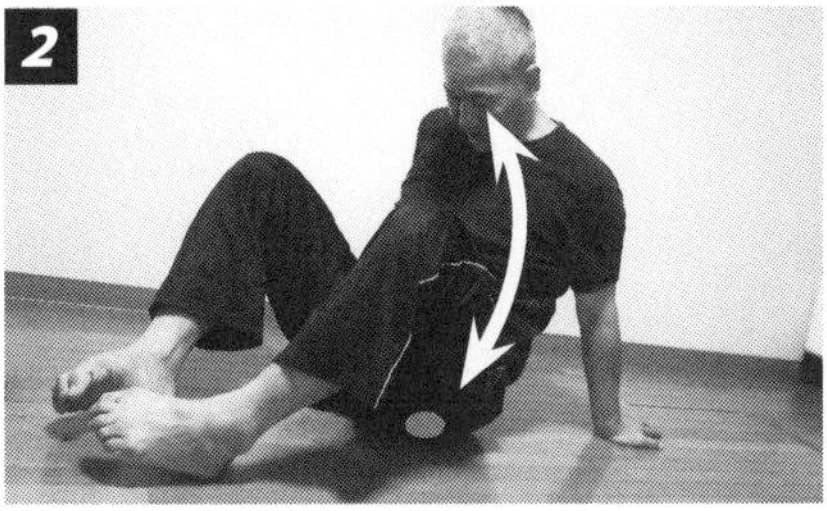

『パー」から起こる広がる動き

全指を外に広げる「パー」を両足で作ると、どちらかの坐骨に支点ができ、脊椎も反り広がろうとする。

1
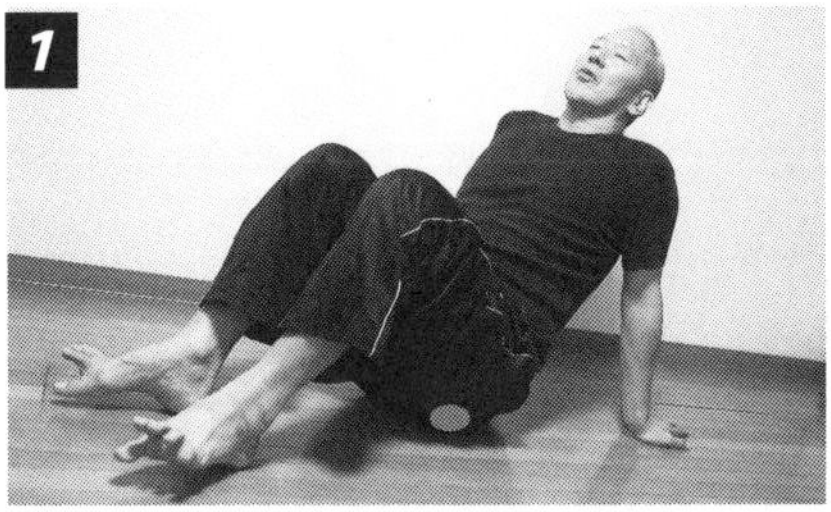
2

20 足先から動く（足指じゃんけん）②

膝を曲げてお尻の下に両手を掌を下にして敷いて、足指じゃんけん「チョキ」を作る（左右違う形）。親指を上げた側の足を内から弧を描くように上げ、親指を下げた側の足を内から弧を描くように下げていく。

膝が倒れた側の手掌腱膜は圧迫されているから、これ以上発動させない。自覚はないが、靭帯は発動されている。

圧迫されていない側を見ると身体は浮上される。

1

2

※尻の下に両手を敷くのは、手掌腱膜へ自重を使った刺激を与える意味合い。手掌腱膜と足底腱膜へ同時にアプローチする事によって、靭帯発動を促している。

足の上げ、下げの臨界点まできたら、指を変えて同じ軌道を戻していく。

3

4

21 支点を作って動く①

膝を曲げて仰向けに寝てお腹の上で手を組む。手を返しながら胸〜あごの前と上げていき、手を伸ばして斜め方向に押す。手は返して伸ばすことで体幹とつながっている。

1
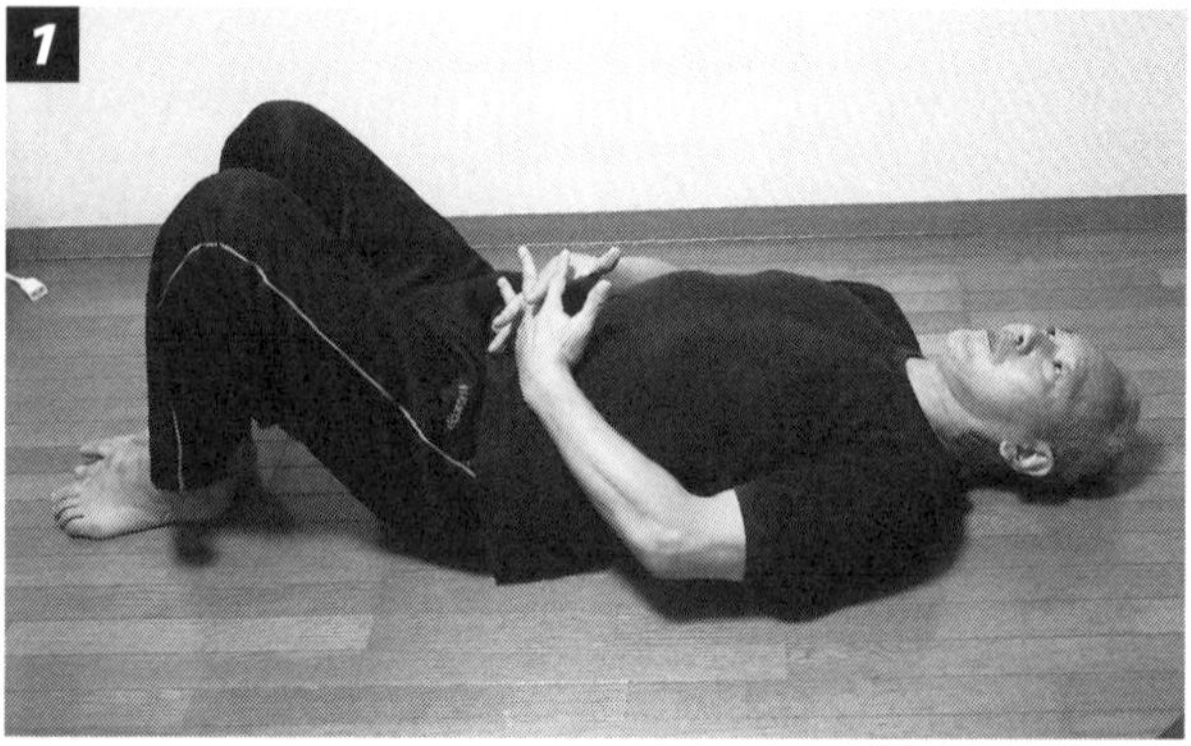

2
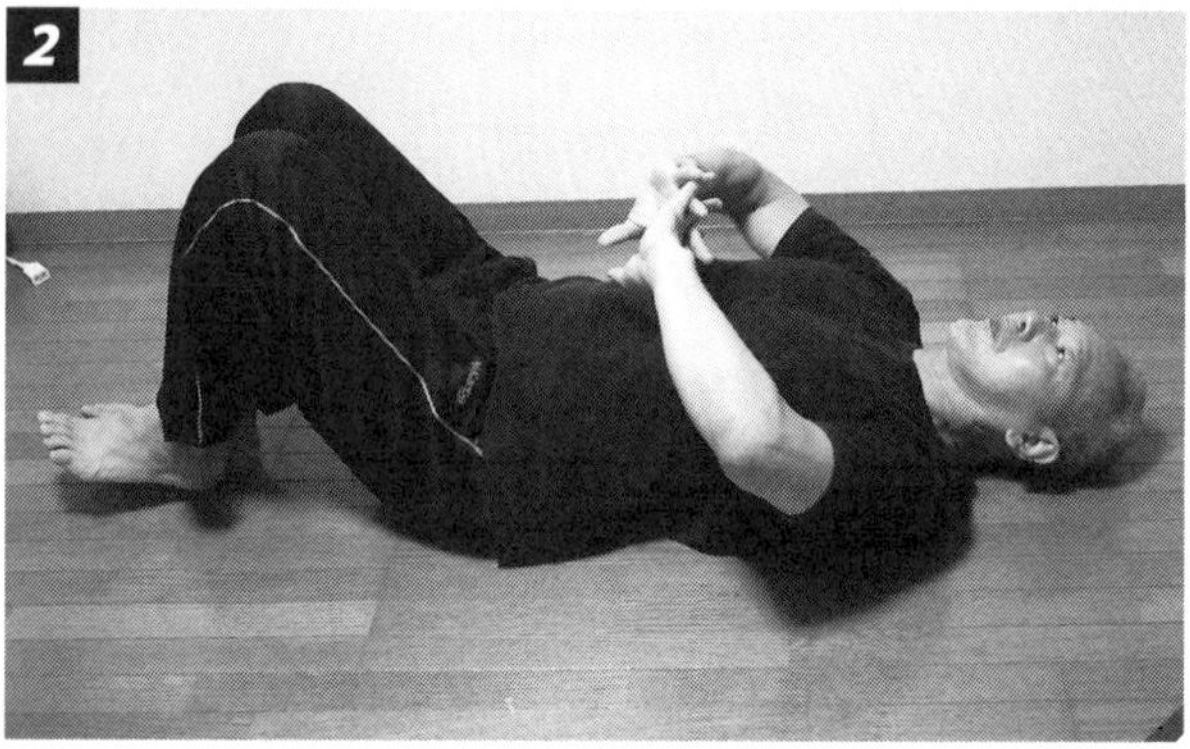

3
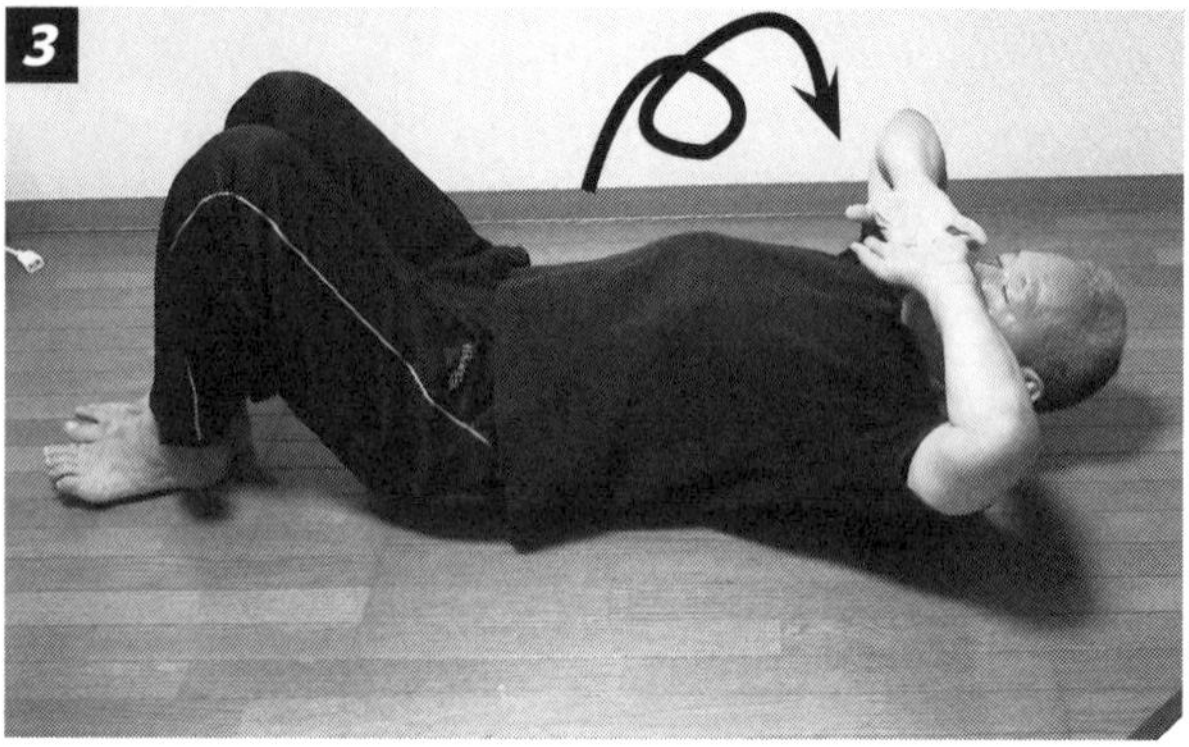

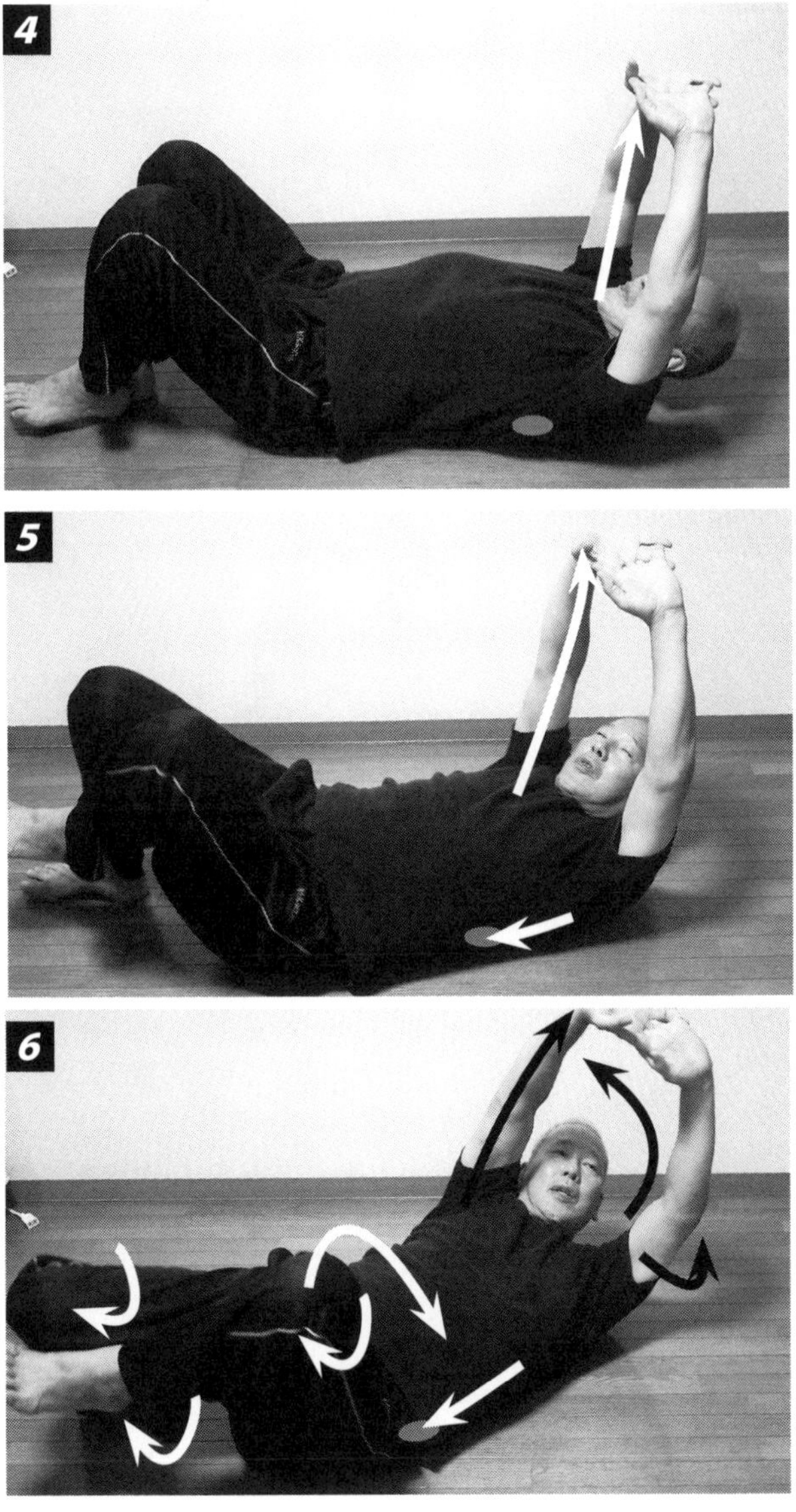

片手を伸ばす。伸ばした反対側の肩甲骨に支点ができる。手を斜め方向に押し続けると、支点も肩甲骨から腰へ変化していく。支点が変化するにつれて動きも変化していく。

21 支点を作って動く②

膝を曲げて仰向けに寝てお腹の上で手を組む。手を返しながら胸～あごの前と上げていき、肘で弧を描くように動いていく。

1

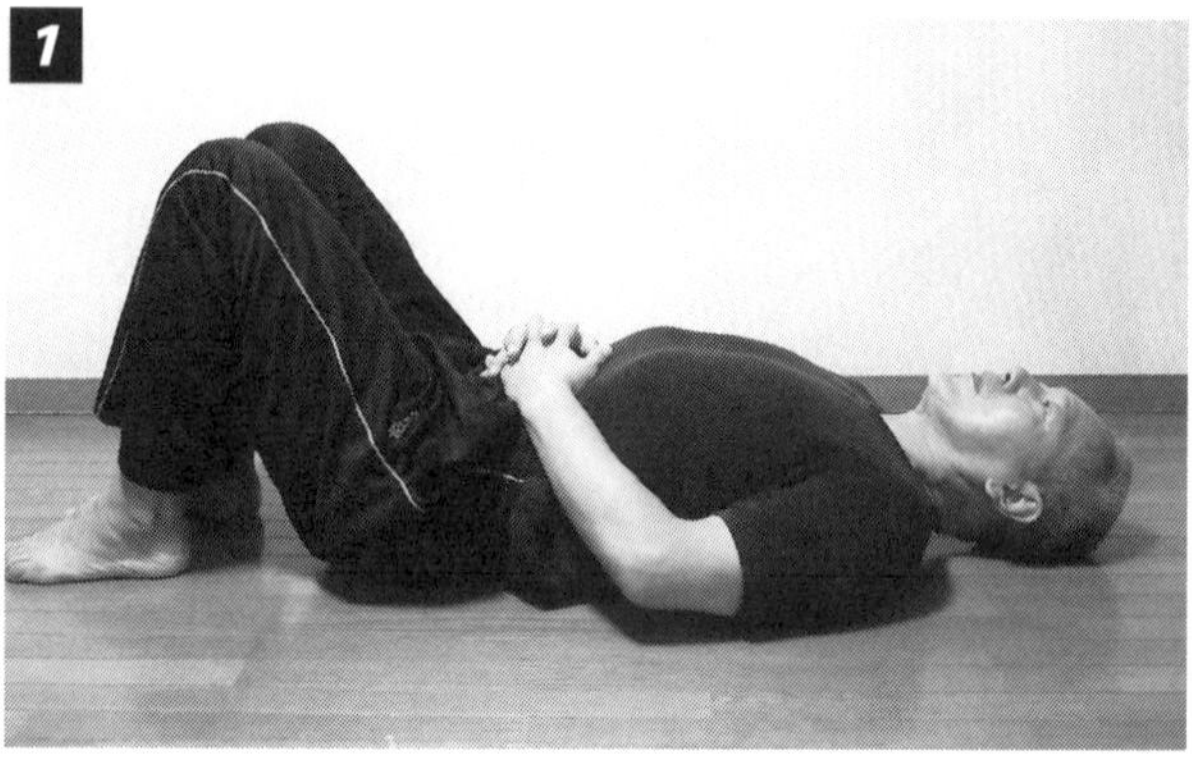

2

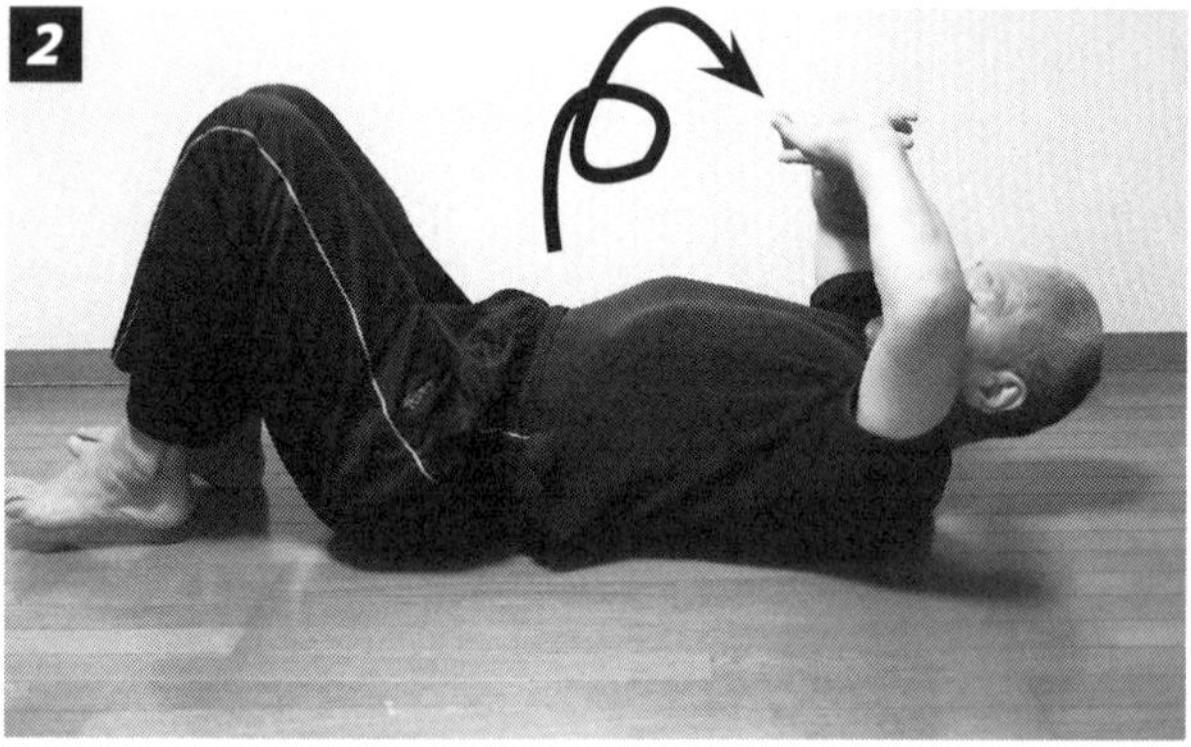

3

4

5

重心移動で起き上がる

足を上げる事によって重心を上体までもっていき、そこから下体に下ろしていく事によって筋力を使わずに楽に起き上がれる。背中の支点の移動に伴い、肩から頭部への拮抗する力が生まれ、起き上がる事ができる。

重心移動

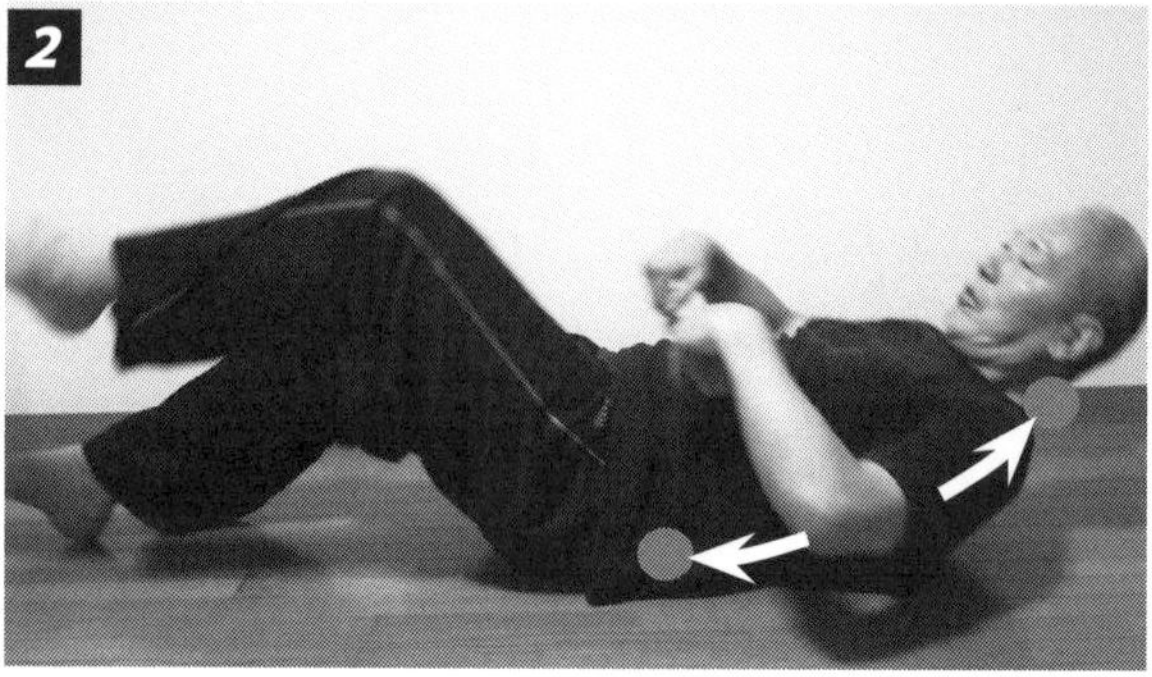

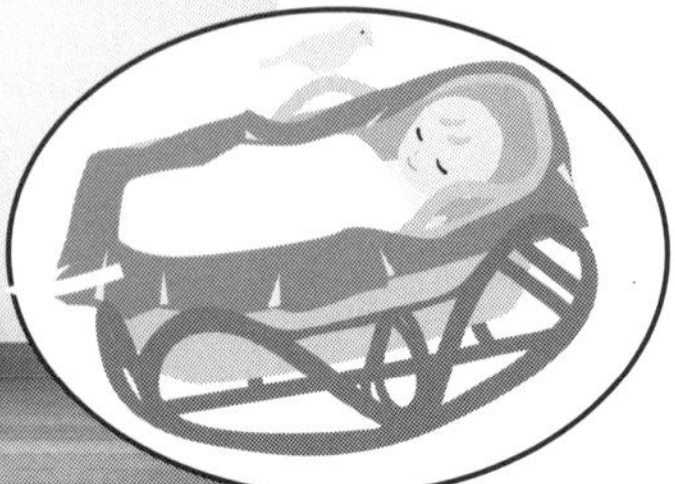

重心移動しない

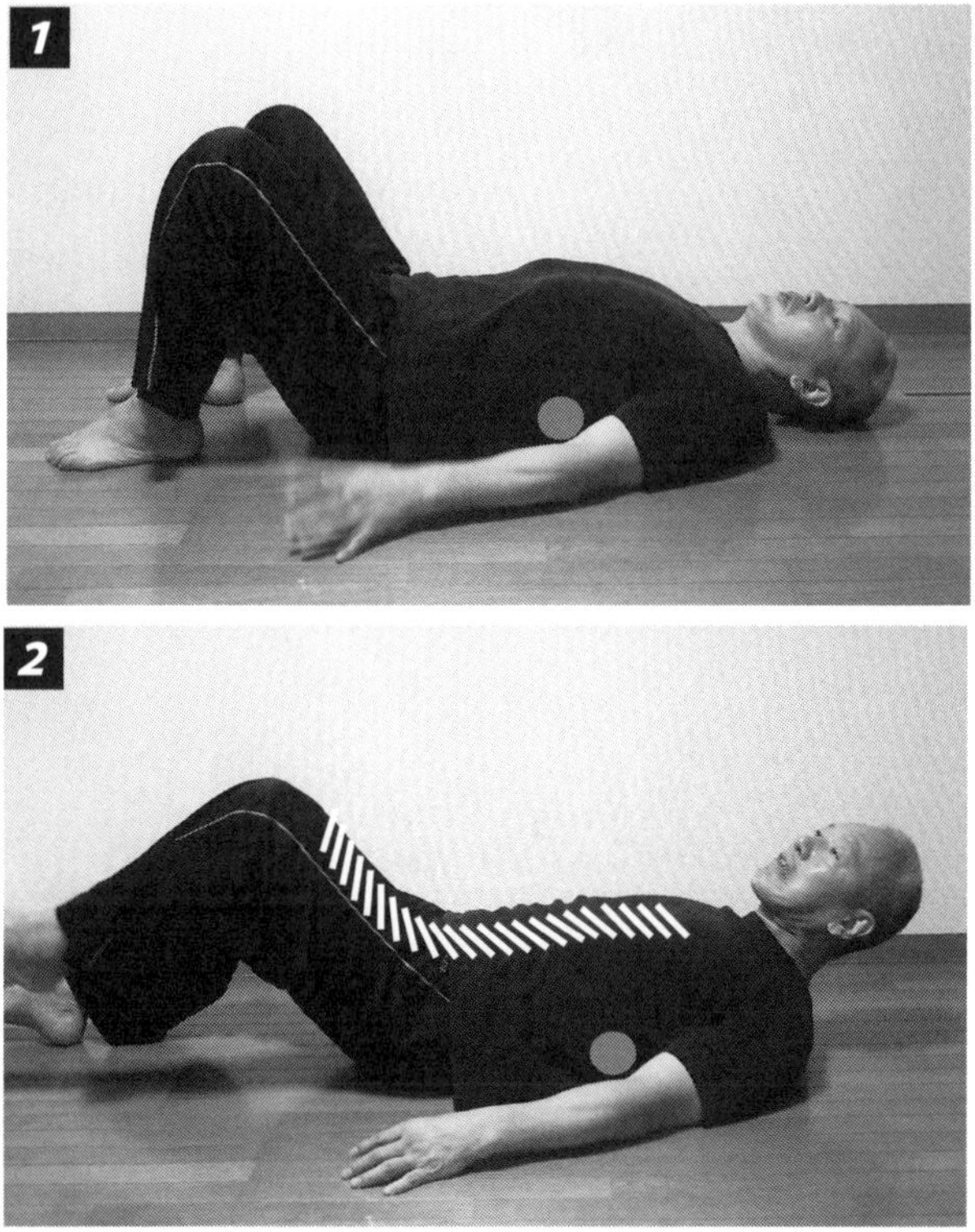

重心移動を伴わないなら、腹筋など筋力に頼るしかない。

23 不安定状態における手からの連動

片足立ちの不安定状態で、手を回す。その手回しが、体勢をさらに不安定状態に向かわす性質の時、靭帯は発動し、全身連動を起こす（次ページ2例）。ある程度の安定性が確保されており、その手の動きは分離させた方が体幹の安定が維持されるなら、靭帯発動は起こらない（本ページの2例）。どういう足の上げ方の時どちらに手を回したら起こる、などと法則化が難しく個人差もある。

全身連動が起きていない

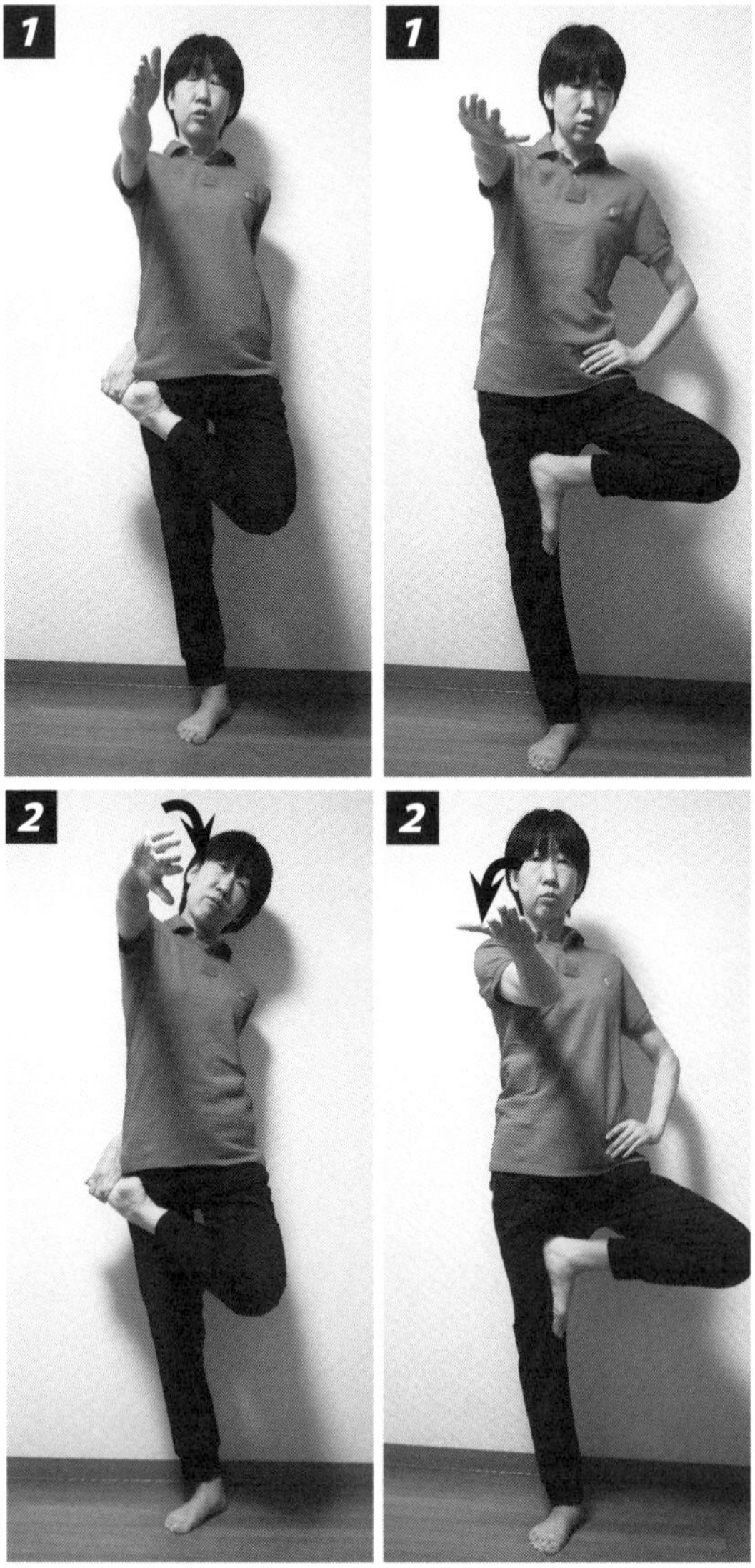

鞆帯発動し、全身連動が起きている

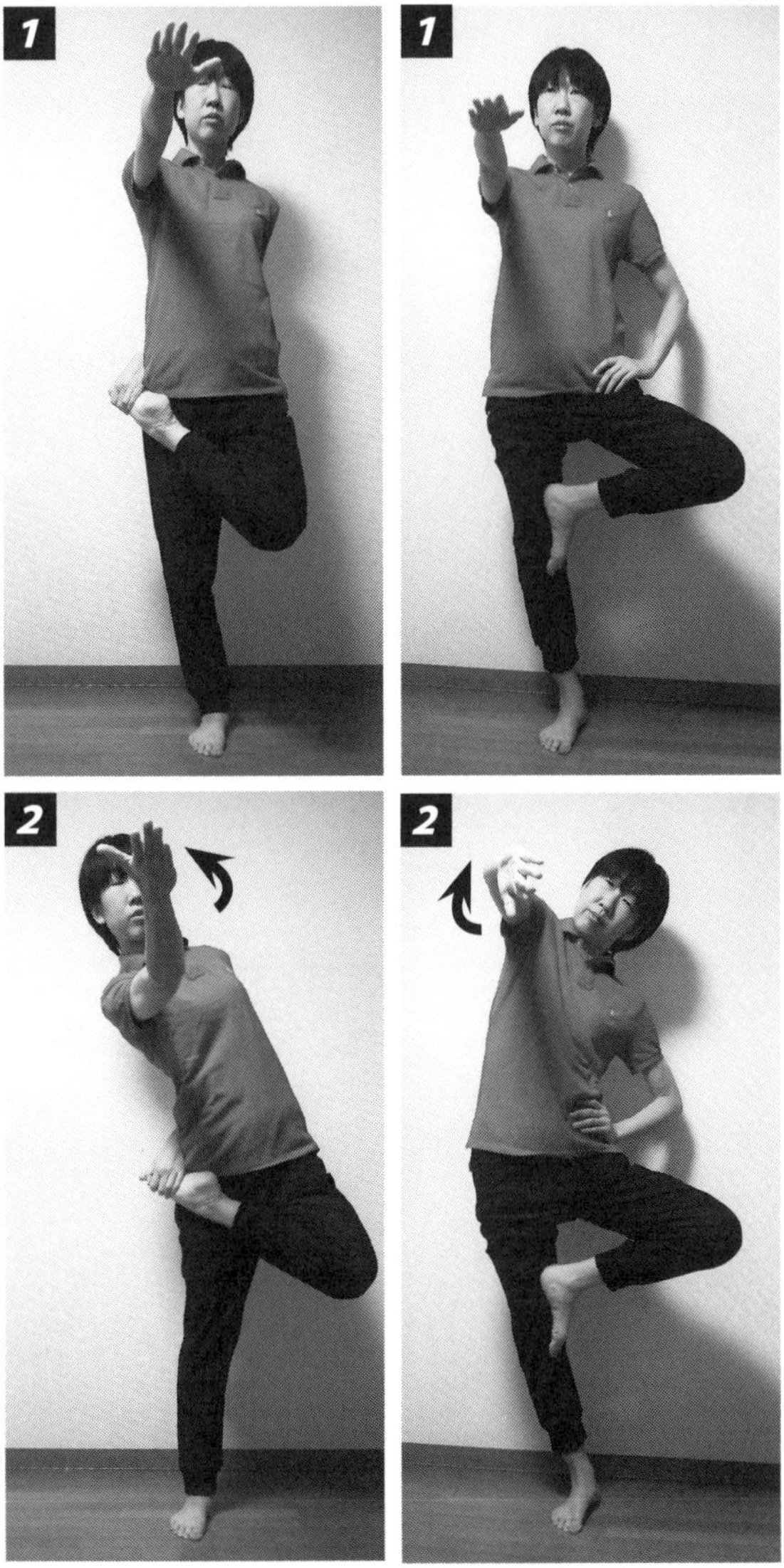

第7章

靭トレは日本人本来の動きを取り戻す！

矢作直樹氏インタビュー

1 優れた身体の使い方

――靭トレとの出会いは？

矢作 加藤先生を知ったのは人づてで、加藤先生に師事された方が私の知人でもあったという事なんです。靭トレというよりは最初は「縄結い」（編注：加藤氏主宰の「縄を使って身体を固定し、靭帯発動を促す方法」）を体験したいという事で。私に立ち会ってくれって言われてそれが最初の出会いでした。

その中で、それも一つの表現形で、実は元になるのは、靭帯をうまく使っていく、あるいはそれを使わせる、そういう刺激を与える、とかそういう中での「靭トレ」であったり、「縄結い」であったりっていうようなことをお聞きしたんです。

あらためておさらいですが、私たちが身体を動かせるのは骨、関節、靭帯、筋・腱があるからです。関節は骨と骨の繋ぎ目であり、その関節を跨いで骨同士を直接繋げているのが靭帯です。一方、身体を複雑かつ機能的に動かすために筋は、広い面積で直接骨の表面に付着したり、腱を介して狭い面積で骨に繋がったりしています。

言うまでもなく、身体で最も大きい体幹には、インナーマッスルはもちろん、脊柱や上下肢の繋ぎ目にたくさんの靭帯があります。しかし日常で、体幹を隅々まで動かすことはなかなか難しいのではないかと思います。もし、この体幹の靭帯や筋を猫のようにしなやかに効率的に使えたら様々な動きにおいて無理なく大きな力を出せることが想像できるかと思います。

そして、それは実は古来の日本人の体の使い方でもあったわけなんですけれども、例えば歩き方ですね。ナンバ歩きって実はあんまり正確に伝わってない。つまり、人によってちょっと解釈

矢作直樹（やはぎなおき）

昭和56年金沢大学医学部卒業。学生時代、剱岳や穂高で岩登りに勤しんだ。また、昭和52年12月から翌1月にかけて光岳～北岳を単独で縦走した。昭和54年3月に白馬岳～鹿島槍ヶ岳～大町～烏帽子岳～槍ヶ岳～南岳を単独で縦走した。昭和55年に春夏2回に分けて自転車で日本一周した。
その後。麻酔科を皮切りに救急、集中治療、外科、内科、手術部などを経験。平静11年東京大学大学院新領域創成科学研究科環境学専攻、および工学部精密機械工学科教授。平成13年東京大学大学院医学部系研究科・医学部救急医学分野教授および医学部附属病院救急部・集中治療部部長。平成28年任期満了退任。平成28年（株）矢作直樹事務所を開業。

現代人の歩き方は、手を振り、歩を進めるたびに体が捻られるため、和服を着ていると乱れてしまう。

が違っていて、これがナンバ歩きですすっていうような確実な認知がされてないんです。ただ、大正生まれまでの人はできていた部分が結構あって、特に着物を着てる方は、それが映画などでしっかり残ってるので、なるほど確かに今のスポーツの歩き方とは全然違うと感じさせるものがあります。

当時の人は、みんな細い。でも早い、っていうのが共通してることなんですね。早いっていう事は、無駄がないって事で無駄がなくかつ有効に体を使う、という事で、なるほどこれが我々のご先祖の体の使い方なんだなっていうことを通じて実践形を見たっていう、そんな感じです。

私たちが何気なく、速く歩くときを例にとります。脚を前に出そうとするときに、膝を伸ばし気味に前に出し、踵から接地します。そして、この脚に体重を乗せ込み、後に残った脚で地面を蹴る、といった動作になるかと思います。この動きには、ともすると膝への負担がかかります。また、腕は脚の動きをより引っ張るように前後に振るかと思います。

古来の日本人の歩き方は、ただ自然に重心を動かす中で当然体が反応してっていうような歩き方なので、歩幅はそんなに広くなく、力を使わずにとっとと前に行くようなそんなような歩き方ですね。

それはおそらく一事が万事で、歩くだけでなく、例えば物を持ち上げるとか、あるいは長時間同じ仕事をするとかでも、多分スポーツと違って、筋力っていう考え方がないんでしょうね。食べ物も肉食してなかったので、それで例えば飛脚が1日に40里走るっていうのは有名な話ですけど、一般人もかなり動けたようです。例えばその名所江戸百選なんかにあるように江戸の端から端まで、桜見物とか花火とかでみんなが移動してるその移動距離と時間から想像すると、今の人よりずっと早く移動してるんですよね。

加藤先生の〝靭トレ〟のお考えは、歩く時に重心のある体幹を中心として、股関節から足関節まで一続きに使うことで、膝のような局所への過度の負担をかけず、また余計な筋力を使わない動きができるようになることをねらっています。

2 スポーツのやりすぎはダメ!?

――昔より今の方が、健康で身体力も上、のようにも思えますが……。

矢作　例えばスポーツ一つとっても、普通のスポーツは、やりすぎると体を錆びさせちゃって、良くないんですよ。それをはっきり私が言う理由はですね、私自身が、やはりスポーツっていう考え方ではなかったんですけども、大学の頃までは体力の限界を突き詰めるようなことをやっていました。例えば無雪期の北アルプスですと25kgの荷物を背負ってコースタイムの3分の1で走るとか、1日に自転車で東京～金沢500キロを17時間で走るとか、そういう馬鹿なことをやっていたわけですよ。若い頃は回復力があるからいいんですけれども、結局それをずっとやっていれば、体はどんどん錆びる、つまりひどい運動をすると、どんなにその循環系、あるいは呼吸循環系が強くても、活性酸素が細胞を痛める。

だから、一言で言えば古来の生活を取り戻すのが最善っていうのが私の本当の主張なんです。

――スポーツと古来の身体の動かし方って、どこが違いますか?

矢作　スポーツっていうのは、呼吸の仕方から言うと、過換気なんです。それともう一つは、筋力に頼っちゃうんです。極端なのが重量挙げとかね、ああいうムキムキになっちゃうわけです。良くないですね。水泳だったらほらサイボーグみたいになっちゃうでしょ。だけど別に速く走

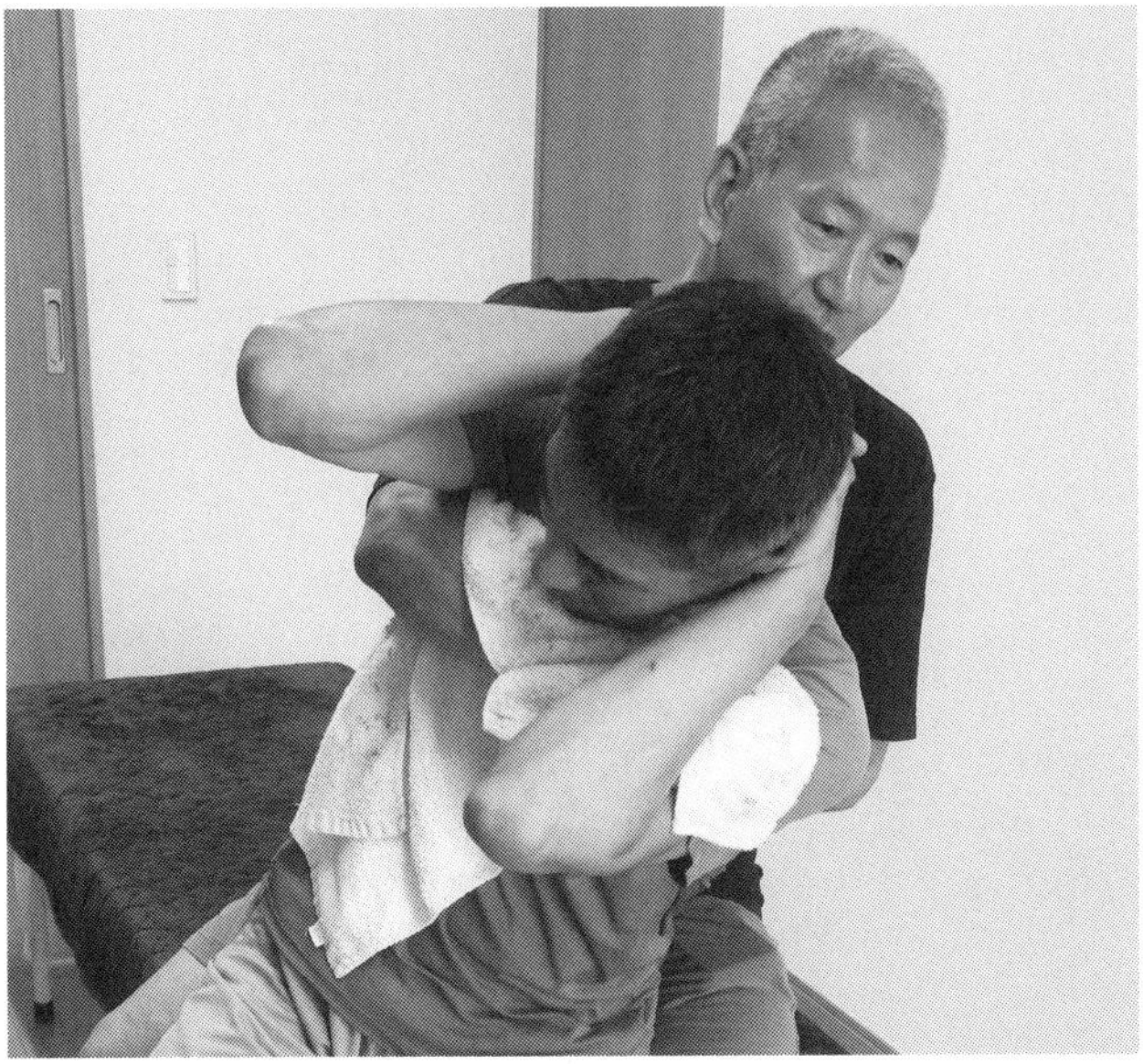

れるわけでもないし。マラソン選手が長生きでずっと健康に動けるか、そうじゃないんです。

スポーツっていうのは結局、言ってみたら非常に短時間に過度のその負荷をかけちゃうやり方なんで、しかも体にまんべんなく負荷をかけるんじゃなくって、筋力優位な負荷のかけ方をするので、あまり理想的ではないんですね。体の使い方としては。

――イメージからすると、マラソンも登山もできる限り無駄をなくしてっていうことを追求しているように思えるんですけど。

矢作　ただね、何が違うかって、体の使い方。この50年間体重はあまり変わってないのですけど、若い頃夏に歩荷《ぼっか》という荷物担ぎをやっていた時は、80キロの荷物を運んでました。

無意識のうちに多分そういう体の使い方をしてた。だから息がきれる事もなければ、筋肉が痛くなる事もなければばっていう感じでした。

――靭トレは靭帯に着目した。この事について医学の立場からはいかにお考えですか？

矢作　医学って残念ながら機能的なとらえ方があまり進んでないんですね。もちろんスポーツ医学っていう分野はちゃんとあるんですけれども、言ってみたら、真理が富士山みたいなものだとすると、そのこっちの方からチョロチョロっと途中まで登ったとかこっちまで行って、またほとんど登れてないとかそういう感じなんです。

全体像のその一部を、ごく一部を捉えてるので、一言で言えば、身体の動きを、このたくさんある筋肉や骨や靭帯やらっていうのはどう動いてるっていうのは、中までの詳細な動きは実は、正確に捉えられてないんです。なぜかっていうと、方法がないから。

ようやくどんなことが行われてるかっていうと、体の表面にたくさんの測定点をつけてそれを3Dで動きを見るっていうのが、ここ20年くらいの間に進んできたんだけど、それってまだかなりアバウトなんですよね。

だから例えば、手の動きなんて言った場合には、本来は体幹から繋がった動きをするわけですが、とんでもないたくさんの腱やらそれにくっつく筋肉やらっていろいろありますけど、その一

背骨を波打たせて使うバタフライ。魚の動きに近いが、これを長時間続けて行うのは難しい。

つひとつ細かくっていうのはまだできていません。

――スポーツの身体の動かし方は、良くないですか？

矢作　スポーツって極論すれば、みんなルールがあるでしょ。ルールがあるっていうことは不自然なんです。例えば水泳だと、自由形以外は細かいルールがありますね。

要は重力に逆らって変な動きをする。

言ってみたら、人間は泳ぐ体の形になってないので、そんな早く泳げないじゃないですか。

例えば、そこら辺の犬を捕まえてきてもかなりのスピードで泳ぐし、熊にいたっては津軽海峡を渡った記録もあるんですね。

これは西洋医学でも認めてるんですけれども人間が動物に勝てるのってたった一つ、長距離だけなんです。でもその長距離もずっと走りづめというよりは、獲物を追いかけて走っては隠れを繰り返したわけです。

——人類が最速の泳ぎを求めた結果が今のオリンピックやってるような泳ぎだって思っていました。

矢作　確かに自由型はそうですね。ただ、人間が本当に理想的に早く泳ぐとしたら、多分バタフライなんだろうと思うんですけど。でも人間の体はバタフライを永続的にやるようにはできてないんですね。

だからちょっと劣るクロールの形になっちゃうみたいですね。だって魚はみんな体幹を蛇行させるでしょ。

人間は圧倒的に背中に対して腹側が弱いんですよね。だからバタフライで長く泳ぐ事ができないし、魚に勝てないですよね。

3　大正以前なら〝当たり前〟の身体使い

——先に飛脚などの話も出ましたが、日本古来の身体の動かし方というのは失われてますよね。

矢作　明治維新の直後に今の東大医学部の教授として赴任したドイツのベルツっていう人が実験をやってて、要は体力ってことに注目したときに、食べ物に注目したんですね。

飛脚は江戸から日光まで平気で1日で行っちゃうっていうのを聞いてたので、その飛脚は何を食べてるのかを研究し、その後、西洋の食事を、つまり自分たちがいいと信じてる食事を食べさせたらもっといけるんじゃないかと思ったんです。ところが逆で走れなくなっちゃって、それで飛脚たちが仕事にならないからと言って元の食事に戻してくれと言ってきました。それで元に戻したらまた普通に走れるようになった。

だから肉食は基本的には元々日本人って、それこそ聖武天皇の勅令で辞めさせて以来、江戸時代になるまで食べていなかったと言われています。

今の食事を元に戻すとすると、アメリカが怒ると思うんですよ。コーヒーも買ってこなくなったり、あるいは薬も買わなくなったら。

雑な言い方をすると、生活に関してアメリカが持ち込んだものって我々に合わないですね。

一生歩き続けられるかどうかっていうのは大切です。だからそこを取り戻すためにも、そういう古来の体の使い方をもう1回しましょうっていうのが自分たちの主張なんです。

歩幅が広がるように膝を伸ばし、踵着地し、後足のつま先で蹴り出すっていう歩き方をしてる人が多いですけど、膝や腰に負担がかかる。

つまり早く歩こうとするのでなく、結果として早く歩ければいいんだよ、という事なんです。

——飛脚って無理させられなかったんですかね。

矢作 全然、だって彼らなんて走りたくて走ってたみたいですよ。やっぱりそこは今の日本人と違って、極論すればですけど、親の背中見てね、俺も飛脚になるんだと思って何も考えずにちゃんとやってそこに誇りを持ってたわけじゃないですかね。

——かつての日本人の身体の動かし方を見てみたいですね。

矢作 昭和28年の映画で、溝口健二が監督した『雨月物語』っていう映画があって、あの中に出てくる人たちみんな大正の前半の生まれなんですけど、中で田中絹代という有名な女優さんが、出奔した自分の夫を追いかけて坂道を登っていくシーンがあるんですよ。

普通のペラペラの草履を履いて、上半身は上肢を振らず、体幹の〝抜き〟と重心移動でトトトトトッて相当な速さで登ってくる。あれを見たときに大正の人までやっていたんだということに気づきました。自分を思い出してみると、ちょうど小学生の頃、公衆浴場に親と行ってたんです。ちょっと悪さをしたら、母親って当時怖かったのですが、必死に逃げました。そしたらね、母親が、両手に自分と子供の桶を持っていたにも関わらず、ダッシュしてあっという間に追いつかれました。

ええってびっくりしました。子供心にすごいなと思ったけど今思い出したら確かに両手を動かしてないんですよ全く。草履履いて、こっちは運動靴ですよ、小学生だからそんな遅いはずないんだけど。あっという間に追いつかれて、首ガッと掴まれて。

——実体験ですね。

矢作　そうなんです。そういうお手本があるのでね。

その動作は重心移動で美しいもんです。本当に美しいですね。しかも早いんですよ。普通我々だったら草履脱げちゃうじゃんと思うようなところ。

感動的でしたね。だから大正の人までできたんだっていうのが私にはなんか感動でしたね。江戸時代とかだとちょっと遠いけど、自分の親までやってたんです。

ご先祖が意外と近くにおられますね。

鮮明に覚えてる一つの理由はやっぱり意外だったからなんです。それまで親がそういうふうに

走ってる姿を見たことなかったんですよ。

走れるんだどころか、そこら辺の若い人より早く走るんですからね。

そうやって何の練習もせずにできるところもすごいじゃないすか。普段から走ってますじゃなくって。まさに発動しちゃったんですね。

――何か負荷というか、もうやむにやまれぬ状況があって、荷物を持ってるとか、着物もある意味そういう性格ですよね。

矢作　そうですね。体を正しく使わせる、星飛雄馬の大リーグボール養成ギプスみたいなもんですかね。

着物って、ベルトとかコルセットとかと違ってささやかなものですけど、そこで思ったんです。アメリカのある人がオステオパシーっていう施術を考えついたんですけど、それは軽く筋膜に刺激を与えるだけで、筋膜から始まって、筋肉、靭帯、全部が正しく繋がっていくっていう発想らしいんですけど、それと似ているな、と思いました。

着物を着ることによって、ぴしっと腰が立つっていうけど、あれは別に締めてるからなるわけじゃなくって、おそらくその何か体感をこう呼び覚ますっていうか、そんな効果なんじゃないかなって私は思ってました。

4　スゴイ人達の身体使い

矢作　私は実はフリークライミングっていうのをやってたんですね。今と違っていきなりアウトドアでやってたので、1人でやるから、ロープ付けないので、もし落ちたら死んじゃうんでしょう。なので、落ちないようにいろんなトレーニングをしたんですけど、その中で、一応指の第1関節までかけて、体を引き上げるようなことも何十回かできるようになって、こんなもんでいいのかなと思ってたんです。そうしたら弟に、「チンパンジーだったら握力は300キロぐらいあるよ」と言われて。まだまだ使い方が足りないんだって思いましたね。

チンパンジーだけじゃなくてゴリラもそうだろうけど、体も大きいけどそれ以上にやっぱり身体能力高いじゃないですか。やっぱり筋力だけじゃないんですよね。

——フリークライミングで指の第一関節で体を引き上げる、っていうだけで十分すごいとも思うんですけど。

矢作　まだインターネットとか動画で残ってるからこれぜひご覧になるとためになるんですけど、東京タワーを作るときの鳶の仕事ってすごいんですよ。

例えば、命綱なんかつけずにね、鋼材を繋ぐときに、焼いて、真っ赤にしたリベットを小さな柄杓で投げて受け渡しをするんですよ。

それこそこんなちっちゃな入れ物にこんなギリギリぐらいのリベットをポンポンって。猿みたいでしたね。ある意味その運動能力というか。

当然下ははるか下ですから、落ちたらアウトですから。だから投げる方もすごいし、受け取る方もすごいんですよ。あれ見たとき、職人技ってこういうことを言うんだって思いました。

あの鳶はもう今はいないんですね。今は命綱つけて落っこってる人いっぱいいるじゃないですか。昔は仕事にならないから命綱はつけない。スピードが全然違うんですよ。

——その映像を、誰が撮ったんだって事も思いますね。

矢作　撮ってる人だってすごいわけですよ、普通に考えて。

当時のカメラとか重かったと思うんですよ。おそらく今みたいな小型じゃなくて、大きいのを

こうやって持ってやってたと思うんで素晴らしいですよ。

それを見たときに、自分のソロクライムなんかまだ遊びだなと思いましたね。

——やっぱり必要があってのものなんでしょうね。

矢作　そうそう、当たり前のように引き続いていったもんだと思うんですよ。つまり、みんながやってればそんなもんだと思うじゃないですか。だからこのぐらい大丈夫なんだっていうのはその仕事の中で学んでいくんじゃないですかね。

やっぱり日本人の元の能力だと思いますよ。細い人しか出てないですもんね。ムキムキなんか1人もいないですよね。

——別に筋トレをしているわけでなくとも、

力仕事のせいでムキムキ、という人も今はいる気がするので、そうするともう、身体の使い方が違うんでしょうね。

矢作　そうですね。これは加藤先生に見てもらいたいと思ってた人なんですけど、映画『アルピニスト』に出ていたマーク・アンドレ・ルクレールという25歳でなくなったカナダの人なんですけど、とんでもない登り方するんですよ。

ちょうどナマケモノみたいな感じで、つまりこんな出っ張った岩壁で岩壁だろうが氷壁だろうが、この両方の手で使うピッケルのちょっと変わったやつなんですけど、それでぶら下がるときに、手から体が全部伸びてるんです。ナマケモノみたいにいつまでもこうやって次を考えながら。それでカコーンとやったらば、今度はそっちに伸ばしてギューンて。それもやっぱり多分彼は靭帯を使ってるんですね。

靭帯というものが筋肉と一番違うのは、体積あたりの酸素消費が少ないと思うんですよ。伸縮しないから。筋肉って伸縮するためにエネルギー食うんですけど、靭帯って極端に言えば、ほとんど伸び縮みしない代わりに、それこそ断裂するまでは、切れもしないわけですね。だからうまく使えば、長いこと使える。長いことぶら下がり続けたりとか。

5 腱や靭帯の性質

――一般的に靭帯とか腱とか、アキレス腱とか、伸びるイメージがあると思うんです。アキレス腱を伸ばす運動ってよくやりますよね。

矢作　どうでしょう。腱よりは筋の方が伸縮性が大きいので、アキレス腱というよりはそれに付いている筋肉を伸ばしている。ふくらはぎの筋が硬くなるとアキレス腱に負担がかかって、瞬発的な力がかかった時に切れる。

――アキレス腱を切った、それを手術なしで治した、なんていう話をききますけど、不思議な気がしてました。そういうものなのかと。

矢作　手術をする場合と、保存的にする場合と、状態によって違いますね。完全断裂と部分断裂によって違うんです。部分断裂の場合、基本的にはもうしばらく固定して、つくまで待つっていう事でしのぐ人もけっこういますね。基本はよっぽど離れてしまわない限りはくっつくんです。骨も骨折で手術をする理由っていうのは、骨がずれないように固定するだけなんです。腱や靭帯は、結合組織といって、コラーゲンを主成分とする強い、弾力性のある組織です。成熟したこれらの組織には、細胞がほとんど存在しません。そのため、酸素や栄養素をあまり必要としない反面、損傷した場合治りにくいのです。ただ、最近では、靭帯は損傷前に近い柔軟性を回復する能力があることが報告されています。

——なるほど。でも、アキレス腱が切れるほどの無理をするっていうのも、ある意味気持ちがわかるというか、仕方ないと思うところもあります。人間って、できなかった新しい動きを獲得すると嬉しいものだと思うんです。

矢作　そうですね。それが理にかなった動きかどうかっていうところが一つのポイントなんでしょうね。

——プロスポーツの方は無理せざるを得ないところがあるんじゃないですかね。好きなら一生続ければいいのに、とも思ったりするんですけど。

矢作　プロとしての区切りをつけてるっていう事だと思うんですけどね。やっぱりパフォーマンスを基準に考えてしまうから難しいんだと思うんです。死ぬまで歩くって、若い時のようにはいかないのは当然なんで、若い時と比べたって仕方ないですね。どうも、スポーツの根源にあるの

は競争なんですよね。一人でやるスポーツってあまりない。

――競争性を伴わず身体を動かす事って、一般には思い浮かびにくくなってるかもしれませんね。

矢作　歩く事だっていいし、合気道だってそうですよね。合気道は相手と仲良くなる事が目的って植芝盛平さん（編注：合気道の創始者）も言ってました。究極は、天の理を自在に使えて、相手を自分の仲間にしてしまう、そういう感じなんじゃないですかね。だから植芝盛平さんに投げられた人の手記を読んだことがありますけど、もちろん投げられるから痛くはあるんだけど、心の底から笑えてくる感じって書いてありましたね。

――合気道も筋力じゃないって事を言われます

ね。

矢作　世界で初めて8000メートル峰14座を全部無酸素で登ったメスナーって人のトレーニングがちょっと特色があるんです。ソロクライムの場合、岩場で、絶対に落ちてはいけないわけです。彼も1人で登るので。その時のトレーニングは、なんと、岸壁を、指をかけて横に500メートルほど往復するんですって。彼が岩壁登攀をしているビデオを見たことがあるんですけど、やっぱり、ナマケモノみたいなんですよ。当時登山の基本っていうのは3点確保と言って、手足四つのうち一つだけを動かすんですけど、残りは曲げてるんですよ。体が伸びると危ないからって。次が動けるって。だけど、彼はそうじゃなかった。伸びていた。普通に考えると、筋力だけじゃ500メートルどころか50メートルもできないです。だから全然使い方が違うっていう事に気付いたんです。彼はおそらく経験の中で無意識にそういうところに行ってたどり着いたんだと思うんですけど、やっぱり常識とは違いました。

6　靭帯発動は難しい？

――「筋力じゃない」自体がすでに現代人には難しい事ですよね。靭帯発動も一般に難しく受け取られそうな……。

矢作　でもある意味、そんなに難しくない事でもあるんです。それこそ加藤先生が言われたんですけど、歩き方を表現するなら、竹馬に乗るときの感覚だって言われて。そうすると、子供の頃竹馬に乗らない人というのは我々の世代にはいなかったので、すぐわかるわけですよ。

そうすると、わかります。そんなに難しい説教たれなくても。竹馬っていうのはどんどん高くしていって、誰よりも高い状態で乗れるのが威張ってた訳だけど、そうすると、当然力を入れずに体幹の重心の移動で、一歩の幅もすごく広く取れるんですよ。だから小さい子でも上手ければ、すごいスピードで歩けたんです。あの感覚、あれって別にスポーツじゃないから疲れないんですよ。

だから、あの感覚を思い出しませんかっていうことですよね。竹馬をやったことなければそれに類似したようなこと、何か疑似体験が何かあればね。それをともかく引っ張り出せばいいのかなっていうふうに思います。

何か新たに獲得するというものじゃなくて、大概の人には経験があるはずなんで。それこそ赤ん坊の頃を覚えてる人だったら自分の歩き方覚えてるでしょうしね。

――すでにやった事ならできない訳ないですね。

矢作　何か個々人が持ってる原体験に近い事、あるいは原体験そのものを引き出せるといいのかなと思うんですけども。自分でも忘れてるだけのことってあると思うんですよね。

靭トレって言うと靭帯だけのように聞こえちゃうってけどそうじゃなくって、その支持系をうまくバランスよく使う中で、特にみんなが一番意識しにくい靭帯に光を当てた命名だと思うんです。だから別に靭帯だけもってきて靭帯がピッて動くって、そういうことじゃないですよね。

それだけに、今まで動かしたこともないようなところを動かすトレーニング、とか、そういう難しさを持っているものではないんです。誰もが持っているものを取り戻すだけなんです。

靭トレが万人に適したものかは私はわからないけど、少なくとも「今、靭帯が動いてる」とか、感覚がある人だったら、相当な効果があるだろうと期待してます。

著者プロフィール

加藤久弦（かとう ひさのり）

靭トレ協会 師範。
1961年生まれ。幼少より柔道、空手などの修練を経て、プロのキックボクサーとなって試合を経験。その後、自衛隊へ入隊し、同時期、テコンドーをも修める。1986年、第6回全日本テコンドー選手権大会組手競技部門優勝。1989年、士道館第7回大会にて当時"最強の侵略者"と呼ばれた白蓮会館の南豪広選手の関東デビュー戦で対戦。また、ムエタイ史上最高の天才と言われるサーマート・パヤクァルン選手と、氏の主演映画へ出演するため、満員のタイ、オムノイスタジアムで日本人として初めてほぼ試合形式のスパーリングを行う。1994年、ミス・ワールドのボディガードをする一方、ほぼ同時期に南インド・ケララ州知事護衛部隊に指導。2002年、第1回全日本テコンドー選手権大会型部門優勝。その後、カナダにおけるシステマ修行をはじめ、大東流合気柔術、合気道など、様々な武術を学ぶ。その中から、靭帯を主眼とする「靭トレ」を考案。2012年には靭トレ協会を設立し現在へ至る（2014年「靭トレ」の商標登録取得）。

装幀：梅村昇史
本文デザイン：中島啓子

全身の靭帯を発動させる！ 靭トレ 筋肉を使わずに 強さ・速さ・精確さを 実現するトレーニング

2024年10月30日　初版第1刷発行
2025年 3 月30日　初版第3刷発行

著　　者　加藤 久弦
発 行 者　東口 敏郎
発 行 所　株式会社ＢＡＢジャパン
〒151-0073 東京都渋谷区笹塚 1-30-11 ４・５Ｆ
TEL　03-3469-0135　　FAX　03-3469-0162
URL　http://www.bab.co.jp/
E-mail　shop@bab.co.jp
郵便振替 00140-7-116767
印刷・製本　中央精版印刷株式会社

ISBN978-4-8142-0649-0　C2075

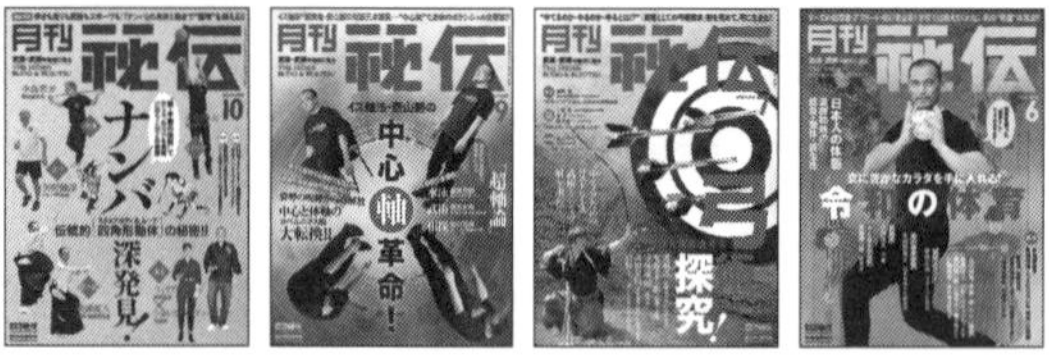